Das Arbeitsrecht in der Praxis

Eine Halbjahresschau
von

DR. FRANZ GOERRIG

II. Band 1. Halbjahr 1925

1925
München und Berlin

Druck und Verlag R. Oldenbourg

VORWORT

Jeder Arbeitgeber, mag er viel oder wenig Angestellte und Arbeiter haben, empfindet heute das deutsche Arbeitsrecht als eine der ungeklärtesten Gesetzesgruppen. Dauernd ergeben sich aus der Praxis heraus neue Gesichtspunkte. Eine Entscheidung jagt die andere, mehrmals sind Nachträge und Änderungen erschienen; alles ist noch im Fluß.

Obwohl wir vorzügliche Zeitschriften und wissenschaftliche Kommentare besitzen, fehlte ein auf die Praxis besonders zugeschnittenes Handbuch, welches in angemessenen Zeitabständen erscheint und dem überlasteten Betriebsleiter in leicht verständlicher, übersichtlicher, möglichst kurz gehaltener Form einen Überblick über die jeweils geltenden Gesetzesbestimmungen und die bedeutsamsten Ergebnisse der Rechtsprechung in einer Weise bietet, die ihm eine kluge Anpassung ermöglicht und eine reibungslose Betriebsführung erleichtert.

Unsere Halbjahresschau gibt allein das für die Praxis Nötige. Sie setzt keine juristischen Sachkenntnisse voraus und bringt keine Verweisungen auf andere Literatur, welche dem Betriebsleiter in den meisten Fällen nicht rasch genug erreichbar ist, sie beschränkt sich auch nicht auf den meist schwer verständlichen Text der Entscheidungen. Jeder Band bringt einleitend einen kurzen Überblick über die Entwicklung des Arbeitsrechtes im letzten Halbjahre und eine übersichtliche Zusammenstellung der am Schlusse des Halbjahres geltenden arbeitsrechtlichen Gesetze und Verordnungen. Es werden dann nach einem leicht orientierenden Plane alle wesentlichen Gesetzesänderungen und alle im letzten Halbjahre bekanntgewordenen Entscheidungen, soweit sie für die Betriebsleitungen praktisch bedeutsam sind, mit sachdienlichen Erläuterungen zusammengestellt. Eingefügte Leitsätze und ein ausführliches Sachverzeichnis sollen die praktische Benutzung des Buches erleichtern.

Die Stoffteilung des ersten, im Januar 1925 erschienenen Halbjahresbandes wird zur Erleichterung der Benutzung des Gesamtwerkes beibehalten. In den einzelnen Untergruppen werden die Neuerungen und Entscheidungen durch alle Bände hindurch fortlaufend numeriert. Dabei wird jeweils angegeben, wo der Leser in voraufgegangenen Bänden zu derselben Teilfrage Material findet.

INHALTS-ÜBERSICHT

A. Entwicklung der arbeitsrechtlichen Gesetzgebung und Rechtsprechung im ersten Halbjahr 1925.

Das über die Entwicklung der arbeitsrechtlichen Gesetzgebung und Rechtsprechung im 2. Halbjahr 1924 im 1. Bande Gesagte gilt im wesentlichen auch für die Zeit vom 1. Januar bis 30. Juni 1925. Wie aus der Zusammenstellung unter Abschnitt B I hervorgeht, brachte das 1. Halbjahr 1925 zwar eine größere Zahl von Abänderungs- und Ausführungsbestimmungen, jedoch noch keinen Fortschritt hinsichtlich der lang erstrebten Reform des Arbeitsrechtes. Dieses bleibt verworren, wenn auch die Gerichte erfreulicherweise in ihren Entscheidungen versuchten, die bestehenden Gesetzeslücken zu überbrücken.

B. Die wichtigsten Neuerungen und Entscheidungen des ersten Halbjahres 1925 auf den Einzelgebieten des Arbeitsrechtes.

I. Neue arbeitsrechtliche Gesetze und Verordnungen

aus der Zeit vom 1. Jan. bis 30. Juni 1925.

Lfd. Nummer	Tag des Erlasses	Bezeichnung	Tag des Inkrafttretens	Reichsgesetzblatt I Seite
1.	10. 1. 1925	Verordnung über die Verdienst- und Einkommensgrenze in der Krankenversicherung	12. 1. 1925	2
2.	22. 1. 1925	Gesetz über das Reichsschiedsamt	24. 1. 1925	3
3.	20. 1. 1925	Verordnung über die Arbeitszeit in Kokereien und Hochofenwerken	1. 4. 1925	5
4.	7. 2. 1925	Verordnung über die Anrechnung von Beitragswochen in der Invalidenversicherung	27. 2. 1925	10
5.	7. 2. 1925	Verordnung über die Anrechnung von Beitragsmonaten in der Angestelltenversicherung	27. 2. 1925	10
6.	7. 2. 1925	Verordnung über die Gewährung von Leistungen der Sozial-Versicherung nach ausländisch. Grenzgebieten	1. 1. 1925	11
7.	10. 2. 1925	Zweite Verordnung über Beiträge in der Unfallversicherung	6. 3. 1925	13
8.	14. 3. 1925	Verordnung über die Geltungsdauer von Vorschriften der Reichsversicherungsordnung	31. 3. 1925	25

Lfd. Nummer	Tag des Erlasses	Bezeichnung	Tag des Inkrafttretens	Reichsgesetzblatt I Seite
9.	16. 3. 1925	Verordnung über die Abänderung der Verordnung über die Einstellung und Beschäftigung ausländischer Arbeiter	3. 4. 1925	25
10.	23. 3. 1925	Gesetz über Änderung der Berechnung der Renten aus der Invalidenversicherung	1. 4. 1925	27
11.	23. 3. 1925	Gesetz über Zusatzsteigerung der Renten in der Angestelltenversicherung	1. 1. 1924	28
12.	27. 3. 1925	Gesetz über Erweiterung und Verlängerung der Fürsorge für erwerbslose Seeleute	31. 3. 1925	31
13.	27. 3. 1925	Verordnung über die Geltungsdauer der Anordnung über die Zuschläge und Prämien für Notstandsarbeiter . . .	17. 4. 1925	33
14.	28. 3. 1925	Verordnung über Fachausschüsse für Hausarbeit .	1. 4. 1925	33
15.	1. 4. 1925	Verordnung zur Durchführung des Gesetzes über Änderung der Berechnung der Renten aus der Invalidenversicherung . .	23. 4. 1925	40
16.	1. 4. 1925	Verordnung zur Durchführung des Gesetzes über Zusatzsteigerung der Renten in der Angestelltenversicherung	23. 4. 1925	41
17.	23. 4. 1925	Verordnung über die Jahresarbeitsverdienstgrenze in der Angestelltenversicherung	1. 5. 1925	51
18.	24. 4. 1925	Verordnung über die Beschäftigung jugendlicher Arbeiter auf Steinkohlenbergwerken	15. 5. 1925	51
19.	30. 4. 1925	Bestimmungen üb. öffentliche Notstandsarbeiten.	1. 5. 1925	53
20.	2. 5. 1925	Änderung d. Ausführungsvorschriften zur Verordnung über Erwerbslosenfürsorge	1. 5. bzw. 1. 6. 1925	61

Lfd. Nummer	Tag des Erlasses	Bezeichnung	Tag des Inkrafttretens	Reichsgesetzblatt I Seite
21.	2. 5. 1925	Bekanntmachung der neuen Fassung der Ausführungsvorschriften zur Verordnung über Erwerbslosenfürsorge . . .	1. 5. 1925	63
22.	12. 5. 1925	Verordnung über Ausdehnung der Unfallversicherung auf gewerbliche Berufskrankheiten	1. 7. 1925	69
23.	8. 5. 1925	Dritte Verordnung über die Versicherung der in der Kauffahrteiflotte, auf Kabeldampfern und Schulschiffen sowie in der Hochseefischereiflotte beschäftigten, nach dem vierten Buche der Reichsversicherungsordnung versicherungspflichtigen Personen	1. 4. 1925	70
24.	29. 5. 1925	Gesetz zur Überleitung der Einkommensteuer und Körperschaftssteuer in das regelmäßige Veranlagungsverfahren (Steuerüberleitungsgesetz) . . .	1. 6. 1925	75
25.	28. 5. 1925	Verordnung über die Beschäftigung von Arbeiterinnen und jugendlichen Arbeitern in Walz- und Hammerwerken	23. 6. 1925	82
26.	25. 5. 1925	Gesetz über den Verwaltungsrat des internationalen Arbeitsamtes . .	10. 6. 1925	II/161
27.	25. 5. 1925	Gesetz betr. das Washingtoner Übereinkommen über die Arbeitslosigkeit	10. 6. 1925	II/162
28.	25. 5. 1925	Gesetz betr. das Genueser Übereinkommen über die Stellenvermittlung für Seeleute	10. 6. 1925	II/166
29.	25. 5. 1925	Gesetz betr. das Genfer Übereinkommen über das Vereins- und Koalitionsrecht der landwirtschaftlichen Arbeiter	10. 6. 1925	II/171
30.	25. 5. 1925	Gesetz betr. das Genfer Übereinkommen über die Entschädigung der Landarbeiter b. Arbeitsunfällen	10. 6. 1925	II/174

II. Arbeitsvermittlung und Einstellungen.

A. Einschlägige Gesetzesbestimmungen.

1. Arbeitsnachweisgesetz vom 22. Juli 1922 (Reichsgesetzblatt I Seite 657) nebst Abänderung vom 30. Oktober 1923 (Reichsgesetzblatt I Seite 1065).
2. Verordnung über die Einstellung und Beschäftigung ausländischer Arbeiter vom 2. Januar 1923 (Deutscher Reichsanzeiger vom 5. Januar 1923).
3. Verordnung über Anwerbung und Vermittlung von Arbeitnehmern nach dem Ausland vom 4. Oktober 1923 (Reichsgesetzblatt I Seite 960).
4. Bestimmung über die Einstellung unterstützter Erwerbsloser vom 18. Januar 1924 (Reichsgesetzblatt 1924 Seite 34).
5. Verordnung über die Abänderung der Verordnung über die Einstellung und Beschäftigung ausländischer Arbeiter vom 16. 3. 1925 (Reichsgesetzblatt I Seite 25).

B. Die wichtigsten Einzelfragen.

1.—4. siehe Band I, Seite 10—11.

a) Wie weit muß bei Einstellungen der Arbeitsnachweis in Anspruch genommen werden?

1. **Selbständige Auswahl der Wiedereinzustellenden bei Wiederaufnahme eines stillgelegten Betriebes.** Gemäß Urteil des Landgerichtes Dortmund vom 2. Oktober 1924, veröffentlicht in der Bergisch-Märkischen Zeitung vom 15. 11. 24, kann der Arbeitgeber die Auswahl der bei Wiederaufnahme eines Betriebes wieder einzustellenden Arbeitnehmer selbst treffen und auch selbständig nach freiem Ermessen die Reihenfolge bestimmen, in der die wiedereinzustellenden Arbeiter eingestellt werden sollen.

b) Wie weit kann der Arbeitgeber die Mitwirkung des Arbeitsnachweises verlangen?

1. **Der Ausschluß eines Arbeitgebers von jeder Vermittlung von Arbeitskräften durch den öffentlichen Arbeitsnachweis** ist nach einem Bescheide der Reichsarbeitsverwaltung vom 20. 1. 25 (Reichs-

arbeitsblatt V 7, S. 61) unzulässig. Der öffentliche Arbeitsnachweis kann nur in einzelnen Fällen beim Vorliegen der im Arbeitsnachweisgesetz festgelegten Voraussetzungen die Vermittlung von Arbeitskräften in bestimmte Arbeitsstellen verweigern.

c) Wie weit kann der rechtzeitige Dienstantritt neuverpflichteter Arbeitnehmer gesichert werden?

1. Vertragsstrafen wegen Nichtantrittes der Arbeit. Nach einem Urteil des Kaufmannsgerichtes Hamburg vom 12. 7. 1924 ist es zulässig und rechtsgültig, wenn ein Arbeitgeber sich von einem zur späteren Einstellung verpflichteten Arbeiter oder Angestellten eine Vertragsstrafe für den Fall versprechen läßt, daß der Arbeitnehmer die Arbeit überhaupt nicht oder verspätet antritt. Dem Arbeitgeber steht bei nicht rechtzeitigem Antritt der Arbeit auch ein Recht der Klage auf Zahlung der Vertragsstrafe zu, nur hat das Gericht gemäß § 343 des BGB. das Recht, die Vertragsstrafe herabzusetzen, wenn sie unangemessen hoch erscheint.

d) Wie weit dürfen Ausländer eingestellt werden?

1. Einstellung und Beschäftigung ausländischer Arbeiter. Durch die unter Nr. B I 9 angeführte Verordnung vom 16. 3. 1925 werden die §§ 2, 4 und 5 der Verordnung über die Einstellung und Beschäftigung ausländischer Arbeiter vom 2. 1. 1923 in wesentlichen Punkten geändert. Nach dieser Änderung finden die einschränkenden Bestimmungen betreffend die Beschäftigung ausländischer Arbeiter nur noch auf solche ausländischen Arbeiter im Sinne des § 11 des Betriebsrätegesetzes Anwendung, die weder deutsche Reichsangehörige noch in der See- oder Binnenschiffahrt beschäftigt, noch im Besitze eines Befreiungsscheines sind. Den Befreiungsschein stellt die deutsche Arbeiterzentrale nach Anhörung und durch Vermittlung des Landesamtes für Arbeitsvermittlung außer den seit dem 1. Januar 1923 dauernd im Inlande in der Landwirtschaft beschäftigten ausländischen landwirtschaftlichen Arbeitern solchen ausländischen Arbeitern aus, die entweder seit dem 1. Januar 1919 im Inlande nicht nur vorübergehend in nicht landwirtschaftlichen Betrieben beschäftigt sind, oder die am 1. Juli 1914 seit mindestens einem Jahre im Inland beschäftigt waren und unverzüglich an ihre alte Arbeitsstelle zurückgekehrt sind, sobald die durch den Krieg geschaffenen Hinderungsgründe in Wegfall gekommen waren, oder die am 1. Januar 1919 bereits im Inlande ansässig, damals jedoch noch keine 14 Jahre alt waren, oder die als Arbeiterinnen durch die Verheiratung mit einem Ausländer die deutsche Reichsangehörigkeit verloren haben, oder endlich solchen ausländischen Arbeitern, die das zuständige Landesamt für Arbeitsvermittlung im Einzelfalle mit Zustimmung der höheren Verwaltungsbehörde von den einengenden

Bestimmungen befreit hat, weil ihre Anwendung eine besondere Härte gegen sie bedeuten würde.

Die Beschäftigung ausländischer Arbeiter ohne Befreiungsschein auf den für ausländische Arbeiter besonders freigegebenen Arbeitsstellen ist in Zukunft nur dann zulässig, wenn die Arbeiter sich im Besitze einer ordnungsmäßigen Legitimationskarte der deutschen Arbeiterzentrale befinden. Für die erste Beschäftigung nach der Einreise bis zur Beendigung des Legitimierungsverfahrens genügt ein Reiseausweis oder ein Paß. Beim Wechsel der Arbeitsstelle darf der nicht im Besitze eines Befreiungsscheines befindliche ausländische Arbeiter in die neue Arbeitsstelle nur eingestellt werden, wenn die Legitimationskarte die vorgeschriebene Bestätigung des letzten Arbeitgebers und die Bescheinigung des öffentlichen Arbeitsnachweises über die Zulässigkeit trägt. Ausländische Arbeiter, die ihre Legitimationskarte verloren haben, bedürfen zum Eintritt in eine neue Stelle einer Bescheinigung der für die letzte Arbeitsstelle zuständigen Polizeibehörde, daß sie für diese letzte Arbeitsstelle ordnungsmäßig legitimiert waren. Diese Bescheinigung muß die für die Legitimationskarte beim Wechsel der Arbeitsstelle vorgeschriebenen Vermerke des Arbeitgebers und des öffentlichen Arbeitsnachweises tragen. Ausländische Arbeiter, die sich nicht ordnungsmäßig ausweisen können, bedürfen vor der Einstellung einer Genehmigung des Landesamtes für Arbeitsvermittlung.

2. Durch Polizeiverordnung kann die Annahme ausländischer Arbeiter nach einem Urteil des Kammergerichts vom 8. Juni 1923 (Neue Zeitschrift für Arbeitsrecht 1925, S. 122) von vorheriger polizeilicher Genehmigung abhängig gemacht werden.

III. Arbeitsverträge und Kündigungsfristen.

A. Einschlägige Gesetzesbestimmungen.

1. Bürgerliches Gesetzbuch vom 18. August 1896 (RGBl. 1896 Seite 195), insbesondere dessen §§ 610—630 über den Dienstvertrag.
2. Handelsgesetzbuch vom 10. Mai 1897 (RGBl. Seite 219) insbesondere dessen §§ 59 ff., 83 und 511 ff.
3. Die Gewerbeordnung für das Deutsche Reich vom 26. Juli 1900, insbesondere dessen Titel VII.

B. Die wichtigsten Einzelfragen.

a) Wer trägt die Beweislast bei Streitigkeiten über Arbeitsbedingungen und Kündigungsfristen?

1. Beweispflicht für Anstellung auf Probe. Beweispflichtig dafür, daß ein Dienstvertrag entgegen der Behauptung des Arbeitgebers nicht nur zur Probe, sondern auf unbestimmte Zeit fest abgeschlossen worden ist, ist nach einem allerdings in der Praxis und in der Literatur umstrittenen Urteile des Kaufmannsgerichtes Hamburg vom 16. 12. 24 nicht der Arbeitgeber, sondern der Arbeitnehmer, der sich auf den festen Abschluß des Dienstvertrages beruft. Da jedoch die herrschende Meinung den Abschluß eines Dienstvertrages auf Probe als eine Ausnahme vom Regelfall betrachtet und infolgedessen in Streitfällen die Beweispflicht dem Arbeitgeber zuschiebt, empfiehlt es sich dringend, in allen einschlägigen Fällen die Tatsache, daß der Dienstvertrag zunächst nur auf Probe abgeschlossen wird, nicht nur mündlich zu betonen, sondern zur Beweiserleichterung schriftlich unter Gegenzeichnung des Arbeitnehmers festzulegen.

2. Beweispflichtig dafür, welche Kündigungsfrist vereinbart wurde, ist nach der herrschenden Meinung, wie sie beispielsweise von Staub im Kommentar zum Handelsgesetzbuch vertreten wird, im allgemeinen derjenige, der eine kürzere als die gesetzlich normale Kündigungsfrist behauptet. Im Gegensatz hierzu entschied jedoch das Kaufmannsgericht Hamburg mit Urteil vom 19. Januar 1925, Nr. 125/1925, daß der auf Zahlung einer Kündigungsentschädigung wegen vorzeitiger Entlassung klagende Arbeitnehmer beweispflichtig ist, wenn er behauptet, daß eine längere Kündigungsfrist vereinbart worden ist, als sie der Arbeitgeber tatsächlich eingehalten hat. Trotz dieser Entscheidung sollte man nicht unterlassen, Vereinbarungen über die Dauer der Kündigungsfrist in einwandfreier, stets leicht nachweisbarer Form, am besten schriftlich unter Gegenzeichnung des Arbeitnehmers sofort bei der Einstellung oder bei späterer Änderung der Kündigungsfristen festzulegen.

b) Wie weit können Minderjährige Arbeitsverträge abschließen?

1. **Abschlußvollmacht besitzen Minderjährige** gemäß einem Urteil des Landgerichts Krefeld (Jur. Wochenschr., 53. Jahrg., S. 1197, Nr. 9) in unbeschränktem Umfange bezüglich aller mit dem Arbeitsvertrage zusammenhängenden Fragen, wenn sie mit ausdrücklicher oder stillschweigender Einwilligung ihres Vaters oder gesetzlichen Vertreters in ein Arbeitsverhältnis eingetreten sind. Die ausdrückliche oder stillschweigende Genehmigung des einmaligen Abschlusses eines Arbeitsverhältnisses bedeutet nach Ansicht des Landgerichts Krefeld gleichzeitig auch die Ermächtigung zum Abschluß weiterer späterer Arbeitsverträge mit anderen Arbeitgebern.

IV. Arbeitszeit und Arbeitspausen.

A. Einschlägige Gesetzesbestimmungen.

1. Anordnung über die Regelung der Arbeitszeit gewerblicher Arbeiter vom 23. November und 17. Dezember 1918 (RGBl. Seite 1334 und 1436).
2. Verordnung über die Regelung der Arbeitszeit der Angestellten während der Zeit der wirtschaftlichen Demobilmachung vom 18. März 1919 (RGBl. Seite 315).
3. Verordnung über die Arbeitszeit vom 21. Dezember 1923 (RGBl. I Seite 1249).
4. Verordnung über die Sonntagsruhe im Handelsgewerbe und in Apotheken vom 5. Februar 1919 (RGBl. Seite 176).
5. Gewerbeordnung für das Deutsche Reich vom 26. Juli 1900 (RGBl. Seite 871 ff.).
6. Verordnung über die Arbeitszeit in Kokereien und Hochofenwerken vom 20. 1. 1925 (RGBl. I Seite 5).
7. Verordnung über die Beschäftigung jugendlicher Arbeiter auf Steinkohlenbergwerken vom 24. 4. 1925 (RGBl. I Seite 51).
8. Verordnung über die Beschäftigung von Arbeiterinnen und jugendlichen Arbeitern in Walz- und Hammerwerken vom 28. 5. 1925 (RGBl. I Seite 82).

B. Die wichtigsten Einzelfragen.

a) Wann ist Arbeit über 8 Stunden täglich oder 48 Stunden wöchentlich hinaus zulässig?

1.—4. siehe Band I, Seite 13—15.

5. Die Arbeitszeit in Kokereien und Hochofenwerken vom 1. April 1925 ab. Durch die unter Nr. B I 3 angeführte Verordnung über die Arbeitszeit in Kokereien und Hochofenwerken hat der Reichsarbeitsminister auf Grund des § 7, Absatz 2 der Arbeitszeitverordnung vom 21. 12. 1923 in Verbindung mit § 15, Absatz 2 der gleichen Verordnung nach langwierigen Verhandlungen mit den Spitzenverbänden der Arbeitgeber und Arbeitnehmer und auf Grund verschiedener Gutachten des Reichswirtschaftsrates bestimmt, daß die Beschränkung des § 7, Absatz 1 der Arbeitszeitverordnung Anwendung findet:

1. in Zechen-, Hütten- und selbständigen Kokereien auf diejenigen Arbeiter, die mit Arbeiten an den Koksöfen einschließlich der unmittelbaren Zufuhr der Kohlen zu den Öfen und einschließlich der unmittelbaren Abfuhr des fertigen Koks von den Öfen beschäftigt sind;

2. in Hochofenwerken auf diejenigen Arbeiter, die mit Arbeiten an den Hochöfen beschäftigt sind, einschließlich der unmittelbaren Zufuhr des Koks, der Erze und der Zuschläge zu den Hochöfen und einschließlich der Abfuhr des flüssigen Roheisens von den Hochöfen oder der Entfernung des gegossenen Roheisens aus der Gießhalle.

Für solche Arbeitnehmer kann infolgedessen vom 1. April 1925 ab eine Überschreitung der achtstündigen täglichen Arbeitszeit auf Grund tariflicher Vereinbarungen oder behördlicher Zulassung nur genehmigt werden, wenn die Überschreitung aus Gründen des Gemeinwohls dringend erforderlich ist, oder wenn sie sich in langjähriger Übung als unbedenklich erwiesen hat und eine halbe Stunde nicht übersteigt.

Bei Arbeitern, die nur während eines Teiles ihrer Arbeitszeit in den vorbezeichneten Betrieben beschäftigt sind, findet eine Beschränkung nur an denjenigen Tagen Anwendung, an denen der einzelne Arbeiter mit den genannten Arbeiten während des überwiegenden Teiles seiner täglichen Arbeitszeit beschäftigt ist.

Für die Fälle, in denen besondere Umstände in einem Teil des Reichsgebietes das Inkrafttreten der neuen Verordnung vom 1. April 1925 ab ohne schwere Gefährdung der Kokereien und Hochofenwerke nicht gestatten, sind die obersten Landesbehörden mit Zustimmung des Reichsarbeitsministers ermächtigt, den Zeitpunkt des Inkrafttretens hinauszuschieben.

6. Zur Durchführung der Verordnung über die Arbeitszeit in Kokereien und Hochofenwerken vom 20. Januar 1925 hat der Reichsarbeitsminister Ausführungsbestimmungen erlassen, durch welche der Kreis der unter die Verordnung fallenden Arbeitnehmer näher umschrieben ist. Danach ist nunmehr der Kreis der unter die Verordnung vom 20. Januar 1925 fallenden Arbeitnehmer, für die die besonderen Arbeitszeitbeschränkungen gelten, wie folgt generell umschrieben:

1. Bei den Zechenkokereien fallen unter die Verordnung alle Arbeiter an, auf und unter den Koksöfen. Dazu rechnen auch die Arbeiter auf der Koksofenrampe und die Koksaschenfahrer, ebenso die Handwerker, soweit auf sie der Artikel 1, Absatz 2, der Verordnung zutrifft. Die mit dem Kokslöschen beschäftigten Arbeiter fallen auch dann unter die Verordnung, wenn das Ablöschen nicht auf der Koksofenrampe erfolgt. Die Frage, welche Arbeiter mit der unmittelbaren Zufuhr der Kohle zu den Öfen und mit der un-

mittelbaren Abfuhr des Kokses von den Öfen beschäftigt sind, ist wesentlich danach zu entscheiden, ob die Arbeiter, wenn auch nur während eines Teiles ihrer Arbeit auf der Ofenplattform oder auf der Kokereirampe mit den Öfen in Berührung kommen. Hinsichtlich der Koksbrecher ist von Fall zu Fall zu entscheiden, ob der Brechbetrieb in so engem Zusammenhang mit der Kokerei steht, daß diese Arbeiter als an den Koksöfen beschäftigt anzusehen sind; in der Regel wird das nicht zutreffen.

Die für die Zechenkokereien angegebenen Grundsätze gelten in gleicher Weise für die Hüttenkokereien. Die Arbeiter der Seilbahn zur Abfuhr des Kokses fallen nicht unter die Verordnung, es sei denn, daß die Seilbahn der unmittelbaren Zufuhr des Kokses zum Hochofen dient.

2. Bei den Hochofenwerken fallen unter die Verordnung alle Arbeiten vom Füllen der an die Gicht gelangenden Beschickungsgefäße (Wagen, Kübel) an — es sei denn, daß ausnahmsweise die Arbeiten zum Füllen der Beschickungsgefäße gänzlich außerhalb des Bereichs des Hochofenwerks vorgenommen werden, bis einschließlich zum Einlaufen des flüssigen Roheisens und der flüssigen Schlacke in die Roheisen- und Schlackenpfannen, oder bis einschließlich zu der Verladung der Roheisenmassen von der Gießhalle oder dem Gießbett aus. Zu dem geschützten Arbeiterkreis rechnen hiernach auch die Wassermänner und die Gasleitungsreiniger. Dagegen werden die mit der Abfuhr des Roheisens und der Schlacke beschäftigten Arbeiter, die Schlackenkipper, die Gasmaschinisten und die mit der Gasreinigung beschäftigten Arbeiter regelmäßig nicht dazu gehören.

Vereinbarungen der Beteiligten über die Anwendung der Verordnung auf weitere Arbeitergruppen sind nach wie vor zulässig

7. **Überarbeit im Sinne des § 10** der Verordnung vom 21. Dezember 1923, d. h. erlaubte Überarbeit in Notfällen liegt nach einem Urteil des Schöffengerichts Berlin vom 5. Dezember 1924, Nr. 136 D 598/24, auch dann vor, wenn es sich um Überarbeit von Angestellten eines Lohnbureaus handelt, die der Arbeitgeber einseitig angeordnet hat, um nach einer Arbeitsniederlegung oder einer Aussperrung der Arbeiter zur Vermeidung von Unruhen die Lohnabrechnung und Arbeitspapiere beschleunigt fertigstellen zu lassen

b) Wie weit dürfen Ausfallstunden nachgeholt werden?

1.—3. siehe Band I, Seite 15—16.

4. **Einholen der durch den Fortbildungsschulunterricht versäumten Arbeitszeit** auf Grund einer Tarif- oder Einzelvereinbarung ist nach einem Bescheide des Reichsarbeitsministers vom 4. August 1924, Nr. III, B 2853 zulässig, sofern dabei die Bestimmungen der Arbeitszeitverordnungen beachtet werden. Dr. Lenhardt führt im »Schlichtungswesen« 1925, Heft 4, S. 64, im Anschluß an diesen Bescheid aus, daß der Arbeitgeber berechtigt ist, die durch den

Unterricht versäumte Arbeitszeit der Lehrlinge an demselben Tage nacharbeiten zu lassen, soweit hierdurch die achtstündige tägliche Arbeitszeit nicht überschritten wird, wobei allerdings in Übereinstimmung mit dem Bescheide des Reichsarbeitsministers der Pflichtunterricht in der Fortbildungsschule als Arbeitszeit nicht angerechnet zu werden braucht. Dagegen hält Dr. Lenhardt das Einholen der Ausfallstunden an anderen Tagen derselben oder nächstfolgenden Woche nur dann für möglich, wenn ein solches Einholen tariflich oder im Wege der behördlichen Ausnahmegenehmigung für zulässig erklärt ist, oder wenn in den Stunden des Fortbildungsschulunterrichtes die Arbeit der ganzen selbständigen Abteilung ausfällt und die Arbeitnehmer dieser Abteilung geschlossen an anderen Tagen der laufenden oder nächstfolgenden Woche die Ausfallstunden einholen.

c) Wie weit sind behördliche Überstundengenehmigungen möglich?

1.—3. siehe Band I, Seite 16—18.

d) Wie weit haben Betriebsvertretungsmitglieder bei Arbeitszeitverlängerung mitzuwirken?

1.—3. siehe Band I, Seite 18—19.

e) Wie weit können Arbeitszeitverlängerungen durch Betriebsvereinbarungen und Tarifverträge festgelegt werden?

1.—3. siehe Band I, Seite 19—20.

4. **Einführung verlängerter Arbeitszeit schon vor Abänderung der Arbeitsordnung zulässig.** Die Einführung einer längeren Arbeitszeit auf Grund einer Tarif- oder Betriebsvereinbarung oder auf Grund einer behördlichen Genehmigung ist sofort und nicht erst zulässig, wenn die Arbeitsordnung entsprechend abgeändert worden ist. Die Abänderung der Arbeitsordnung kann später gelegentlich nachgeholt werden. (So Entscheidung des Gewerbegerichtes Mannheim vom 2. 7. 1924 »Badische Rechtspraxis« 2 R 24, S. 100.)

5. **Die Arbeitszeit beträgt nach Ablauf eines Tarifvertrages** gemäß Urteil der 1. Zivilkammer des Landgerichtes Potsdam vom 9. Oktober 1924, Nr. 3, S. 211/24/11 8 Stunden täglich bzw. 48 Stunden wöchentlich. Nach der Urteilsbegründung hat ein ablaufender Tarifvertrag jedenfalls insofern keine Nachwirkung, als nach Ablauf des Tarifvertrages eben eine tarifliche Genehmigung der Überarbeit fehlt. Überarbeit darf also nach Ablauf eines Tarifvertrages nur verlangt werden, wenn es sich um Notfälle oder um Fälle des § 3 der Arbeitszeitverordnung oder um das Einholen aus-

gefallener Arbeitstunden handelt oder wenn die behördliche Genehmigung zu solcher Überarbeit vorliegt.

f) Wie weit sind Arbeitnehmer zur Leistung von Überarbeit verpflichtet?

1.—5. siehe Band I, Seite 20—23.

6. Verpflichtung zur Leistung von Überarbeit in Notfällen, z. B. bei plötzlich eintretenden oder drohenden Betriebsstörungen nimmt auch für den Fall des Fehlens einschlägiger Vertragsbestimmungen ein Urteil des Gewerbegerichtes Barmen vom 19. Januar 1925 an mit der Maßgabe, daß die Verweigerung der aus solchem Anlaß vom Arbeitgeber angeordneten Mehrarbeit einen wichtigen Grund zur fristlosen Entlassung im Sinne des § 123 Ziffer 3 der Gewerbeordnung gibt.

7. Mehrarbeit auf Grund des § 10 der Arbeitszeitverordnung müssen Arbeitnehmer auf Anfordern des Arbeitgebers nach einem Urteil des Landgerichts Leipzig vom 30. Januar 1925, Nr. 4, D g 168/24 auch dann leisten, wenn der einschlägige Tarif- oder Dienstvertrag über eine solche Verpflichtung nichts besagt. Der Arbeitgeber kann dementsprechend nach dem gleichen Urteil wegen beharrlicher Arbeitsverweigerung auf Grund des § 123, Ziffer 3, der Gewerbeordnung solche Arbeitnehmer fristlos entlassen, die sich trotz Androhung der fristlosen Entlassung weigern, die von ihm in Notfällen zur Verhütung des Verderbens von Rohstoffen oder des Mißlingens von Arbeitserzeugnissen angeordnete notwendige Überarbeit zu leisten.

8. Der Arbeitgeber ist zur selbständigen Anordnung von Überarbeit gemäß § 8 der Arbeitszeitverordnung berechtigt. In Übereinstimmung mit den Urteilen des Amts- und Landgerichtes Osnabrück (siehe Nr. 10) entschied auch ein in der arbeitsrechtlichen Beilage der Mitteilungen der Vereinigung der deutschen Arbeitgeber-Verbände 1925, Nr. 1, S. 1 veröffentlichtes Urteil des Landgerichtes Braunschweig, daß der Arbeitgeber Überarbeit gemäß § 3 der Arbeitszeitverordnung, d. h. Überarbeit an 30 beliebigen Tagen bis zur Dauer von zwei Stunden täglich selbständig und ohne Anhörung der Betriebsvertretung anordnen kann, und daß die Verweigerung der Leistung solcher Überarbeit den Arbeitgeber zur fristlosen Entlassung berechtigt.

9. Keinen privatrechtlichen Anspruch auf Mehrarbeit gemäß § 8 der Arbeitszeitverordnung hat der Arbeitgeber nach einer allerdings vereinzelten und im Gegensatz zu den bereits angeführten Entscheidungen des Amts- und Landgerichtes Osnabrück (siehe Nr. 10) sowie des Landgerichtes Braunschweig ergangenen Entscheidung der 1. Zivilkammer des Landgerichtes Potsdam vom 9. Oktober 1924, Nr. 3, S. 211/24/11, da nach der Begründung dieses Urteils die Arbeitszeitverordnung nur eine Mehrarbeit strafrechtlich zuläßt, dagegen die Arbeitnehmer nicht ohne weiteres privatrechtlich zur Leistung der zugelassenen Arbeit verpflichtet. Obwohl mit der herrschenden Ansicht diesem Urteile nicht zugestimmt werden kann, empfiehlt es sich doch, vorsorglich in die Arbeitsordnung, die Tarifverträge und die Einzeldienstverträge die Bestimmung aufzunehmen, daß der Arbeitgeber berechtigt ist, auch über die normale Arbeitszeit hinaus die Leistung von Überstunden zu verlangen, sofern diese gesetzlich zulässig sind.

10. Keine tarifliche Abdingung der Verpflichtung des Arbeitnehmers zur Leistung der Überarbeit auf Grund des § 3 der Arbeitszeitverordnung. Nach § 3 der Arbeitszeitverordnung vom 21. 12. 23 (RGBl. I, S. 1249) kann der Arbeitgeber verlangen, daß der Arbeiter an 30 der Wahl des Arbeitgebers überlassenen Tagen im Jahre Mehrarbeit bis zu 2 Stunden täglich leistet. Diese Bestimmung des § 3 der Arbeitszeitverordnung ist nach einem Urteil des Amtsgerichtes Osnabrück vom 18. 6. 1924 4 G 222/24 zwingender Natur und kann durch tarifliche Bestimmungen oder durch Einzelvereinbarungen weder abgeändert noch beseitigt werden, da sie den öffentlich-rechtlichen Zweck erfüllt, betriebs- und wirtschaftsnotwendige Überarbeit zu ermöglichen. Der Arbeitgeber kann also auf Grund des § 3 der Arbeitszeitverordnung an 30 Tagen des Jahres eine Mehrarbeit bis zu 2 Stunden täglich auch dann verlangen, wenn im Tarifvertrag hierüber nichts gesagt ist, oder wenn der Tarifvertrag ausdrücklich die tägliche oder wöchentliche Arbeitszeit auf 8 bzw. 48 Stunden beschränkt. Der Arbeitgeber ist auch nach dem obigen Urteil des Amtsgerichtes Osnabrück selbst dann nicht verpflichtet, zu dieser Mehrarbeit die Zustimmung der Betriebsvertretung einzuholen, wenn nach dem geltenden Tarifvertrag die Leistung von Überarbeit im allgemeinen nur mit Zustimmung der Betriebsvertretung verlangt werden kann. Dieses Urteil des Amtsgerichts Osnabrück ist durch Urteil des Landgerichts Osnabrück vom 16. 10. 1924 Nr. 3 S 171/24 (das Schlichtungswesen 6. Jahrg. Nr. 11 S 196) bestätigt worden.

11. Verpflichtung zur Leistung von Mehrarbeit auf Grund der §§ 3, 4 und 10 der Arbeitszeitverordnung nur kraft ausdrücklicher Vereinbarung. In der Streitfrage, ob die §§ 3, 4 und 10 der Arbeitszeitverordnung dem Arbeitgeber ohne weiteres einen Rechtsanspruch auf die nach diesen Paragraphen zulässige Überarbeit gegenüber den einzelnen Arbeitnehmern einräumen, oder ob diese Bestimmungen die Überarbeit lediglich in strafrechtlicher Beziehung gestatten, stellte sich der preußische Minister für Handel und Gewerbe in einem Erlasse vom 18. Februar 1925 Nr. III 760 auf den Standpunkt, daß die §§ 3, 4 und 10 der Arbeitszeitverordnung ebensowenig wie eine auf Grund der Arbeitszeitverordnung erteilte behördliche Ausnahmegenehmigung die Arbeitnehmer zur Mehrarbeit verpflichten, es sei denn, daß der Arbeitgeber allgemein oder für den in Frage kommenden Einzelfall eine tarifliche oder vertragliche Festlegung einer solchen Verpflichtung nachweisen kann.

12. Keinen Vertragsanspruch auf Mehrarbeit an 30 Tagen des Jahres gibt der § 3 der Arbeitszeitverordnung dem Arbeitgeber auch nach einem mit dem bereits bekanntgegebenen Urteil des Landgerichts Potsdam vom 9. Oktober 1924 übereinstimmenden Urteil des Gewerbegerichtes Berlin vom 2. Juli 1924. Nach diesem Urteil gestattet der § 3 der Arbeitszeitverordnung lediglich Überarbeit in strafrechtlicher Beziehung, bleibt aber in bezug auf die vertragsrechtlichen Beziehungen zwischen dem Arbeitgeber und den einzelnen Arbeitnehmern ohne jeden Einfluß, so daß der Arbeitgeber auf Grund dieser Bestimmung Mehrarbeit von den einzelnen Arbeitnehmern unter Androhung der fristlosen Entlassung nur verlangen kann, wenn er sich ein solches Recht zur Mehrarbeit entweder von vorneherein oder nachträglich durch Festlegung in der Arbeitsordnung, dem Dienstvertrage oder dem Tarifvertrage oder durch eine besondere Vereinbarung im Einzelfalle gesichert hat.

13. Kein Vertragsanspruch auf Mehrarbeit auf Grund der Arbeitszeitverordnungen. Im Gegensatz zu den von uns bereits angeführten Urteilen des Amts- und Landgerichts Osnabrück und des Landgerichts Braunschweig und in Anlehnung an das Urteil des Landgerichts Potsdam vom 9. Oktober 1924 sowie Ausführungen in verschiedenen Schriften entschied das Landgericht I Berlin in Bestätigung des gleichlautenden Urteils des Gewerbegerichts Berlin vom 2. Juli 1924, Nr. 900 bis 921/24 mit Urteil vom 12. Februar 1925, Nr. 23, S. 136/24 (Schlichtungswesen 1925, Heft 4, S. 74), daß die Arbeitszeitverordnung lediglich in den von ihr angeführten Sonderfällen in strafrechtlicher Beziehung Mehrarbeit gestattet, jedoch in keiner Weise kraft Gesetzes die Arbeitnehmer zur Mehrarbeit verpflichtet, so daß ein Vertragsanspruch des Arbeitgebers auf Mehrarbeit nur aus den einschlägigen Tarif- und Einzelabmachungen, nicht jedoch auch unmittelbar aus dem Gesetze bzw. den Arbeitszeitverordnungen abgeleitet werden könne.

14. Verpflichtung zur Leistung behördlich genehmigter Mehrarbeit erst nach Ablauf der Kündigungsfrist. Unter Aufhebung des Urteils des G e w e r b e g e r i c h t s L e i p z i g vom 3. Mai 1924, nach welchem der Arbeitgeber die Leistung behördlich genehmigter Mehrarbeit sofort und nicht erst nach Ablauf der Kündigungsfrist verlangen kann (vgl. Goerrig, »Das Arbeitsrecht in der Praxis«, IV, B f 3, S. 21), entschied das L a n d g e r i c h t L e i p z i g mit Urteil vom 30. Januar 1924, Nr. 4, D g 168/24, daß der Arbeitgeber mangels einer Einigung mit den Arbeitnehmern über einen früheren Zeitpunkt im Falle der Genehmigung einer längeren Arbeitszeit durch die zuständige Behörde die Mehrarbeit erst verlangen kann, wenn er unter Einhaltung der gesetzlichen oder etwa vereinbarten vertraglichen Kündigungsfrist angekündigt hat, daß er nach Ablauf der Ankündigungsfrist die behördlich genehmigte Mehrarbeit verlangen werde.

15. Keine fristlose Entlassung wegen Verweigerung der Leistung von selbständig angeordneten Überstunden. Nach einem Urteile des Gewerbegerichtes Harburg vom 25. 11. 1924 liegt keine den Arbeitgeber zur fristlosen Entlassung berechtigende Arbeitsverweigerung im Sinne des § 123 Ziffer 3 der Gewerbeordnung vor, wenn Arbeiter sich weigern, Überstundenarbeit zu leisten, die der Arbeitgeber einseitig ohne Zustimmung der Betriebsvertretung angeordnet hat, obwohl die für den Betrieb geltende Arbeitsordnung ausdrücklich besagt, daß die Arbeiter zur Leistung von Überstunden nur nach Vereinbarung der Dauer und des Umfanges der Überstunden zwischen Arbeitgeber und Betriebsvertretung verpflichtet sind.

g) Welche Arbeitszeit haben die Betriebsangestellten einzuhalten?

1. siehe Band I, Seite 23.

h) Wie weit sind Überstunden zu bezahlen?

1. siehe Band I, Seite 23—24.

2. **Anspruch auf Überstundenbezahlung bei bedingter tariflicher Zulässigkeit von Überarbeit.** In den Fällen, in denen ein Tarifvertrag besagt, daß über die regelmäßige tägliche Arbeitszeit hinaus im Bedarfsfalle die tägliche Arbeitszeit um eine bis zwei Stunden gegen Zahlung des üblichen Stundenlohnes verlängert werden darf, während nach dem Tarife für sonstige Überstunden ein besonderer Überstundenzuschlag neben dem Stundenlohne zu zahlen ist, können Arbeitnehmer nach einem Spruche des Tarifschiedsamtes für das Brauereigewerbe, Bezirk Chemnitz, vom 18. März 1925 für etwa auf Verlangen des Arbeitgebers verfahrene Überstunden den besonderen Überstundenzuschlag verlangen, sofern und soweit der Arbeitgeber nicht auf Grund der tariflichen Ermächtigung die Arbeitszeit gleichmäßig für den ganzen Betrieb oder eine einzelne selbständige Betriebsabteilung und für alle darin beschäftigten Arbeitnehmer verlängert hat.

3. **Anspruch auf Überstundenvergütung bei Arbeitszeitverlängerung nur auf Grund besonderer Vereinbarung.** Wenn nach Aufkündigung eines Tarifvertrages durch einen neuen Tarifvertrag, durch Betriebsvereinbarung oder durch Einzelvereinbarungen die frühere tägliche oder wöchentliche Arbeitszeit verlängert wird, ist der Arbeitgeber nach einem Urteil der 1. Zivilkammer des Landgerichtes Krefeld vom 28. Oktober 1924 Nr. I S. 105/24 zur Zahlung von Überstundenzuschlägen für die vereinbarten Mehrarbeitstunden nur verpflichtet, wenn eine solche Zuschlagsbezahlung ausdrücklich vereinbart worden ist. Ist darüber, ob für die Mehrarbeitstunden Zuschläge zu zahlen sind oder nicht, nichts gesagt, so kann für die neuen Arbeitstunden nur der normale Lohn ohne Zuschlag verlangt werden. Die Arbeitnehmer können einen Anspruch auf Überstundenbezahlung auch nicht etwa daraus ableiten, daß

der außer Kraft getretene frühere Tarifvertrag eine Überstundenvergütung für die über eine gewisse Stundenzahl hinausgehenden Stunden vorsah. Bestimmungen abgelaufener Tarifverträge betreffend Überstundenvergütung gelten vielmehr nach der vorerwähnten Entscheidung als durch die neue Arbeitszeitvereinbarung restlos aufgehoben.

Weitere Entscheidungen siehe Nr. V Bh.

i) Wie weit ist Nachtarbeit und Pausenverkürzung für jugendliche und weibliche Arbeitnehmer zulässig?

1.—2. siehe Band I, Seite 24—25.

k) Wie sind die Wechselschichten überzuleiten?

1.—2. siehe Band I, Seite 25.

l) Wie sind die Pausen festzulegen und zu bezahlen?

1.—2. siehe Band I, Seite 25—26.

3. Ärztliche Leitsätze über Dauer und Einhaltung von Arbeitspausen. Im Reichsarbeitsblatt Nr. 25, S. 574 vom 16. 11. 1924 veröffentlicht die Arbeitsgemeinschaft der deutschen Gewerbeärzte ärztliche Leitsätze über die Dauer und Einhaltung von Arbeitspausen, die im Interesse der Betriebsproduktivität und für Verhandlungen mit den Gewerkschaften und Betriebsvertretungen über die Dauer und Lage der Arbeitszeit und der Pausen äußerst wichtig sind. Nach diesen Leitsätzen ist unbedingt die geteilte Arbeitszeit der durchgehenden Arbeitszeit vorzuziehen, weil bei geteilter Arbeitszeit die Arbeitskraft des Arbeitnehmers mehr geschont wird, und weil die Leistungsfähigkeit bei geteilter Arbeitszeit erfahrungsgemäß größer ist. Nach den Feststellungen der deutschen Gewerbeärzte nimmt die Leistungsfähigkeit um die Mittagszeit erheblich ab und die Gesamtleistung steigt, wenn mittags zur Ruhe und zur Nahrungsaufnahme eine tatsächliche Ruhepause von mindestens einer Stunde eingelegt wird. Nach dem Gutachten der deutschen Gewerbeärzte erfüllt eine einstündige Mittagspause ihren Zweck aber nur dann, wenn die Arbeitnehmer keine weiten Wege zwischen Arbeitsstätte und Eßstätte zurückzulegen haben. Sind größere Wege zurückzulegen, so muß die Pause entsprechend verlängert werden, oder es muß den weitwohnenden Arbeitnehmern die Einnahme der Mahlzeit in möglichst gemütlichen Aufenthaltsräumen ermöglicht werden. Außer der Hauptpause empfehlen die Gewerbeärzte noch für alle Arbeiten, die nicht nach der Art des Arbeitsprozesses ohnehin kürzere Unterbrechungen und Verlangsamungen aufweisen, noch gewisse Mindestpausen, und zwar vormittags und nachmittags, möglichst mindestens je eine Pause von 10 bis 15 Minuten. Als grundlegende Voraussetzung für die ungeteilte Arbeitszeit bezeichnen die Gewerbeärzte ein nahrhaftes Frühstück vor Arbeitsbeginn und eine kleine Pause um die Mittagszeit, in welcher ein zweites Frühstück möglichst mit einem warmen Gerichte oder einem warmen Getränk eingenommen werden soll.

4. Bezahlung von Pausen können Arbeitnehmer nach einem Urteil des Gewerbegerichtes Wetzlar vom 27. November 1924 (s. Nr. 3 der Beilage der Gewerkschaftszeitung »Arbeiterrecht und Arbeiterversicherung« vom März 1925) auch dann verlangen, wenn sie während der Pausen und während der Einnahme der Mahlzeiten am Arbeitsplatz bleiben müssen, um notfalls sofort die Kessel und Arbeitsmaschinen bedienen zu können. Ist diese Voraussetzung erfüllt, so kann nach dem vorerwähnten Urteil der betreffende Arbeiter auch dann die Bezahlung der Pausen verlangen, wenn der einschlägige Tarifvertrag dem Arbeitgeber das Recht gibt, zur Abgeltung der Zeiten der Arbeitsbereitschaft eine gewisse Stundenzahl täglich oder wöchentlich bei der Lohnzahlung in Abzug zu bringen. Zur Vermeidung von Streitigkeiten sollte man daher in den Tarif- und Dienstverträgen sowie den Arbeitsordnungen in einwandfreier Weise festlegen, wann und unter welchen Voraussetzungen für Pausen eine Vergütung verlangt werden kann.

m) Wie sind die Arbeitstunden bei Kurzarbeit zu verteilen und zu bezahlen?

1.—2. siehe Band I, Seite 26.

3. Die Einhaltung einer längeren als achtstündigen täglichen Arbeitszeit bei Arbeitstreckung kann der Arbeitgeber nach den allerdings umstrittenen Urteilen des Gewerbegerichtes Leipzig und des Landgerichts Leipzig vom 27. Februar 1925 Nr. 4 Dg 327/24 von seinen Arbeitern oder Angestellten nur ausnahmsweise dann verlangen, wenn er sich ein solches Recht im Einzel- oder Tarifvertrage bzw. in der Arbeitsordnung von vorneherein oder im Einzelfalle vertraglich gesichert hat.

n) Wie ist der Berufsschulunterricht zu legen und zu beachten?

1. siehe Band I, Seite 27.

2. Verpflichtung des Arbeitgebers zur Anhaltung der jugendlichen Arbeitnehmer zum Besuch des Fortbildungsschulunterrichtes besteht nur nach gehöriger Bekanntmachung des Stundenplanes. Nach einem in Nr. 81 der Rheinisch-Westfälischen Zeitung vom 2. 2. 1925 veröffentlichten Urteile des Kammergerichtes sind Arbeitgeber zur Anhaltung ihrer Lehrlinge und jugendlichen Arbeiter zum Besuche des Fortbildungsschulunterrichtes nur dann bei Vermeidung einer Strafe verpflichtet, wenn die Unterrichtszeiten unter Beachtung der Bestimmungen des § 120, Absatz 4 der Gewerbeordnung ordnungsmäßig bekanntgemacht worden sind.

3. Keine Fortbildungsschulpflicht ausländischer Arbeitnehmer. Nach einem Urteile des Kammergerichtes Nr. 1, S 475/24, sind nur deutsche Reichsangehörige zum Besuche der Fortbildungsschule gemäß Artikel 145 der Reichsverfassung verpflichtet, die eine deutsche Schule besucht haben. Fortbildungsschulpflichtig sind dagegen nicht ausländische, wenn auch in deutschen Betrieben beschäftigte Arbeitnehmer. Es kann infolgedessen auch kein Arbeitgeber gemäß § 150, Nr. 4, der Gewerbeordnung bestraft werden, weil er es unterlassen hat, ausländische Arbeitnehmer zum Besuche der Fortbildungsschule anzuhalten.

4. Keine Doppelbestrafung wegen unterlassener An- und Abmeldung fortbildungsschulpflichtiger Arbeitnehmer. Nach einem Urteile des Kammergerichtes Nr. I, 461/24 kann ein Arbeitgeber nicht in zwei getrennten Strafverfahren sowohl wegen unterlassener Anmeldung als auch wegen unterlassener Abmeldung eines fortbildungsschulpflichtigen Arbeitnehmers bestraft werden. Wegen unterlassener Abmeldung ist der Arbeitgeber vielmehr nach dieser Kammergerichtsentscheidung straffrei, wenn es sich um einen Arbeitnehmer handelt, den er unter Verstoß gegen die Anmeldungsvorschriften zur Fortbildungsschule überhaupt nicht angemeldet hatte.

o) Was muß die Arbeitsordnung über die Arbeitszeit besagen?

1. siehe Band I, Seite 27.

p) Wie weit sind landesrechtliche Ausführungsbestimmungen zulässig?

1. siehe Band I, Seite 28.

q) Wie weit ist Arbeit an Sonn- und Feiertagen zulässig?

1. siehe Band I, Seite 28.

2. Die Beachtung der Tarifverträge bei behördlicher Regelung der Sonntagsruhe im Handelsgewerbe schreibt ein im Ministerialblatt der Handels- und Gewerbeverwaltung vom 15. März 1925 veröffentlichter Erlaß des Ministers für Handel und Gewerbe vom 18. Februar 1925, Nr. III, 760, vor. Nach diesem Erlaß sollen die Behörden bei Genehmigungen von Ausnahmen von der Regel der Sonntagsruhe im Handelsgewerbe insbesondere auf solche Tarifverträge Rücksicht nehmen, die im Tarifgebiete maßgebende Bedeutung erlangt haben, und besonders auf solche, die wegen dieser Bedeutung bereits für allgemein verbindlich erklärt worden sind.

r) Wie weit sind Überstundenverzeichnisse zu führen?

1. siehe Band I, Seite 28.

s) Wann liegt strafbare Übertretung der Arbeitszeitbestimmungen vor?

1. **Freiwillige Überarbeit im Sinne des § 11 Absatz 3** der Verordnung über die Arbeitszeit vom 21. Dezember 1923 liegt nach einem Urteil des Schöffengerichts Berlin Mitte vom 5. Dezember 1924, Nr. 136, D 598/24 auch dann in einer die Strafbarkeit des Arbeitgebers oder der Betriebsleitung ausschließenden Form vor, wenn der Arbeitgeber oder Vorgesetzte der Arbeitnehmer die Überarbeit dringlich angeordnet haben und die Arbeitnehmer sie in der irrtümlichen Annahme geleistet haben, daß sie wegen Verweigerung der Mehrarbeit fristlos oder befristet entlassen werden könnten. Voraussetzung ist nur, daß es sich um männliche Arbeitnehmer über 16 Jahre gehandelt hat, und daß der Arbeitgeber keinen Zwang unter Ausbeutung der Notlage oder Unerfahrenheit ausgeübt hat, und daß es sich endlich um eine vorübergehende Mehrarbeit handelt, die mit keiner erheblichen Gesundheitsschädigung der beteiligten Arbeitnehmer verbunden war.

Weitere Entscheidungen siehe unter Nr. IV B. 1.—5.

t) Welche Ergebnisse zeitigte die Arbeitszeitstatistik?

1.—2. siehe Band I, Seite 29—31.

V. Arbeitslohn und Gewinnbeteiligung.

A. Einschlägige Gesetzesbestimmungen.

1. Die unter Nr. III aufgeführten Gesetze.
2. Die Verordnung über Tarifverträge, Arbeiter- und Angestellten-Ausschüsse und Schlichtung von Arbeitsstreitigkeiten vom 23. Dezember 1918 (RGBl. S. 1457).

B. Die wichtigsten Einzelfragen.

a) Wie entwickelten sich die Löhne und Gehälter in der Zeit vom 1. Januar bis 30. Juni 1925?

1.—6. siehe Band I, Seite 32—38.

7. Gehälter und Löhne der Reichsbeamten und Reichsarbeiter. Einen wertvollen Vergleichsmaßstab bieten bei Gehalts-, Lohn- und Tarifvereinbarungen regelmäßig die Gehälter und Löhne der Reichsbeamten und Reichsarbeiter. Es verdienen deshalb folgende Zusammenstellungen Beachtung, die der Zeitschrift »Wirtschaft und Statistik« 1924, Nr. 23, entnommen sind:

Durchschnittliche Monatsgehälter der Reichsbeamten in Ortsklasse A.

Besoldungsgruppe	Vorkriegsgehalt M.	Oktober 1924 RM.	Novemb. 1924 RM.	Dezemb. 1924 RM.	Dezember 1924 nominal (ohne Berücksichtigung der gestiegenen Lebenshaltungskosten) in vH des Okt. 1924-Gehalts	Dezember 1924 nominal in vH des Vorkriegs-Gehalts
I	—	149,50	162,13	170,25	113,90	—
II	148	157,00	170,13	178,75	113,90	120,80
III	157	169,50	184,13	193,25	114,00	123,10
IV	169	188,50	205,00	215,00	114,10	127,20
V	213	212,00	230,63	241,75	114,00	113,50
VI	260	247,50	268,38	281,75	113,80	108,40
VII	317	305,50	315,00	342,75	112,20	108,10
VIII	342	344,00	355,50	386,50	112,40	113,00
IX	404	384,00	395,50	430,50	112,10	106,60
X	533	477,00	491,25	534,75	112,10	100,30
XI	608	547,50	564,50	614,25	112,20	101,00
XII	683	612,50	629,50	685,75	112,00	100,40
XIII	973	782,50	800,00	872,25	111,50	89,60

Spannung zwischen den Durchschnittsgehältern der Gruppen III (= 100), VIII, XI und XIII.

Gruppe	1913—1914	Oktober 1921	Dezember 1923	Oktober 1924	Dezember 1924
III	100	100	100	100	100
VIII	218	145	183	203	200
XI	387	214	269	323	318
XIII	620	347	364	462	451

Durchschnittliche Stunden- und Wochenlöhne im Lohngebiete 2, Ortsklasse A der über 21jährigen verheirateten Reichsbetriebs- (Eisenbahn-) Arbeiter.

Arbeitergruppe	Stundenlöhne Oktober 1924 RPf.	Wochenlöhne Oktober 1924 RM.	Stundenlöhne Nov. 1924 RPf.	Wochenlöhne Nov. 1924 RM.	Stundenlöhne Dez. 1924 RPf.	Wochenlöhne Dez. 1924 RM.	Dez. 1924 nominal in vHdes Okt. 1924-	Dez. 1924 nominal in vHdes Vorkriegs-Wochenlohns
Gelernte Arbeiter Gr. III .	62	33,48	64	34,78	67	36,18	108,1	104,7
Ungelernte Arbeiter Gr. VII .	48	25,92	50	26,96	52	28,08	108,3	118,5

b) Wie weit darf der Lohn wegen zu geringer Arbeitsleistung und wegen Ausschußarbeit herabgesetzt werden?

1. siehe Band I, Seite 38.

2. **Eine Minderentlohnung von beschränkt Arbeitsfähigen,** insbesondere von Altersinvaliden ist mangels ausdrücklicher gegenteiliger Bestimmungen nach einem Urteile des Berggewerbegerichtes Dortmund, Kammer Lünen, vom 12. Februar 1925 im Falle des Widerspruches des beteiligten Arbeitnehmers erst von dem Zeitpunkte ab zulässig, in welchem seit der Ankündigung der geringeren Entlohnung die im Einzelfalle geltende gesetzliche oder vertragliche Kündigungsfrist abgelaufen ist. Voraussetzung ist weiter, daß der Arbeitgeber in der Lage ist, die Minderleistungsfähigkeit und die tatsächliche geringere Arbeitsleistung des betroffenen Arbeitnehmers schlüssig nachzuweisen.

3. **In die Versetzung in eine geringer bezahlte Arbeitsstelle** braucht der Arbeitnehmer nach einem Urteil des Gewerbegerichts Königsberg vom 8. Juli 1924 (Merkblatt des deutschen Eisenbahnerverbandes Nr. 10, Spalte 95) erst vom Ablauf der gesetzlichen oder vertraglichen Kündigungsfrist seit der Ankündigung einer solchen Versetzung ab einzuwilligen.

c) Wann sind einseitige Lohnherabsetzungen wirksam?

1. siehe Band I, Seite 38—39.

d) Wie weit sind erzwungene Lohnzusagen verbindlich?

1. siehe Band I, Seite 39.

Weitere Entscheidungen siehe unter XXI Bo.

e) Wie weit sind Löhne bei Arbeitsbehinderung und Arbeitsunmöglichkeit zu zahlen?

1.—4. siehe Band I, Seite 39—41.

5. **Vertraglicher Ausschluß der Bezahlung der durch den Fortbildungsschulunterricht versäumten Arbeitszeit.** Nach einer im »Tag«, Nr. 14, vom 16. 1. 1925, veröffentlichten Entscheidung des Landgerichtes Elberfeld ist es durchaus zulässig und verstößt keineswegs gegen die guten Sitten oder die Bestimmungen des § 616 BGB., wenn zwischen dem Arbeitgeber und seinen jugendlichen Arbeitern und Lehrlingen vereinbart wird, daß für die durch den Besuch des Fortbildungsschulunterrichtes versäumten Arbeitsstunden eine Entschädigung nicht gezahlt wird. Voraussetzung ist nur, daß nicht in dem für den Betrieb geltenden Tarifvertrage eine Verpflichtung des Arbeitgebers zur Bezahlung solcher Ausfallstunden ausdrücklich festgelegt ist. Der Arbeitgeber tut auch gut daran, zu solchen Vereinbarungen die Zustimmung der gesetzlichen Vertreter der Lehrlinge und der jugendlichen Arbeiter einzufordern, wenn auch eine solche Zustimmung nach herrschender Ansicht nicht unbedingt notwendig ist, da der gesetzliche Vertreter durch die dem jugendlichen Arbeitnehmer erteilte Genehmigung zum Abschluß eines Arbeitsvertrages diesem die Ermächtigung zur vertraglichen Regelung aller einschlägigen Fragen gegeben hat.

6. **Vergütung für die durch den Pflichtbesuch einer Gewerbe- oder Fortbildungsschule versäumte Arbeitszeit** können Lehrlinge und jugendliche Arbeiter ausnahmsweise dann nach den §§ 323 und 616 BGB. nicht beanspruchen, wenn die durch den Schulbesuch versäumte Arbeitszeit regelmäßig wöchentlich einen erheblichen Bruchteil der Arbeitszeit ausmacht, wenn also beispielsweise wöchentlich 13 Stunden durch den Pflichtbesuch der Gewerbeschule von der Arbeitszeit versäumt werden müssen. Diese Entscheidung hat natürlich nur dort Beweiskraft, wo nicht ausdrücklich die Bezahlung der durch den Schulbesuch versäumten Arbeitszeit in der Arbeitsordnung, bzw. in den Tarif- oder Einzelverträgen zugesagt ist.

Weitere Entscheidungen siehe unter Nr. XI.

f) Wie weit sind Löhne, Ruhegehälter usw. aufzuwerten?

1.—4. siehe Band I, Seite 41—42.

5. **Keine Aufwertung vorausgezahlter Lohn- oder Gehaltsbeträge.** Arbeitnehmer, die auf Grund besonderer Vereinbarung mit dem Arbeitgeber den Lohn oder das Gehalt für eine bestimmte Zeit oder eine bestimmte Arbeit im voraus erhalten haben, können nach einem Urteil des Reichsgerichts vom 29. April 1924 (Sammlung der Reichsgerichtsentscheidungen, Bd. 108, S. 156) eine Aufwertung dieser im voraus erhaltenen Lohn- oder Gehaltsbeträge auch dann nicht verlangen, wenn nachträglich eine erhebliche Geldentwertung oder Teuerung eintritt. Durch die Vorauszahlung des Lohnes oder Gehalts ist nach der Urteilsbegründung vielmehr auch das Risiko etwaiger Geldentwertung oder Teuerung vom Arbeitgeber abgegolten bzw. vom Arbeitnehmer übernommen.

6. **Auf Aufwertung von Vorschußzahlungen,** welche in der Inflationszeit gewährt worden sind, hat der Arbeitgeber nach einem Urteil des Gewerbegerichts Emden vom 22. Okt. 1924 (Werkmeisterzeitung 1924, Nr. 1, S. 9) keinen Anspruch. Solche Vorschußzahlungen sind vielmehr bei der endgültigen Abrechnung nur ziffernmäßig ohne Aufwertung anzurechnen, falls nicht im einschlägigen Dienst- oder Tarifvertrage ausdrücklich etwas Gegenteiliges vorgesehen ist.

7. **Aufwertung des Ruhegehaltes eines Angestellten.** Hat der Arbeitgeber einem Angestellten vertraglich für die Zeit nach seinem Ausscheiden aus dem Dienste ein Ruhegehalt zugesagt, so stellt dieses Ruhegehalt grundsätzlich eine Gegenleistung für die früher geleisteten Dienste des Arbeitnehmers dar. Nach einem Urteil des Reichsgerichtes vom 29. 10. 24 sind solche Ruhegehälter, die vor der Geldentwertung vereinbart waren, so weit aufzuwerten, daß die tatsächlichen Ruhegehaltsbezüge in einem angemessenen Verhältnisse zu dem stehen, was der Arbeitgeber dem Angestellten bei der Vereinbarung im Verhältnis zu seinem damaligen Arbeitseinkommen zugesagt hatte. Nach Ansicht des Reichsgerichts hat als Maßstab für eine derartige Aufwertung das jeweilige Berufseinkommen gleichartiger Angestellter zu dienen. Wenn also beispielsweise einem Angestellten im Jahre 1910 bei einem Jahreseinkommen von M. 4000 ein Ruhegehalt von jährlich M. 2000 zugesagt war, so wäre das Ruhegehalt so weit aufzuwerten, daß der Ruhegehaltsempfänger jeweils 50 vH des Arbeitseinkommens eines gleichartigen Angestellten erhält.

8. **Kein Widerruf, sondern Aufwertung freiwillig gewährter Ruhegehälter.** Mit Rücksicht darauf, daß der Arbeitgeber aus der freiwilligen Einräumung von Ruhegehältern in der Form der Hebung seines geschäftlichen und sozialen Ansehens und in der Förderung der Arbeitslust seiner Arbeitnehmer Gegenwerte erzielt hat, ist er nach einem Urteile des Oberlandesgerichtes Dresden vom 30. April

1924, Nr. 2, O 53/24, nicht berechtigt, eine einmal zugesprochene Pension zu widerrufen, es sei denn, daß er sich einen solchen Widerruf ausdrücklich vorbehalten hat. Auch solche Ruhegehälter muß der Arbeitgeber nach dem vorerwähnten Oberlandesgerichtsurteile angemessen, d. h. unter Anpassung an die Erhöhung der Gehälter der Privatangestellten aufwerten.

9. Keine Ablehnung der Aufwertung vertraglich zugesicherter Pensionen wegen guter Vermögenslage des Pensionsempfängers. Auch dann, wenn der Empfänger einer vertraglich zugesicherten Papiermarkpension vermögend und auf die Aufwertung der Pension nicht zwingend angewiesen ist, kann er nach einem Urteile des Reichsgerichts vom 17. Oktober 1923, Nr. 6, U 2196/23, eine Aufwertung unter Anpassung an die jeweilige Steigerung der Löhne und Gehälter verlangen.

10. Die Anpassung an die Aufwertung der staatlichen Pensionen als Maßstab für die Aufwertung von Ruhegehältern. In Übereinstimmung mit dem bereits angeführten Urteile des Landgerichtes I Berlin vom 24. Januar 1924 bezeichnet auch ein Urteil des Kammergerichtes vom 17. Dezember 1923 (Jur. Wochenschrift 1925, S. 65) die Anpassung der Aufwertung der Pensionen und Ruhegehälter von Privatangestellten an die für staatliche Altpensionäre geltenden Grundsätze als Maßstab einer angemessenen Aufwertung.

11. Anpassung der Ruhegehälter an Beamtengehälter. Wenn einem Privatangestellten, beispielsweise einem Werkmeister, vertraglich ein Ruhegehalt in Höhe eines jeweils geltenden Beamtengehaltes zugesagt ist, so steigt und fällt das Ruhegehalt nur mit dem Fallen und Steigen des als Vergleichsmaßstab dienenden Beamtengehaltes. Dagegen kann der Privatangestellte eine Erhöhung des Ruhegehaltes nicht verlangen, wenn bei gleichbleibender Höhe des Beamtengehaltes die Ruhegehälter für staatliche Altpensionäre erhöht werden. (Entscheidung des Hanseatischen Oberlandesgerichtes vom 3. 4. 1924, »Hanseatische Rechtszeitschrift« 1924, S. 699).

12. Anpassung der Aufwertung von Pensionen an die Erhöhung der Beamtengehälter. Als angemessenen Vergleichsmaßstab für die dem Empfänger einer vertraglich zugesicherten Pension zustehende Aufwertung der Pensionsbezüge hat das Landgericht Berlin mit Urteil vom 24. Januar 1924, Nr. 23, O 371/23 die jeweilige Aufwertung bzw. Höhe der Gehälter der mittleren Reichsbeamten bezeichnet.

13. Sind auch Ansprüche gegenüber Ruhegehaltskassen aufzuwerten? Nach den bisherigen Ergebnissen der Rechtsprechung und Gesetzgebung können Ruhegehaltsempfänger eine angemessene Aufwertung der Papiermark-Ruhegehälter im allgemeinen nur verlangen, wenn der Arbeitgeber selber zahlungspflichtig ist, oder wenn die etwa zahlungspflichtige Ruhegehaltskasse ihr Vermögen wertbeständig erhalten konnte und eine Aufwertung zugesagt hatte. Es liegt nunmehr jedoch ein allerdings noch vereinzelt dastehendes und deshalb noch nicht ausschlaggebendes Urteil des Oberlandesgerichtes Dresden vom 30. April 1924 (s. Juristische Wochenschrift 54, 1) vor, welches besagt, daß auch Ansprüche auf Ruhegehalt, die einem Angestellten gegenüber einer von seiner Firma gegründeten selbständigen Ruhegehaltskasse zustehen, angemessen nach den Grundsätzen von Treu und Glauben gemäß den §§ 242 und 157 des BGB. aufzuwerten sind.

14. Keine Aufwertung von Pensionsansprüchen gegenüber Fabrikpensionskassen mit dem Charakter eines Versicherungsvereins auf Gegenseitigkeit. Gemäß Urteil des Oberlandesgerichtes München, Nr. II, 916/24, können Zwangsmitglieder oder freiwillige Mitglieder einer Fabrikpensionskasse nicht im Wege der Klage vor den ordentlichen Gerichten eine Aufwertung ihrer Papiermarkpensionen verlangen, wenn die betreffende Fabrikpensionskasse als Versicherungsverein auf Gegenseitigkeit im Sinne des § 53 des Gesetzes über die privaten Versicherungen anzusehen ist. In diesem Falle findet vielmehr auf die Aufwertung der Pensionen der Grundsatz des § 9 der 3. Steuernotverordnung und der 4. Durchführungsverordnung vom 28. August 1924 Anwendung.

g) Wann sind Gratifikationen, Tantiemen, Provisionen usw. zu zahlen?

1. siehe Band I, Seite 42—43.

2. Kein Gewohnheitsrecht auf Gratifikation. Arbeitnehmer können einen Anspruch auf Zahlung von Gratifikationen gemäß einer Entscheidung des Gewerbegerichtes Nürnberg vom 22. 1. 24, Nr. 2/24, nur aus ausdrücklichen Vereinbarungen und nicht schon daraus ableiten, daß sie in den Vorjahren regelmäßig eine Gratifikation erhalten haben.

3. Kein gewohnheitsmäßiger Anspruch auf Gratifikation. Da es im heutigen Arbeitsrechte einen gewohnheitsrechtlichen Anspruch auf Gratifikation nicht gibt, können Arbeitnehmer nicht schon deshalb nach einem Urteile des Kaufmannsgerichtes Bremen vom 2. 1. 1925 die Zahlung von Gratifikation verlangen, weil sie wiederholt in den Vorjahren regelmäßig eine solche erhalten haben. Die wiederholte regelmäßige Gratifikationszahlung begründet vielmehr nur dann eine Verpflichtung des Arbeitgebers zur Wiederholung derartiger Zahlungen, wenn besondere Umstände hinzukommen bzw. vorliegen, die erkennen lassen, daß der Arbeitgeber den Willen hatte, für sich selbst eine Verpflichtung zur dauernden Gratifikationszahlung zu begründen und sich des Rechtes zu begeben, von Fall zu Fall zu bestimmen, ob er eine Gratifikation zahlen will oder nicht.

4. Einen gewohnheitsrechtlichen Anspruch auf Gratifikation haben Arbeitnehmer nach einem mit der herrschenden Meinung und dem von uns bereits unter Nr. V B g 2 veröffentlichten Urteil des Gewerbegerichts Nürnberg und des Kaufmannsgerichts Bremen allerdings in Widerspruch stehenden Urteil des Gewerbegerichts Berlin vom 14. Februar 1925, Nr. 117/25, K 11, wenn der Arbeitgeber seinen Arbeitnehmern regelmäßig in den Vorjahren eine Gratifikation gezahlt hat. Der Gratifikationsanspruch steht nach dieser vereinzelten Entscheidung auch solchen Arbeitnehmern zu, die durch vertragswidriges Verhalten dem Arbeitgeber einen Grund zur Kündigung gegeben haben. In diesem Falle ist die Gratifikation nach Ansicht des Gewerbegerichts Berlin vom Gericht in einer der wirklichen Leistung angepaßten Höhe nach freiem Ermessen festzusetzen.

5. **Die freiwillige Zusage von Abfindungssummen** bei der Kündigung von Arbeitnehmern für den Zeitpunkt des Ausscheidens gilt nach einem ohne Datum im »Deutschen Bankangestellten« 1924, Nr. 15, S. 157, veröffentlichten Urteil des Kaufmannsgerichtes Berlin nicht als Schenkungsversprechen. Infolgedessen ist eine solche Zusage auch dann verbindlich und vom Arbeitgeber zu erfüllen, wenn die Zusage nicht unter Beachtung der für Schenkungsversprechen vorgesehenen gesetzlichen Formvorschriften abgegeben worden ist.

6. **Keine Umsatzprovision während der Zeit der Liquidation des Geschäftes.** Nach einem Urteile des Kaufmannsgerichtes Dortmund vom 11. 11. 1924, Nr. 293/1924, kann ein Angestellter, dem im allgemeinen eine Umsatzprovision zugesagt ist, eine solche Umsatzprovision nicht für Zeiten verlangen, in denen das Geschäft durch die Geschäftsaufsicht und das sich anschließende Konkursverfahren oder durch das Konkursverfahren allein zum Erliegen kommt. Nach der Urteilsbegründung setzt der Anspruch auf eine Umsatzprovision das Fortbestehen des Geschäftes und eines freien Verkaufes voraus. Umsatzprovision braucht daher nicht für solche Geschäfte gezahlt zu werden, die lediglich während der Liquidation des Geschäftes mehr oder weniger zwangsweise abgeschlossen werden.

h) Wie weit sind Überstunden und Sonntagsarbeitszulagen zu bezahlen?

1. siehe Band I, Seite 43.

Weitere Entscheidungen siehe unter IV Bh, l, m.

i) Welche Sonderregeln gelten für Akkordarbeit?

1. **Kein Sondervergütungsanspruch der Akkordarbeiter für normale Nebenarbeiten.** Mangels ausdrücklicher gegenteiliger Vereinbarung müssen nach einem Urteil des Gewerbegerichts Berlin vom 7. November 1924 Akkordarbeiter, mit denen ein Stückakkord

vereinbart worden ist, die mit der Fertigstellung der Akkordarbeiten regelmäßig verbundenen Nebenarbeiten, z. B. das Schleifen der Spezialwerkzeuge, unentgeltlich vornehmen, da solche Nebenarbeiten als in den Akkordstückpreis einkalkuliert gelten.

2. Wegfall des Vergütungsanspruches für Ausschußstücke. Nach einem Urteil des Gewerbegerichts Berlin vom 26. Februar 1925, Nr. 172/25, K 11, verliert ein Arbeitnehmer, der Ausschußstücke im Akkord angefertigt hat, den Anspruch auf Bezahlung dieser Stücke, wenn er es versäumt hat, unverzüglich nach der Ablehnung der Bezahlung durch die Betriebsleitung entsprechend dem getroffenen Abkommen, betreffend die Bezahlung von Ausschußarbeiten, die Entscheidung der in Streitfällen zuständigen paritätischen Kommission bzw. Schiedsstelle anzurufen. Nach der Urteilsbegründung kann es dem Arbeitgeber nicht zugemutet werden, sich noch nach längerer Zeit auf etwaige Ersatzansprüche des Arbeiters einzulassen, obwohl der Arbeiter es unterlassen hat, durch rechtzeitige Anrufung der im Abkommen vorgesehenen dritten Stelle eine rechtzeitige Prüfung des Einspruchs zu ermöglichen.

3. Verpflichtung zur kostenlosen Nacharbeit fehlerhafter Akkordarbeit. Gemäß Urteil des Gewerbegerichts Berlin Nr. 198/1925, K 10 sind Akkordarbeiter verpflichtet, fehlerhafte Stücke auf Verlangen des Arbeitgebers ohne besondere Vergütung in einen ordnungsmäßigen Zustand durch entsprechende Nacharbeit zu versetzen, wenn die Fehlerhaftigkeit auf Gründe zurückzuführen ist, die der Arbeitnehmer selbst zu vertreten hat.

k) Welche Folgen hat unpünktliche Lohn- oder Gehaltszahlung?

1. Trotz Zahlungsverzugs des Arbeitgebers kann der Arbeitnehmer nach einem Urteil des Kaufmannsgerichts Bremen vom 23. Mai 1924 (Hanseatische Gerichtszeitung, Abt. Arbeitsrecht I, Nr. 28, S. 116) nicht auch als Verzugsfolgen den Ersatz der durch ein Mahnschreiben eines Rechtsanwalts entstandenen Kosten verlangen, wenn der Verzug des Arbeitgebers und der Gehaltsanspruch des Arbeitnehmers klar zutage lagen und einer sofortigen Klageerhebung rechtliche Schwierigkeiten nicht im Wege standen.

VI. Lohnpfändung und Steuerabzüge.

A. Die einschlägigen Gesetzesbestimmungen.

1. Das Gesetz betr. die Beschlagnahme des Arbeits- oder Dienstlohnes vom 21. Juni 1869 (RGBl. S. 242) nebst den dazu ergangenen Ausführungs- und Abänderungsbestimmungen vom 29. März 1897 (RGBl. 159) vom 17. Mai 1896 (RGBl. S. 332), vom 13. Dezember 1917 (RGBl. S. 1102).
2. Verordnung über Lohnpfändung vom 25. Juni 1919 (RGBl. S. 258) mit den Abänderungen vom 10. August 1920 (RGBl. S. 1572) und vom 23. Dezember 1891 (RGBl. S. 1667) und vom 7. Januar 1924.
3. Gesetz betr. die Pfändbarkeit von Gehaltsansprüchen vom 23. Dezember 1921 (RGBl. 1657).
4. Das Einkommensteuergesetz vom 29. März 1920 (RGBl. S. 359) nebst den dazu ergangenen Abänderungs- und Ausführungsbestimmungen, insbesondere den zahlreichen Bestimmungen über den Steuerabzug.
5. Das Steuerüberleitungsgesetz vom 29. Mai 1925 (RGBl. I Seite 75).

B. Die wichtigsten Einzelfragen.

a) Wie weit sind die Löhne und Gehälter unpfändbar?

1.—4. siehe Band I, Seite 44—46.

5. Unbeschränkte Lohnpfändung zugunsten der Ehefrau und der Kinder des Arbeitnehmers. Wenn ein Ehemann mit der Zahlung der Unterhaltsgelder für seine Familie im Verzuge ist, kann nach einem Beschlusse des Kammergerichtes Nr. W 31/01/24 auch der an sich unpfändbare Teil des Dienst- und Arbeitseinkommens zugunsten der Ehefrau und der Kinder unbeschränkt gemäß § 4, Ziffer 3 des Lohnbeschlagnahmegesetzes gepfändet werden.

6. Pfändbarkeit von Prämien der Notstandsarbeiter. Nach einem in der Neuen Zeitschrift für Arbeitsrecht 1925, Nr. 4, S. 221, veröffentlichten Beschlusse des Landgerichts Nürnberg vom 28. Juli 1924, Nr. 327/24 unterliegen die den Notstandsarbeitern für besonders gute Arbeitsleistungen gewährten Prämien der Pfändung, da solche Prämien als Gegenleistungen für die tatsächlich geleistete

Arbeit angesehen werden, während die den Notstandsarbeitern allgemein bewilligten Zuschläge als Teile der Erwerbslosenunterstützung unpfändbar sind.

b) Wie weit darf der Arbeitgeber gegen Lohn- und Gehaltsforderungen aufrechnen oder ein Zurückbehaltungsrecht geltend machen?

1.—2. siehe Band I, Seite 46.

3. Das Reichsgericht zur Frage der Aufrechnung und Zurückbehaltung der Löhne im Arbeitsrecht. Das Gewerbegericht Hof hatte, wie bereits in Band I Nr. VI B b/1 angeführt, mit Urteil vom 28. 6. 1924 entschieden, daß der Arbeitgeber berechtigt ist, auch unpfändbare Lohn- und Gehaltsteile zurückzubehalten, bis er seinerseits wegen seiner Forderungen an den Arbeitnehmer befriedigt ist. Dieses Urteil steht im Widerspruche zu der ständigen Praxis des Reichsgerichtes, insbesondere zu den in der Sammlung der Reichsgerichtsentscheidungen Bd. 38, S. 138, und Bd. 85, S. 108, veröffentlichten Entscheidungen. Nach Ansicht des Reichsgerichtes ist eine Zurückbehaltung unpfändbarer Lohn- und Gehaltsteile praktisch gleichbedeutend mit einer Aufrechnung und deshalb ebenso wie die Aufrechnung unzulässig.

Von diesem Grundsatze macht das Reichsgericht nur für diejenigen Fälle eine Ausnahme, in denen der Arbeitgeber Forderungen gegen den Arbeitnehmer hat, weil dieser das Dienstverhältnis zu vorsätzlicher strafbarer Schädigung des Dienstherrn mißbraucht hat, in denen der Arbeitnehmer also beispielsweise dem Arbeitgeber durch Verweigerung von Notstandsarbeiten trotz vertraglicher Verpflichtung oder gar durch Sabotageakte vorsätzlich Schaden zugefügt hat. In solchen Fällen würde es nach Ansicht des Reichsgerichtes gegen das allgemeine Rechtsgefühl und gegen Treu und Glauben verstoßen, wenn der Arbeitgeber nicht berechtigt wäre, auch unpfändbare Lohn- und Gehaltsteile zurückzubehalten, bis der Arbeitnehmer seiner Schadenersatzverpflichtung nachgekommen ist.

4. Lohnaufrechnung gegen Kaufpreisforderungen für kreditierte Waren ist nach einem Urteil des Gewerbegerichts Werdau vom 3. Febraur 1925, Nr. G, S. 5/25, auch in bezug auf die an sich unpfändbaren und der Lohnpfändung oder Aufrechnung im allgemeinen nicht unterliegenden Lohn- und Gehaltsteile zulässig und rechtswirksam, sofern es sich um Kaufpreisforderungen für Waren handelt, die den Arbeitnehmern gemäß § 115, Absatz 2, Satz 2, der Gewerbeordnung auf Kredit zu den Selbstkosten unter Anrechnung bei der Lohnzahlung geliefert werden durften.

5. Aufrechnung des Restlohnanspruches gegen Schadenersatzforderungen des Arbeitgebers. Kann der Arbeitgeber wegen eines vertrags- oder rechtswidrigen Verhaltens des Arbeitnehmers, insbesondere wegen einer Betriebsschädigung durch wilden Streik unter Vertragsbruch und unter Einstellung der Notstandsarbeiten Schadenersatzansprüche gegen einen fristlos Entlassenen oder ausscheidenden Arbeitnehmer geltend machen, so ist er berechtigt, gegen diese Ansprüche etwaige Restlohnforderungen ohne Rücksicht auf die Lohnpfändungsbestimmungen und die §§ 115 und 118 der Gewerbeordnung bzw. 394 des Bürgerlichen Gesetzbuches aufzurechnen. (Urteil des Landgerichtes Hagen vom 7. Oktober 1924 Nr. I S. 348/24.)

6. **Einbehaltung von Vorschüssen bei Entlassungen.** Ohne Rücksicht auf die Lohnpfändungsbestimmungen können vom Arbeitgeber beim Ausscheiden oder bei der Entlassung von Arbeitnehmern Vorschüsse und Darlehen restlos vom Restlohne abgezogen und einbehalten werden. (Gewerbegericht Hof, Urteil vom 7. Juli 1924, Nr. 17/24.)

7. **Zur Aufrechnung auch gegen unpfändbare Lohn- oder Gehaltsteile** ist der Arbeitgeber nach einem in den Blättern für Arbeitsrecht, Nr. 12 vom 17. Mai 1925, veröffentlichten Urteil des Landgerichtes Hagen berechtigt, wenn seine Gegenforderung sich auf ein absichtlich vertragswidriges Verhalten des Arbeitnehmers beispielsweise darauf stützt, daß die Arbeitnehmer unter Kontraktbruch die Arbeit niedergelegt oder die Notstandsarbeiten verweigert und dadurch erheblichen Schaden verursacht haben.

c) Wie ist der Steuerabzug vom Arbeitslohn zu berechnen und durchzuführen?

1.—7. siehe Band I, Seite 46—49.

8. **Nur monatliche statt dekadenweiser Abführung des Lohnabzugsbetrages unter 50 Goldmark.** Nach dem Runderlasse vom 8. März 1924, Nr. III, C 2/400 konnten die Steuerabzugsbeträge vom Arbeitgeber monatlich bis zum 5. des folgenden Monats an das zuständige Finanzamt abgeführt werden, wenn sie den Betrag von 12 Mark monatlich nicht überstiegen. Die Grenze von 12 Mark ist mit Wirkung vom 1. März 1925 ab auf 50 Goldmark erhöht worden. Dementsprechend brauchen die einbehaltenen Steuerbeträge, wenn sie in einem Kalendermonat für sämtliche, bei einem Arbeitgeber beschäftigten Arbeitnehmer den Betrag von 50 Mark nicht übersteigen, nicht mehr dekadenweise zum 5., 15. und 25. eines jeden Monats, sondern nur einmalig, und zwar spätestens bis zum 5. des folgenden Monats, an die zuständige Finanzkasse abgeführt zu werden.

9. **Nur beschränkte Haftung des Arbeitgebers für die Lohnsteuerabzüge.** Der Arbeitgeber haftet zwar dem Finanzamt gegenüber bis zur Höhe des vorgeschriebenen Lohnsteuerabzuges für die Steuerpflichten des Arbeitnehmers, er kann jedoch trotz Unterlassung des Steuerabzuges gemäß einer im Kölner Tageblatt Nr. 34

vom 21. Januar 1925 veröffentlichten Entscheidung des großen Senates des Reichsfinanzhofes bei Heranziehung zur Nachzahlung der nicht einbehaltenen Beträge dieselben Einwendungen erheben und Rechtsmittel einlegen, die dem Arbeitnehmer selbst im Falle der Heranziehung zur Steuer zustehen würden.

10. Nur beschränkte Steuerabzugsfreiheit von Reisespesen. In Auslegung und Ausführung des Erlasses des Reichsministers der Finanzen vom 24. Januar 1924 entschied der Präsident des Landesfinanzamtes Unterweser nach einer in Nr. 8 des Steuerblattes der Deutschen Arbeitgeberzeitung vom 29. März 1925 veröffentlichten Mitteilung, daß bei der steuerrechtlichen Behandlung der Reisespesen folgende Richtlinien zu beachten sind: Handelt es sich um Beträge, die einem Reisenden zur Abgeltung der Spesen gewährt werden, so bleibt nur derjenige Teil steuerabzugsfrei, der nach dem vom Reisenden geführten Nachweis oder nach Wahrscheinlichkeitsgrundsätzen tatsächlich durch die Reisen verbraucht wird. Dem Steuerabzug unterliegt nur der tatsächlich ersparte Teil der Pauschbeträge. Handelt es sich dagegen um Vertrauensspesen, so sind diese grundsätzlich immer in vollem Umfange und ohne besonderen Nachweis des tatsächlichen Verbrauches steuerabzugsfrei, es sei denn, daß nach der Höhe dieser Spesen berechtigte Zweifel darüber bestehen, daß sie übersetzt sind. In diesem Falle kann ein näherer Nachweis verlangt werden. In allen Fällen soll nach der Ansicht des Landesfinanzamtes Unterweser die dem Reisenden oder Angestellten für Verpflegung während seiner Reisetätigkeit gewährte Vergütung in vollem Umfang steuerfrei sein, da die an den Reisetagen im Haushalt ersparten Beträge in der Regel so geringfügig seien, daß eine Heranziehung zur Steuer sich angesichts der Ermittlungskosten nicht lohne.

11. Pauschbeträge zur Abgeltung der Reisespesen sind nach einem neuen Erlaß des Reichsfinanzministers vom 2. Mai 1925 grundsätzlich nur noch in Höhe der jeweils den Reichsbeamten der Stufe I, d. h. der Besoldungsgruppen A, I—V gewährten Tage- und Übernachtungsgelder für die betreffenden Orte steuerabzugsfrei. Erfordern die auswärtigen Arbeiten oder Dienstobliegenheiten ein auswärtiges Übernachten nicht, so sind von den Pauschbeträgen bei einer Abwesenheit vom Orte der Betriebsstätte von mehr als 8 Stunden $^{8}/_{10}$, von mehr als 6 Stunden $^{5}/_{10}$, von mehr als 3 Stunden $^{3}/_{10}$ der vollen Tagegeldsätze eines Reichsbeamten der Stufe I steuerabzugsfrei. Darüber hinausgehende zur Abgeltung der Reisespesen gewährte Pauschbeträge sind nach diesem Erlasse des Reichsfinanzministers nur dann steuerabzugsfrei, wenn sie nach den vom Arbeitgeber bzw. Arbeitnehmer zu führenden Nachweise tatsächlich als Reisespesen verbraucht worden sind.

12. Zuviel gezahlte Steuerabzugsbeträge müssen nach einem Erlaß des Reichsfinanzministers vom 2. Mai 1925 vom Finanzamt auf Antrag unter Zugrundelegung der Bestimmungen des Erlasses vom 20. Dezember 1923 Nr. III C 15000 und des § 108 der Reichsabgabenordnung erstattet werden. Erstattung kann auch dann verlangt werden, wenn der Gesamtarbeitslohn im Kalenderjahre infolge längerer Krankheit, Kurzarbeit oder Werksbeurlaubung bzw. Arbeitslosigkeit unter dem steuerfreien Lohnbetrage für das ganze Jahr zurückgeblieben ist und wenn während eines Teiles des Jahres trotzdem Steuerabzüge einbehalten und abgeführt worden sind, weil in dem betreffenden Lohnzahlungszeitraum der verdiente Lohn den steuerfreien Betrag überstieg.

13. Erhöhung des steuerfreien Betrages. Nach den zurzeit geltenden Bestimmungen kann bekanntlich der steuerfreie Betrag durch das zuständige Finanzamt für einzelne Arbeitnehmer heraufgesetzt werden, wenn die sogenannten Werbungskosten, d. h. die fortlaufenden Aufwendungen, die notwendig sind, um die das Einkommen abwerfende Tätigkeit in dem maßgebenden Zeitraum mit Erfolg ausüben zu können (z. B. Kosten für die Fahrt zur Arbeitsstätte, für Berufskleidung usw.) den steuerfreien Lohnbetrag übersteigen, oder wenn die steuerliche Leistungsfähigkeit des Arbeitnehmers durch besondere wirtschaftliche Verhältnisse, z. B. durch Unterhalt und Erziehung der Kinder, durch Verpflichtung zum Unterhalt mittelloser Angehöriger, durch Krankheit, Unglücksfälle usw. wesentlich beeinträchtigt wird.

Nach einem Erlasse des Finanzministers vom 25. November 1924 darf aber eine Erhöhung des steuerfreien Lohnbetrages wegen höherer Werbungskosten nur vorgenommen werden, wenn die Werbungskosten den Betrag von monatlich 60 Mark übersteigen. Auch darf in Zukunft die Erhöhung des steuerfreien Lohnbetrages jeweils höchstens für die Dauer eines Jahres gewährt werden. Liegen nach Ablauf des Jahres die Voraussetzungen, welche eine Erhöhung des steuerfreien Betrages rechtfertigten, noch vor, so ist eine neue Genehmigung zulässig und notwendig.

14. Keine Berücksichtigung der Steuerabzugspflicht im Prozeßverfahren. Auf Ersuchen des Reichsministers der Finanzen hat der Reichsfinanzhof gemäß § 43 der Reichsabgabenordnung in einem eingehend begründeten Gutachten (s. Schlichtungswesen 1925, Nr. 5, S. 78ff.) den Standpunkt vertreten, daß die Gerichte nicht gehalten und auch nicht berechtigt sind, bei der Prozeßentscheidung die Steuerabzugspflicht mit zu berücksichtigen, daß es vielmehr Sache des Arbeitgebers ist, in Fällen, in denen die nach dem Urteile zu zahlende Summe steuerabzugspflichtig ist, den Steuerabzug auf Grund der allgemeinen gesetzlichen Bestimmungen einzubehalten und an das Finanzamt abzuführen.

15. Steuerabzug bei Abschlagszahlungen. Nach einem Erlaß des Reichsfinanzministers vom 21. Februar 1925, Nr. III C 1900 (Steuerblatt der deutschen Arbeitgeberzeitung vom 12. April 1925, Nr. 9) ist es zulässig, auf Abschlagszahlungen zunächst den vollen, für den Lohnzahlungszeitraum geltenden steuerfreien Lohnbetrag anzurechnen und von dem Rest den sich nach dem Familienstande ergebenden Hundertsatz einzubehalten. Dies gilt sowohl bezüglich solcher Arbeitnehmer, die im Wochen- oder Stundenlohn stehen als auch bezüglich derjenigen, die einen Monats- oder Jahreslohn erhalten.

16. **Besondere Zuwendungen des Arbeitgebers unterliegen der Steuerabzugspflicht nur dann** nach einem Erlasse des Reichsfinanzministers vom 28. 3. 1925 Nr. III C 870/III, C 5/414 und einem Urteile des Reichsfinanzhofes vom 17. 1. 1923 Nr. III A 594/22, wenn es sich entweder um regelmäßige fortlaufende Zuwendungen oder um Leistungen des Arbeitgebers handelt, zu denen er sich im Tarifvertrage oder im Einzeldienstvertrage verpflichtet hat. Dagegen sind der Steuerabzugspflicht nicht auch freiwillige Zuwendungen des Arbeitgebers in Einzelfällen unterworfen. Zur Vermeidung von Schwierigkeiten empfiehlt es sich angesichts dieses Erlasses und dieser Entscheidung bei allen freiwilligen Zuwendungen des Arbeitgebers den Charakter der Freiwilligkeit in einwandfreier, jederzeit nachweisbarer Form, am besten schriftlich festzulegen.

17. **Beiträge zu Ruhegehalts- und Hilfskassen** dürfen nach einer in der Zeitschrift »Steuer und Wirtschaft« III 919 veröffentlichten Entscheidung des Reichsfinanzhofes vom 28. 6. 24 vom Bruttolohne nicht als steuerfreie Beträge zur Errechnung des steuerpflichtigen Lohn- oder Gehaltsanteiles in Abzug gebracht werden. Diese Beträge unterliegen vielmehr dem Steuerabzuge, soweit sie nicht teilweise indirekt durch die im Gesetz vorgesehenen steuerfreien Beträge abgegolten sind.

18. **Der Steuerabzug für die Zeit nach dem 31. Mai 1925** ist auf Grund des Gesetzes zur Überleitung der Einkommensteuer und Körperschaftssteuer in das regelmäßige Veranlagungsverfahren (Steuerüberleitungsgesetz vom 29. Mai 1925) wie folgt geregelt:

Bei Lohnzahlungen, die für eine nach dem 31. Mai 1925 erfolgende Dienstleistung bewirkt werden, bleiben für den Arbeitnehmer zur Abgeltung der nach § 13 Abs. 1 Nr. 1 bis 7, § 59 des Einkommensteuergesetzes zulässigen Abzüge

a) bei Zahlung des Arbeitslohnes für volle Monate 80 RM.,
b) bei Zahlung des Arbeitslohnes für volle Wochen 18,60 RM.,
c) bei Zahlung des Arbeitslohnes für kürzere Zeiträume 0,80 RM. für je zwei angefangene oder volle Arbeitsstunden

vom Steuerabzug frei (steuerfreier Lohnbetrag).

Der steuerfreie Lohnbetrag erhöht sich also gegenüber den bisherigen Beträgen monatlich um 20 RM., wöchentlich um 3,60 RM., täglich um 0,60 RM. und zweistündlich um 0,20 RM.

Wann der Arbeitslohn ausgezahlt wird, ob vor dem 1. Juni oder nach dem 31. Mai, ist unerheblich. Es kommt lediglich darauf an, daß der Lohn für eine nach dem 31. Mai 1925 erfolgende Dienstleistung gezahlt wird.

Bei Lohnzahlungen, die für eine nach dem 31. Mai 1925 erfolgende Dienstleistung bewirkt werden, ermäßigt sich der vom Arbeitslohn nach Abzug des steuerfreien Lohnbetrags einzubehaltende Steuersatz von 10 vH.

1. für die auf der Steuerkarte vermerkte Ehefrau wie bisher um 1 vH.,
2. für das erste auf der Steuerkarte vermerkte minderjährige Kind wie bisher um 1 vH.,
3. für das zweite auf der Steuerkarte vermerkte minderjährige Kind
   a) wenn der Arbeitslohn
      bei Zahlung des Arbeitslohns für volle Monate 250 RM.,
      bei Zahlung des Arbeitslohns für volle Wochen 60 RM.,
      bei Zahlung des Arbeitslohns für volle Arbeitstage 10 RM.,
      bei Zahlung des Arbeitslohns für kürzere Zeiträume 2,50 RM. für je zwei angefangene oder volle Arbeitsstunden nicht übersteigt, um 2 vH.;
   b) wenn der Arbeitslohn die unter a) bezeichneten Beträge übersteigt um nur 1 vH.;
4. für das dritte und jedes weitere auf der Steuerkarte vermerkte minderjährige Kind stets um je 2 vH.

Ob für das zweite Kind eine Ermäßigung von 2 vH oder von nur 1 vH zu berücksichtigen ist, richtet sich nach der Höhe des Arbeitslohns in dem Zeitraum, für den der Lohn jeweils gezahlt wird. Beträgt z. B. der Wochenlohn eines verheirateten Arbeitnehmers mit zwei minderjährigen Kindern in einer Lohnwoche 58 RM., so beträgt die Ermäßigung nach dem Familienstand für diese Lohnwoche 1 vH (für die Ehefrau) plus 1 vH (für das erste Kind) plus 2 vH (für das zweite Kind), also zusammen 4 vH. Beträgt der Wochenlohn in der nächsten Lohnwoche 62 RM., so beträgt die Ermäßigung für diese Lohnwoche zusammen nur 3 vH (für das zweite Kind statt 2 nur 1 vH).

Die vorbezeichneten Ermäßigungen für die minderjährigen Kinder gelten auch für mittellose Angehörige, für eine Ermäßigung vom Finanzamt zugelassen und auf der Steuerkarte vermerkt worden ist. Wenn also einem Arbeitnehmer z. B. eine Ermäßigung für zwei minderjährige Kinder und für einen mittellosen Angehörigen (bisher je 1 vH, zusammen 3 vH) zusteht, so erhält er künftig für die genannten drei Personen eine Ermäßigung von zusammen 4 vH, wenn sein Arbeitslohn 250 RM. monatlich (60 RM. wöchentlich usw.) übersteigt, dagegen eine Ermäßigung von zusammen 5 vH, wenn sein Arbeitslohn die genannten Beträge nicht übersteigt.

Der danach einzubehaltende Hundertsatz ergibt sich aus den nachstehenden Zahlentafeln.

Zahlentafel 1
für Arbeitnehmer, deren Arbeitslohn 250 RM. monatlich (60 RM. wöchentlich, 10 RM. täglich, 2,50 RM. zweistündlich) nicht übersteigt.

Zahl der minderjährigen Kinder und mittellosen Angehörigen	Verheirateter Arbeitnehmer	Lediger oder verwitweter Arbeitnehmer
—	9 vH	10 vH
1	8 »	9 »
2	6 »	7 »
3	4 »	5 »
4	2 »	3 »
5	—	1 »
6	—	—

Zahlentafel 2
für Arbeitnehmer, deren Arbeitslohn 250 RM. monatlich (60 RM. wöchentlich, 10 RM. täglich, 2,50 RM. zweistündlich) übersteigt.

Zahl der minderjährigen Kinder und mittellosen Angehörigen	Verheirateter Arbeitnehmer	Lediger oder verwitweter Arbeitnehmer
—	9 vH	10 vH
1	8 »	9 »
2	7 »	8 »
3	5 »	6 »
4	3 »	4 »
5	1 »	2 »
6	—	—

Der höhere steuerfreie Lohnbetrag ist auch dann abzuziehen, wenn der Zeitraum, für den der Arbeitslohn gezahlt wird, zum Teil in die Zeit vor dem 1. Juni 1925 fällt. In diesem Falle darf jedoch der höhere steuerfreie Lohnbetrag bei Zahlung des Arbeitslohnes für mehrere Wochen für die vollen Wochen, die vor dem 1. Juni 1925 enden, und bei Zahlung des Arbeitslohnes für mehrere Monate für die vollen Monate, die vor dem 1. Juni 1925 enden, nicht berücksichtigt werden.

Ist einem Arbeitnehmer auf Antrag für 1925 eine Erhöhung des steuerfreien Lohnbetrages — einerlei aus welchem Grunde — auf einen festen Betrag zugebilligt worden, so behält es dabei sein Bewenden. Der steuerfreie Lohnbetrag beträgt jedoch mindestens 80 RM. monatlich (18,60 RM. wöchentlich usw.). Ist die auf Antrag zugelassene Erhöhung in einem Hundertsatz des gesetzlichen steuerfreien Lohnbetrags bemessen, so tritt an die Stelle des gesetzlichen steuerfreien Lohnbetrags von 60 RM ein solcher von 80 R M.monatlich (von 15 RM. ein solcher von 18,60 RM. wöchentlich u.s.w)

Erhält ein Arbeitnehmer außer seinen laufenden Bezügen einmalige Einnahmen, z. B. Tantiemen, Gratifikationen so ist vom vollen Betrag dieser Einnahmen der sich nach dem Familienstand ergebende Hundertsatz als Steuer einzubehalten. Die Frage, ob hierbei für das zweite Kind eine Ermäßigung von 2 vH oder von nur 1 vH zu berücksichtigen ist, richtet sich danach, ob die laufenden Bezüge für den Lohnzahlungszeitraum, in dem die Tantieme-usw.-Zahlung erfolgt, zusammen mit dieser Zahlung 250 RM. monatlich (60 RM. wöchentlich usw.) übersteigen.

Werden laufende Bezüge nicht gewährt, so sind vom vollen Betrag der einmaligen Zahlung 4 vH ohne Rücksicht auf den Familienstand und die Höhe der Zahlung einzubehalten.

19. **Zuwendungen an frühere Angestellte oder deren Angehörige** unterliegen nach einem Sammelerlaß des Reichsministers der Finanzen Nr. III C 1800 vom 2. Mai 1925 auch dann, wenn ein Rechtsanspruch auf solche Zuwendungen für den Empfänger nicht besteht, und wenn die Zuwendungen unter dem Vorbehalt jederzeitigen Widerrufs gewährt werden, der Steuerabzugspflicht, da solche Zuwendungen regelmäßig nach Ansicht des Reichsministers der Finanzen als Arbeitslohn im Sinne der Bestimmungen über den Steuerabzug vom Arbeitslohn anzusehen sind.

20. **Einmalige Unterstützungen sind steuerabzugspflichtig** gemäß einem neuen Erlaß des Reichsministers der Finanzen vom 2. Mai 1925, wenn sich nicht aus den Begleitumständen einwandfrei ergibt, daß es sich nicht um eine, wenn auch freiwillige Vergütung für die Arbeitsleistung handelt, sondern daß die Zuwendung als eine reine Schenkung aus Wohltätigkeits- oder ähnlichen Gründen anzusehen ist.

21. **Bei Vergrößerung der Familie** ermäßigt sich der Steuerabzug nach den Ausführungsvorschriften zu den Lohnsteuerabzugsbestimmungen nicht sofort, sondern erst von dem Zeitpunkte ab, in welchem der Steuerabzugspflichtige dem Arbeitgeber eine entsprechend vom Finanzamt oder der von ihm beauftragten Stelle berichtigten Steuerkarte vorlegt.

d) Welche Rechtsfolgen hat verspätete Lohnzahlung?

1. siehe Band I, Seite 49.

Weitere Entscheidungen siehe V Bk.

VII. Arbeitsleistung und Leistungsverweigerung.

A. Einschlägige Gesetzesbestimmungen.

1—3. Siehe unter Nummer III A.

4. » » » V A 2.

5. » » » XIII A.

B. Die wichtigsten Einzelfragen.

1. Verweigerung rückständiger, tariflich festgelegter Leistungen durch den Arbeitgeber berechtigt den Arbeitnehmer zur Arbeitsverweigerung. Es ist in Literatur und Rechtsprechung lebhaft umstritten, ob Arbeitnehmer berechtigt sind, die Arbeitsleistung zu verweigern und trotzdem Bezahlung für die Zeit der Arbeitsverweigerung zu verlangen, wenn der Arbeitgeber mit der Zahlung tariflich oder vertraglich festgesetzter Lohnteile in Verzug ist. Während sich wohl die herrschende Meinung auf den Standpunkt stellt, daß den Arbeitnehmern in diesem Falle ein Leistungsverweigerungsrecht nicht zusteht, sie vielmehr zunächst das zuständige Gericht anrufen müssen, stellte sich ein Urteil des Landgerichtes Königsberg vom 10.10.1924 Nr. 2 S. 170/24 auf den Standpunkt, daß ein Arbeitgeber gemäß den §§ 273, 298 und 615 BGB. in Verzug gerät, wenn er den Arbeitnehmern trotz Anmahnung Teile des Lohnes oder Gehaltes nicht auszahlt, obwohl dieselben tariflich festgesetzt und fällig sind.

2. Fristlose Entlassung wegen Minderleistung ist nach einem Urteile des Berggewerbegerichtes Dortmund, Kammer Essen I, vom 10. Januar 1925 zulässig, wenn ein Arbeitgeber trotz wiederholter Ermahnung weniger leistet, als er bei einigermaßen gutem Willen leisten könnte, und als seine Mitarbeiter tatsächlich leisten. In einer solchen Minderleistung erblickt das Berggewerbegericht Dortmund eine beharrliche Arbeitsverweigerung im Sinne des § 123 der Gewerbeordnung.

VIII. Unfall- und Gesundheitsschutz.

A. Einschlägige Gesetzesbestimmungen.

1. Gewerbeordnung für das Deutsche Reich vom 26. Juli 1900 (RGBl. S. 871).
2. Bürgerliches Gesetzbuch vom 18. August 1896 (RGBl. S. 195).
3. Reichsversicherungsordnung vom 15. Dezember 1924 (RGBl. S. 779).
4. Verordnung über Arbeiterschutz vom 12. November 1918 (RGBl. S. 1309).
5. Verordnung über den Betrieb der Anlagen der Großeisenindustrie vom 23. Januar 1920 (RGBl. S. 75).
6. Hausarbeitsgesetz vom 30. Juni 1923 (RGBl. S. 472).
7. 2. Verordnung über Beiträge in der Unfallversicherung vom 10. Februar 1925 (RGBl. I Seite 13).
8. Verordnung über Ausdehnung der Unfallversicherung auf gewerbliche Berufskrankheiten vom 12. Mai 1925 RGBl. I Seite 69).

B. Die wichtigsten Einzelfragen.

a) Was geschah zur Unfallbekämpfung?

1. siehe Band I, Seite 51.

2. Grundsätze für Fabrikbeleuchtung, welche von der deutschen technischen Beleuchtungsgesellschaft aufgestellt worden sind, veröffentlicht der Präsident der Reichsarbeitsverwaltung mit Erlaß vom 22. April 1925 im R.A.Bl. Nr. 17 vom 16. Mai 1925, um durch weitestgehendes Bekanntwerden dieser eingehenden Leitsätze eine Ausgestaltung der Fabrikbeleuchtung in einer den neuesten wissenschaftlichen und praktischen Erfahrungen entsprechenden, in hygienischer und technischer Beziehung einwandfreien Fabrikbeleuchtung zu fördern.

b) Was gilt als Betriebsunfall?

1. Unfälle auf dem Wege zur gerichtlichen Vernehmung außerhalb des Betriebes gelten nicht als Betriebsunfälle. Nach einem in Nr. 30/24 der Mitteilungen der Handwerkskammer Münster veröffentlichten Urteile des Reichsversicherungsamtes liegt kein Betriebsunfall im Sinne der Reichsversicherungsordnung vor, wenn ein Arbeitnehmer außerhalb des Betriebes auf dem Wege zum Gericht, an welchem er in einem Prozeß des Arbeitgebers als Zeuge vernommen werden soll, einen Unfall erleidet.

2. **Auch Blutvergiftungen, Erkältungen und ähnliche Erkrankungen gelten als Betriebsunfälle** nach einem Urteile des Reichsversicherungsamtes Nr. I a 1685/22, Band 16, S. 83, der Entscheidungen und Mitteilungen des Reichsversicherungsamtes, wenn die Erkrankung auf einer im Betriebe vorhandenen Gefahr beruht, der der Versicherte durch seine Tätigkeit im Betriebe ausgesetzt war und wenn die Erkrankung nachweislich in einem bestimmten Zeitpunkte auf Grund dieser Betriebsgefahr beispielsweise durch heftigen Zugwind an der Arbeitsstelle entstanden ist.

Weitere Mitteilungen siehe unter Nr. X B 2.

IX. Erholungsurlaub.

A. Einschlägige gesetzliche Bestimmungen

fehlen; es gelten lediglich die allgemeinen Vertrags- und Tarifgrundsätze.

B. Die wichtigsten Einzelfragen.

a) Besteht Anspruch auf Erholungsurlaub auch ohne ausdrückliche Vereinbarung?

1.—2. siehe Band I, Seite 52.

b) Besteht Anspruch auf Erholungsurlaub trotz Außerkrafttretens des Tarifvertrages?

1.—2. siehe Band I, S. 52—53.

3. Nur auf Grund des zurzeit geltenden Tarifvertrages und nicht auch auf Grund eines früheren, wenn auch günstigeren Tarifvertrages können Arbeitnehmer auch nach einem in der Neuen Zeitschrift für Arbeitsrecht 1925, Nr. 4, S. 245, veröffentlichten Urteil eines Schiedsgerichts für die deutsche feinkeramische Industrie Erholungsurlaub verlangen. Ein solcher steht infolgedessen einem Arbeitnehmer nur in dem Maße zu, in welchem der bei der Urlaubsbeantragung geltende Tarifvertrag ihn zuspricht.

4. Beim Außerkrafttreten eines Tarifvertrages besteht auch in tarifloser Zeit nach einem Urteil des Landgerichts Dessau vom 18. Februar 1925, Nr. II a, S. 272/24 (Neue Zeitschrift für Arbeitsrecht 1925, Heft 5, S. 299) der tarifmäßige Anspruch auf Erholungsurlaub fort, wenn der Arbeitgeber diese Nachwirkung der Tarifbedingungen nicht rechtzeitig mit der im Einzelfalle geltenden gesetzlichen oder vertraglichen Kündigungsfrist ausdrücklich aufgekündigt hat. Auch durch die Aufkündigung der Nachwirkung des Tarifvertrages verliert aber der Arbeitnehmer nach dem gleichen Urteil auch während der tariflosen Zeit nicht seinen Anspruch auf Erholungsurlaub restlos. Der Anspruch bleibt vielmehr anteilmäßig in dem Verhältnisse bestehen, in welchem die Zeit der Tarifgeltung seit dem letzten Urlaub zu der normalen Jahresbeschäftigungszeit steht. Wenn also beispielsweise ein Tarifvertrag besagt, daß nur solche Arbeitnehmer vom 1. Mai eines Jahres ab Erholungsurlaub beanspruchen können, die an diesem Tage ein volles Jahr in Beschäftigung gestanden haben, so erhalten nach Ansicht des Landgerichts Dessau Arbeitnehmer, die unter diesen Tarifvertrag fallen, auch bei Aufkündigung der Nachwirkung des Tarifvertrags durch den Arbeitgeber noch mindestens drei Viertel des normalen Urlaubs, wenn der Tarifvertrag am 1. Februar des Jahres außer Kraft tritt, und wenn der Arbeitgeber zum gleichen Tage die Nachwirkung des Tarifvertrags aufgekündigt hat. Das Urteil wird damit begründet, daß der Urlaub eine Teilvergütung für die geleistete Arbeit darstellt und infolgedes en mit einem bestimmten Prozentsatze an jedem einzelnen Arbeitstage seit dem letzten Erholungsurlaub bzw. seit dem im Tarifvertrag vorgesehenen Stichtage verdient wird.

5. **Erholungsurlaub trotz Außerkrafttretens des Tarifvertrages** können Arbeitnehmer nach einem Urteile des Gewerbegerichtes Bremen vom 17. Februar 1925 noch für das laufende Jahr verlangen, wenn der Urlaubsanspruch bereits in der Zeit bis zum Außerkrafttreten des Tarifvertrages erworben war. Wenn beispielsweise ein Tarifvertrag besagte, daß solche Arbeitnehmer fünf Tage Erholungsurlaub beanspruchen können, welche am 31. März zwölf Monate ununterbrochen in Beschäftigung gestanden haben, so können Arbeitnehmer, die am 31. März 1924 ein Jahr lang in einem tarifbeteiligten Betriebe beschäftigt waren, auch noch nach dem 31. März 1924 Erholungsurlaub für das laufende Jahr verlangen, wenn der Tarifvertrag an diesem Tage außer Kraft getreten ist.

c) Besteht Anspruch auf Erholungsurlaub auch nach Kündigung oder Beendigung des Dienstverhältnisses?

1.—2. siehe Band I, S. 53.

3. **Urlaubsanspruch trotz Kündigung wegen Arbeitsunfähigkeit.** Nach einem Urteile des Kaufmannsgerichtes Frankfurt vom 7. November 1924, Nr. K 668/1924, kann der Arbeitgeber sich bei Erkrankung von Arbeitnehmern mangels gegenteiliger Tarifbestimmung oder Vereinbarung nicht dadurch von seiner Verpflichtung auf Urlaubsgewährung befreien, daß er das Dienstverhältnis kündigt. Bei einer Kündigung wegen Arbeitsunfähigkeit wandelt sich vielmehr nach diesem Urteile der Anspruch auf Erholungsurlaub unter Fortzahlung des Lohnes oder Gehaltes in einen Ersatzanspruch auf Zahlung der Urlaubsvergütung um.

4. **Verlust des Erholungsurlaubs durch Beendigung des Arbeitsvertrages** tritt nach einem in der Hanseatischen Gerichtszeitung, Abt. Arbeitsrecht II, Nr. 2, veröffentlichten Urteil der Schlichtungsstelle für den Hafenbetrieb Hamburg vom 21. Januar 1924 ein, wenn der Arbeitnehmer nicht rechtzeitig vor der Entlassung bzw. nach der Kündigung den Urlaub beantragt. Als ausreichender Antrag genügt es jedoch nach dieser Entscheidung, wenn der Betriebsobmann oder die Betriebsvertretung beim Arbeitgeber die Urlaubsgewährung für die Belegschaft fordert.

5. **Der Verlust des Erholungsurlaubes wegen freiwilligen Ausscheidens des Arbeitnehmers** vor dem Urlaubsantritt tritt nach

einem Urteile des Gewerbegeriches Berlin vom 27. 11. 1924 Nr. 978/24 K 6 nicht ein, wenn ein Arbeitnehmer etwa am 1. Mai eines Jahres ausscheidet und der einschlägige Tarif- oder Dienstvertrag besagt, daß solche Arbeitnehmer nicht urlaubsberechtigt sind, welche vom 1. Januar bis 30. April des laufenden Jahres ihre Entlassung nehmen.

6. Verlust des Erholungsurlaubsanspruches durch fristlose Entlassung. Mangels gegenteiliger ausdrücklicher Vereinbarung verliert ein Arbeiter oder Angestellter seinen Urlaubsanspruch für das laufende Jahr, wenn er vom Arbeitgeber fristlos aus einem wichtigen Grunde entlassen wird. (Urteil des Bergschiedsgerichtes Zwickau vom 23. Dezember 1924.)

d) Besteht Anspruch auf Erholungsurlaub auch bei Betriebsstillegung und Werksbeurlaubung?

1.—4. siehe Band I, S. 53—55.

5. Keinen Urlaubsanspruch nach Werksbeurlaubung hat mangels gegenteiliger Vereinbarung der werksbeurlaubte Arbeiter oder Angestellte, sofern er nicht vor der Stellung von Urlaubsansprüchen ununterbrochen ein Jahr lang nicht nur im Vertragsverhältnis gestanden, sondern auch tatsächlich im Betriebe gearbeitet hat. (Urteil des Gewerbegerichtes Rüsselsheim vom 16. Oktober 1924.)

6. Wegfall des Erholungsurlaubes wegen langer Werksbeurlaubung. Wenn ein Arbeitnehmer während des größeren Teiles des Urlaubsjahres wegen Betriebsstillegung, insbesondere wegen der Ruhrbesetzung werksbeurlaubt war, kann er nach einem Urteile des Landgerichtes Cleve vom 30. September 1924 (Schlichtungswesen 1924, S. 198) Erholungsurlaub mangels gegenteiliger ausdrücklicher Vereinbarung nach dem Zwecke und Sinne des Erholungsurlaubes nicht beanspruchen.

7. Nach längerer Betriebsstillegung und Werksbeurlaubung im Vorjahre steht Arbeitnehmern nach einem Urteil des Amtsgerichts Hannover-Minden vom 10. September 1924 (Holzarbeiterzeitung, 33. Jahrgang, Nr. 3, S. 11) ein Recht auf Erholungsurlaub für das laufende Jahr nicht zu, wenn der Tarifvertrag ausdrücklich besagt, daß nur solche Arbeitnehmer einen Urlaubsanspruch, haben die ein Jahr lang ununterbrochen in Arbeit gestanden haben bzw. im Betriebe beschäftigt gewesen sind.

8. Trotz längerer Werksbeurlaubung während der Zeit des passiven Widerstandes steht den Arbeitnehmern mangels ausdrücklicher gegenteiliger Vereinbarungen oder Tarifbestimmungen nach einem Urteil des Landgerichts Aachen vom 30. Dezember 1924 (Jur. Wochenschr., S. 285) Erholungsurlaub in demselben Maße zu, als wenn sie während der Zeit des passiven Widerstandes nicht werksbeurlaubt gewesen wären, sondern tatsächlich gearbeitet hätten. (Vgl. jedoch Goerrig: »Das Arbeitsrecht in der Praxis«, Bd. I, S. 53).

9. **Der Erholungsurlaub wird für das laufende und nicht für das voraufgegangene Urlaubsjahr gewährt.** Nach einem Urteile des Gewerbegerichtes Bonn Nr. 642/24 vom 19. 12. 1924 wird der Erholungsurlaub grundsätzlich als Teil der Vergütung für die Arbeitsleistung im laufenden Jahre und nicht etwa als nachträgliche Vergütung für die Arbeitsleistung im voraufgegangenen Jahre gewährt. Daraus folgert das Gewerbegericht Bonn richtig, daß mangels entgegenstehender Vereinbarungen den Arbeitnehmern, die vor Schluß des laufenden Jahres aus dem Arbeitsverhältnis ausscheiden, höchstens ein Teil des normalen Urlaubes zusteht. Nach Ansicht des Gewerbegerichtes Bonn berechnet sich die Höhe dieses Anteils nach dem Verhältnis, in welchem die Zeit der wirklichen Beschäftigung während des Urlaubsjahres zu der normalen Jahresarbeitzeit steht.

e) Besteht Anspruch auf Erholungsurlaub trotz Krankheit am Stichtage oder längerer Arbeitsunfähigkeit?

1. siehe Band I, S. 55—56.

2. **Anspruch auf Erholungsurlaub trotz längerer Krankheit.** Nach einem Urteile des Gewerbegerichtes Mannheim vom 3. Dezember 1924 verliert ein Arbeitnehmer durch längere Arbeitsunfähigkeit wegen Krankheit den tarifmäßigen Anspruch auf Erholungsurlaub nicht, es sei denn, daß der Arbeitgeber wegen der Arbeitsunfähigkeit die fristlose oder befristete Kündigung ausspricht und der Tarifvertrag für einen solchen Fall den Wegfall des Urlaubsanspruches vorsieht.

f) Wieviel Stunden sind bei Erholungsurlaub zu bezahlen?

1. siehe Band I, S. 56.

g) Wie werden die Dienstjahre für Urlaubsansprüche berechnet?

1. siehe Band I, S. 56.

2. **Erholungsurlaubsanspruch trotz kurzer Unterbrechung der Arbeit beim Wechsel der Arbeitsstelle** haben Arbeitnehmer nach einem in der Saarbrücker Landeszeitung Nr. 93 vom 4. April 1925 veröffentlichten Urteil des Gewerbegerichtes Köln, wenn der Tarifvertrag eines Arbeitgeberverbandes besagt, daß solche Arbeitnehmer für das laufende Jahr Erholungsurlaub beanspruchen können, welche ununterbrochen ein Jahr lang bei Verbandswerken, darunter sechs Monate ununterbrochen bei ein und demselben Verbandswerke beschäftigt waren. In dem fraglichen Falle lag zwischen

der Zeit des Austrittes des klagenden Arbeitnehmers bei dem einen Verbandswerk und dem Neueintritt bei einem anderen Verbandswerk ein Zeitraum der Arbeitslosigkeit von 1½ Monaten. Gleichwohl wurde dem Arbeitnehmer Urlaubsanspruch durch das vorerwähnte Urteil zugesprochen.

h) Besteht Anspruch auf Erholungsurlaub nach Arbeitskämpfen?

1. siehe Band I, S. 56—57.

2. **Erholungsurlaub trotz Streik und Aussperrung** können Arbeitnehmer nach einem Urteil des Gewerbegerichts Freiburg (veröffentlicht ohne Datum in der Holzarbeiterzeitung 1924, Nr. 35, S. 138) nach Ablauf des Arbeitskampfes verlangen, wenn der Arbeitgeber nicht aus Anlaß des Arbeitskampfes die fristlose Entlassung ausgesprochen oder das Dienstverhältnis durch befristete Kündigung zur Beendigung gebracht hat.

i) Wann kann Abgeltung des Erholungsurlaubes in Geld verlangt werden?

1. **Abgeltung nicht genommenen Erholungsurlaubes** kann der Arbeitnehmer nach einem Urteil des Kaufmannsgerichtes Berlin vom 18. August 1924 (Sozialpolitische und gewerkschaftliche Rundschau des V. W. A. 1925, Nr. 9, S. 92) nur verlangen, wenn der einschlägige Tarif- oder Einzelvertrag dem Arbeitnehmer das Recht zuspricht, für nicht genommenen Erholungsurlaub Entschädigung in Geld zu verlangen.

2. **Abgeltung von vorenthaltenem Erholungsurlaub in Geld** kann der Arbeiter oder Angestellte nach einem ohne Datum im »Deutschen Bankangestellten« 1924, Nr. 15, S. 156, veröffentlichten Urteil des Kaufmannsgerichts Dresden verlangen, wenn ihm der Arbeitgeber den Erholungsurlaub verweigert hat, obwohl er denselben rechtzeitig vor der Beendigung des Dienstverhältnisses beantragt hatte.

3. **Keinen Anspruch auf Rückzahlung des Urlaubslohnes** hat der Arbeitgeber nach einem in der Hanseatischen Gerichtszeitung, Abteilung Arbeitsrecht I, Nr. 31, S. 728, veröffentlichten Urteil des Gewerbegerichts Hamburg vom 10. Juli 1924, wenn er den Urlaubslohn bereits im voraus gezahlt hatte, und wenn dann später der Arbeitnehmer aus dem Dienste geschieden ist, bevor er Erholungsurlaub genommen hat.

X. Arbeiter- und Angestellten-versicherung.

A. Einschlägige Gesetzesbestimmungen.

1. Reichsversicherungsordnung vom 19. Juli 1911 (RGBl. S. 509) in der Fassung vom 15. 12. 1924 (RGBl. I S. 779) nebst den dazu ergangenen zahlreichen Abänderungs- und Ausführungsbestimmungen. (siehe Abschnitt C Nr. 114).
2. Versicherungsgesetz für Angestellte vom 20. Dezember 1911 (RGBl. S. 989) in der Fassung vom 28.5.1924 (RGBl. I S. 563) nebst den dazu ergangenen Abänderungs- und Ausführungsbestimmungen (siehe Abschnitt C Nr. 109).
3. Verordnung über Erwerbslosenfürsorge vom 16. Februar 1924 (RGBl. S. 127) nebst den Ausführungs- und Abänderungsverordnungen vom 13. März 1924, 25. März 1924, 24. Mai 1924, 14. November 1924, 27. März 1925, 27. März 1925, 30. April 1925, 2. Mai 1925. 2. Mai 1925 (RGBl. S. 279, 376 und 562, Deutscher Reichsanzeiger Nr. 271 vom 15. November 1924, RGBl. I S. 31, 33, 53, 61 und 63).

B. Die wichtigsten Einzelfragen.

1. Allgemeines.

a) Wie werden die Verdienstgrenzen in der Sozialversicherung berechnet?

1. siehe Band I, S. 58.

b) Welchen Einfluß hat vorübergehende Beurlaubung auf die Versicherungspflicht?

1. siehe Band I, S. 59.

2. **Keine Krankenversicherungspflicht während der Werksbeurlaubung** besteht nach einem Urteile des Versicherungsamtes

Mannheim vom 8. 12. 1924 (Arbeiterversorgung 42, 7, S. 104), da während der Zeit der Werksbeurlaubung die Arbeitnehmer der Verfügungsgewalt des Arbeitgebers entzogen sind und infolgedessen ein Beschäftigungsverhältnis im Sinne der für die Krankenversicherung geltenden Gesetzes- und Begriffsbestimmungen nicht vorliegt.

c) Wie sind die Leistungen aus der Sozialversicherung aufzuwerten?

1. siehe Band I, S. 59.

d) Welche Gebührensätze gelten im versicherungsrechtlichen Streitverfahren?

1. siehe Band I, S. 60.

e) Welche ärztlichen Gebührentarife gelten in der Sozialversicherung?

1. siehe Band I, S. 60.

f) Welche grundsätzlichen Änderungen erstrebt man für die Sozialversicherung?

1. siehe Band I, S. 60—61.

2. Krankenversicherung.

a) Wer ist versicherungspflichtig in der Krankenversicherung?

1.—3. siehe Band I, S. 61—62.

4. Erhöhung der Verdienst- und Einkommensgrenze in der Krankenversicherung. Durch die unter Abschnitt B I 1 aufgeführte Verordnung vom 10. 1. 1925 ist mit Wirkung vom 12. 1. 1925 ab die für die Versicherungspflicht der Betriebsbeamten, Angestellten usw. in der Krankenversicherung maßgebende Verdienstgrenze auf 2700 Goldmark erhöht worden. Infolgedessen sind seit dem 12. 1. 1925 gemäß § 165 der Reichsversicherungsordnung nunmehr für den Fall der Krankheit pflichtversichert:

1. ohne Rücksicht auf die Höhe ihres Arbeitseinkommens alle Arbeiter, Gehilfen, Gesellen, Lehrlinge und Hausgehilfen,
2. alle Betriebsbeamten, Werkmeister und andere in ähnlich gehobener Stellung stehenden Angestellten, alle Handlungsgehilfen und Handlungslehrlinge, sowie alle Hausgewerbetreibende,

sofern ihr Jahresarbeitsverdienst ausschließlich der mit Rücksicht auf den Familienstand gezahlten Frauen- und Kinderzuschläge den Betrag von 2700 Goldmark nicht übersteigt. Gemäß § 176 der Reichsversicherungsordnung können nunmehr auch Gewerbetreibende und andere Betriebsunternehmer, die in ihrem Betriebe regelmäßig keine oder höchstens 2 Versicherungspflichtige beschäftigen, sowie Familienangehörige des Arbeitgebers, die ohne eigentliches Arbeitsverhältnis und ohne Entgelt in seinem Betriebe tätig sind, sich freiwillig bei der zuständigen Krankenkasse versichern, wenn ihr jährliches Gesamteinkommen den Betrag von 2700 Goldmark nicht übersteigt.

Der Arbeitgeber ist verpflichtet, Arbeitnehmer, die durch die Erhöhung der Versicherungsgrenze von 2400 auf 2700 Goldmark versicherungspflichtig geworden sind, bis zum 1. 2. 1925 der zuständigen Krankenkasse anzumelden.

5. Versicherungspflicht trotz zeitweiser Nichtbeschäftigung. Nach einer Entscheidung des Reichsversicherungsamtes vom 26. 1. 24 (»Arbeiterversorgung« 41, 32, S. 499) ist Beschäftigung im Sinne des § 165 der Reichsversicherungsordnung, d. h. Beschäftigung als Voraussetzung für die Krankenversicherungspflicht, nicht gleichbedeutend mit wirklicher Arbeitsleistung. Beschäftigung in diesem Sinne setzt vielmehr nur das Vorliegen eines Beschäftigungsverhältnisses voraus, vermöge dessen dem Arbeitgeber die Verfügungsgewalt über die Arbeitskraft des Arbeitnehmers zusteht. Infolgedessen besteht die Krankenversicherungspflicht nach Ansicht des Reichsversicherungsamtes auch für solche Zeiten fort, in denen tatsächlich keine Beschäftigung stattfindet, sofern nur nach dem Willen der Parteien die Beschäftigung nach dem Wegfall des Unterbrechungsgrundes fortgesetzt werden soll und der Arbeitnehmer auch in der Zwischenzeit der Verfügungsmacht des Arbeitgebers untersteht. Auch der Fortfall des Arbeitsentgeltes für eine verhältnismäßig nicht erhebliche Zeit ändert nach Auffassung des Reichsversicherungsamtes an der Versicherungspflicht an sich nichts, sofern die vorstehende Hauptbedingung erfüllt ist. Dementsprechend würde also nach Auffassung des Versicherungsamtes der Arbeitnehmer auch für die Zeiten versicherungspflichtig bleiben, während deren er vorübergehend unter Aufrechterhaltung des Dienstverhältnisses werksbeurlaubt ist.

b) Wie hoch sind die Krankenkassenbeiträge?

1.—2. siehe Band I, S. 62—63.

3. Berechnung und Abführung der Beiträge in der Krankenversicherung. Nach den §§ 180 Abs. 3 und 5, 318b Abs. 1, 318c Abs. 1, 393a Abs. 1 und 393b Abs. 1 der Reichsversicherungsordnung kann der Kassenvorstand für den Grundlohn den auf den Kalendertag entfallenden Arbeitsverdienst der einzelnen Mitglieder bis zur vollen Höhe berücksichtigen, und zwar auch dann, wenn die Satzung den

Grundlohn nach Lohnstufen oder Mitgliederklassen bemißt. In diesen Fällen kann der Kassenvorstand die Arbeitgeber verpflichten, Listen über den den Versicherten gezahlten Entgelt an den Zahltagen einzureichen und ihre Bücher und Belege für den Kassenvorstand zur Nachprüfung dieser Listen offenzuhalten. Kommt der Arbeitgeber dieser letzteren Verpflichtung nicht nach, so kann der Kassenvorstand für seine Beschäftigten bis zur ordnungsmäßigen Einreichung der Listen ohne Pflicht zur Rückerstattung der überhobenen Beträge den Grundlohn in der für Versicherte gleicher Art in Betrieben gleicher Art geltenden Höhe festsetzen. Nach § 393a kann der Kassenvorstand auch die Arbeitgeber oder bestimmte Gruppen derselben verpflichten, die Beiträge statt an den in der Satzung festgesetzten Zahltagen schon am Tage der jedesmaligen Lohnzahlung einzuzahlen. Diese Bestimmungen sollten nach der Fassung der Reichsversicherungsordnung vom 15. 12. 1924 am 31. März 1925 außer Kraft treten. Durch die unter Nr. B I 8 angeführte Verordnung vom 14. März 1925 ist die Gültigkeit dieser Vorschriften bis zum 31. März 1926 verlängert worden.

c) Welche Verzugszuschläge sind für rückständige Beiträge zu zahlen?

1.—2. siehe Band I, S. 63.

3. **Rückständige Krankenkassenbeiträge sind nur bei schuldhafter Verzögerung der rechtzeitigen Zahlung aufzuwerten.** Nach einer Entscheidung des Reichsversicherungsamtes vom 11. 10. 1924, Nr. II K 34/24 B, ist der Arbeitgeber nur dann verpflichtet, rückständige Krankenkassenbeiträge aufzuwerten, wenn die Zahlung vorsätzlich oder fahrlässig unterblieben ist, nicht dagegen, wenn den Arbeitgeber an der Zahlungsverzögerung ein Verschulden nicht trifft.

d) Unter welchen Voraussetzungen können Betriebskrankenkassen errichtet und erweitert werden?

1.—2. siehe Band I, S. 64.

e) Wer kann die Kassenleistungen beanspruchen und bei der Selbstverwaltung mitwirken?

1. **Arbeitsunfähigkeit** im Sinne der Reichsversicherungsordnung liegt nach einem in Nr. 1 der amtlichen Nachrichten des Reichsversicherungsamtes vom 15. 1. 1925 Nr. 2834, S. 34, veröffentlichten Urteile des Reichsversicherungsamtes bei ungelernten Arbeitern schon dann vor, wenn sie nicht mehr oder nur unter der Gefahr, ihren Zustand zu verschlimmern, ihre bisherige Erwerbstätigkeit ausüben können, sofern sie diese seit längerer Zeit ausgeübt

haben, und sofern ihnen diese infolge der darin erworbenen Erfahrung, Geschicklichkeit und Anpassung an ihre besonderen Verhältnisse gewissermaßen zum Berufe geworden ist.

2. Die Gewährung von Zuschüssen für größere Heilmittel kann nach einem Urteil des Reichsversicherungsamtes Nr. 2827, S. 222 nicht in das Belieben der Krankenkassen gestellt werden. Satzungsbestimmungen, die dies tun, sind gemäß § 193, Absatz 2 der Reichsversicherungsordnung in der Fassung des Artikels XII des Gesetzes vom 19. Juli 1923 unzulässig.

3. Die Auswahl der Krankenhäuser für erkrankte Kassenmitglieder steht nach einer Entscheidung des Sächsischen Landesversicherungsamtes Nr. 1, K 23, der Krankenkasse mit der Maßgabe zu, daß diese auch Krankenhäuser zur Unterbringung ihrer Kassenmitglieder wählen darf, die außerhalb des Wohnortes liegen. Dem Mitgliede soll die Auswahl nur dann überlassen werden, wenn der Krankenkasse mehrere Krankenhäuser am Wohnort des Kassenmitglieds zur Verfügung stehen, die die Pflege zu gleichen Bedingungen übernehmen. Lehnt ein erkranktes Kassenmitglied die Aufnahme in ein Krankenhaus am Wohnorte oder außerhalb des Wohnortes ab, so ist die Krankenkasse zur Entziehung des Krankengeldes auch dann berechtigt, wenn das Kassenmitglied nachweist, daß es selbst eine geeignete Wohngelegenheit hat und fremder Hilfe nicht bedarf.

4. Wahlrecht der Erwerbslosen zu den Organen der Krankenkassen. Nach einem Bescheide des Reichsarbeitsministers vom 11. 12. 1924, Nr. IV 11369/24, besitzen auch die vom Arbeitsnachweis bei einer Betriebs-, Orts-, Land- oder Innungskrankenkasse weiter versicherten Erwerbslosen das aktive und passive Wahlrecht bei den Vorstands- und Ausschußwahlen der Krankenkassen.

3. Unfallversicherung.

a) Welche Leistungen werden in der Unfallversicherung gewährt?

1.—3. siehe Band I, S. 64—65.

4. Ein Widerruf der grundsätzlichen Anerkennung der Entschädigungspflicht durch die Berufsgenossenschaft unter Anfechtung wegen Irrtums ist nach einem Urteil des Reichsversicherungsamts (s. Deutsche Werkmeisterzeitung, Nr. 12, vom 20. März 1925) auch dann unzulässig, wenn bei einer erneuten ärztlichen Untersuchung sich herausstellt, daß die Beeinträchtigung der Arbeitsfähigkeit nicht auf den Unfall zurückzuführen ist. Nach dieser Entscheidung ist infolgedessen die Berufsgenossenschaft an die einmal ausgesprochene grundsätzliche Anerkennung ihrer Entschädigungspflicht bzw. an die Anerkennung des ursächlichen Zusammenhanges des Leidens des Arbeitnehmers mit dem in Frage kommenden Unfall gebunden, und zwar auch dann, wenn sie sich gelegentlich der Anerkennung noch eine Prüfung der Frage, wieweit die Erwerbsfähigkeit beschränkt ist, vorbehalten hat.

5. Versicherung gegen gewerbliche Berufskrankheiten. Durch die unter Abschnitt B I 22 angeführte Verordnung vom 12. Mai 1925 ist die Unfallversicherung auf eine Reihe gewerblicher Berufskrankheiten, insbesondere auf solche Berufskrankheiten ausgedehnt worden, die durch die Einwirkung von Blei, Phosphor, Quecksilber, Arsen, Benzol, Nitro- und Amidoverbindungen, Schwefelkohlenstoff, Glas, Röntgenstrahlen hervorgerufen werden. Die Neuerung ist mit Wirkung vom 1. Juli 1925 ab mit der Maßgabe in Kraft gesetzt, daß sie auch auf Berufskrankheiten Anwendung findet, die seit dem 31. Dezember 1924 entstanden sind. Nach dieser Ausdehnung der Unfallversicherung auf die Berufskrankheiten werden berufserkrankte Arbeitnehmer in demselben Umfang aus der Unfallversicherung entschädigt wie Unfallverletzte. Daneben kann der Versicherungsträger in den Fällen, in denen zu befürchten ist, daß eine gewerbliche Berufskrankheit wieder entsteht oder sich verschlimmert, dem Versicherten eine Übergangsrente bis zur Hälfte der Vollrente so lange gewähren, als er die Beschäftigung in einem Betriebe unterläßt, der die Berufskrankheit zu fördern droht. Den Ärzten ist unter Androhung von Ordnungsstrafen die Verpflichtung auferlegt, dem Versicherungsamte unverzüglich Nachricht zu geben, wenn von ihnen ein Versicherter wegen einer gewerblichen Berufskrankheit behandelt wird.

b) Welcher Berufsgenossenschaft muß der Betrieb angehören?

1. Der Widerspruch gegen die Überweisung eines Betriebes zu einer anderen Berufsgenossenschaft muß nach einem Urteil des Reichsversicherungsamtes (Nr. 3181, S. 214 der amtlichen Nachrichten des Reichsversicherungsamtes vom 20. Dezember 1924) gemäß den §§ 666 bis 668 der Reichsversicherungsordnung spätestens binnen einem Monate von dem Tage ab eingelegt werden, an welchem der Unternehmer durch die Berufsgenossenschaft oder das Versicherungsamt von der ohne seine Kenntnis und Zustimmung vollzogenen Überweisung erfährt.

4. Invalidenversicherung.

a) Wer ist invalidenversicherungspflichtig?

1. Auch über 65 Jahre alte Arbeiter sind invalidenversicherungspflichtig, wenn sie von der Möglichkeit, sich gemäß § 1255, Abs. 1 der Reichsversicherungsordnung eine Invalidenrente zahlen zu lassen, noch keinen Gebrauch gemacht haben, vielmehr noch einer an sich versicherungspflichtigen Beschäftigung nachgehen und auch tatsächlich imstande sind, noch mindestens $\frac{1}{3}$ desjenigen zu leisten und zu verdienen, was ein Durchschnittsarbeitsnehmer gleicher Berufs- und Beschäftigungsart leisten und verdienen kann. (Urteil des Reichsversicherungsamtes II 713/24.)

b) Wie berechnen sich die Beiträge und Beitragszeiten für die Invalidenversicherung?

1.—3. siehe Band I, S. 65—66.

4. Anrechnung der Verdrängungszeiten während des Ruhrkampfes als Beitragswochen. Nach der unter Nr. B I 4 angeführten Verordnung vom 7. 2. 1925 gelten als Pflichtbeiträge in der Invalidenversicherung auch die vollen Wochen, in denen der Versicherte aus den besetzten und Einbruchsgebieten des Westens ausgewiesen oder aus gleich zwingenden Gründen verdrängt war, und zwar alle Wochen der Verdrängungszeit bis zum Ablauf der letzten vollen Woche desjenigen Monates, in welchem dem Versicherten die Rückkehr möglich war.

Voraussetzung ist jedoch, daß die Verdrängten oder Ausgewiesenen vorher nicht nur vorübergehend versicherungspflichtig beschäftigt waren.

Bei der Berechnung der als Beitragswochen geltenden Verdrängungszeiten bleiben jedoch diejenigen Wochen außer Ansatz, in denen der Verdrängte im unbesetzten Gebiete beschäftigt und auf Grund dieser Beschäftigung versicherungspflichtig war, da ja diese Wochen ohnehin als Beitragswochen auf Grund der Reichsversicherungsordnung angerechnet werden.

c) Welche Leistungen gewährt die Invalidenversicherung?

1. Die Berechnung der Renten aus der Invalidenversicherung. Durch das unter Abschnitt B I 10 angeführte Gesetz über Änderung der Berechnung der Renten aus der Invalidenversicherung vom 23. März 1925 wird der zu dem Grundbetrag der Invalidenrente von 120 Reichsmark jährlich tretende Reichszuschlag für jede Invaliden-, Witwen- und Witwerrente mit Wirkung vom 1. April 1925 ab von 48 auf 72 Reichsmark und für jede Waisenrente von 24 auf 36 Reichsmark jährlich erhöht. Die Bestimmungen über die Steigerungsbeträge werden dahin abgeändert, daß als Steigerungsbetrag zunächst gleichmäßig 10 vH der seit dem 1. Januar 1924 gültig entrichteten Beiträge gewährt werden. Hierzu treten für jede bis zum 30. September 1921 ordnungsmäßig verwendete Beitragsmarke der Lohnklassen II bis V als weitere Steigerungsbeträge in der Lohnklasse II 2 Reichspfennig, in der Lohnklasse III 4 Reichspfennig, in der Lohnklasse IV 7 Reichspfennig und in der Lohnklasse V 10 Reichspfennig. Sämtliche Erhöhungen und Steigerungsbeträge erhalten auch die am 1. April 1925 bereits laufenden Renten, jedoch mit der Einschränkung, daß die Steigerungsbeträge für die bis zum 30. Sept. 1921 verwendeten Beitragsmarken nur solche am 1. April 1925 bereits laufenden Renten erhalten, für die dieser Steigerungsbetrag mindestens 0,50 Reichsmark monatlich ausmachen würde.

2. Errechnung und Zahlung der Steigerungsbeträge in der Invalidenversicherung. Gemäß der unter Abschnitt I 15 angeführten Verordnung vom 1. April 1925 haben die Versicherungsträger die Steigerungsbeträge für die am 1. April 1925 laufenden Invaliden-, Alters- und Krankenrenten von Amts wegen mit größter Beschleunigung festzustellen, den Rentenempfängern bekanntzugeben und anzuweisen. Soweit die Verteilung der gültig entrichteten Beiträge auf die Lohnklassen nicht mehr festzustellen ist, gilt für jede Beitragsmarke ein einheitlicher Steigerungsbetrag von fünf Reichspfennig, wobei der Rentenempfänger jedoch berechtigt bleibt, einen höheren Gesamtsteigerungsbetrag zu verlangen, wenn er nachweist, daß die wirkliche Verteilung der Beiträge auf die einzelnen Lohnklassen einen höheren Betrag als den angenommenen Durchschnittsbetrag ergeben würde. Zu den nach dem 31. Dezember 1922 auf Grund der Reichsversicherungsordnung festgestellten, am 27. März 1925 noch laufenden Renten der Wanderversicherten tritt frühestens vom 1. Januar 1924 ab die Zusatzsteigerung der Angestelltenversicherung. Diese Zusatzsteigerung der Angestelltenversicherung ist rückwirkend auch bei Berechnung der Renten der Hinterbliebenen von Wanderversicherten zu berücksichtigen. (Unter Wanderversicherten in diesem Sinne versteht man solche Arbeitnehmer, die zeitweise in der Angestellten- und zeitweise in der Invalidenversicherung versichert waren.)

d) Welche Rechtsfolgen hat die Nichtentrichtung von Beiträgen zur Invalidenversicherung?

1. Haftung des Arbeitgebers für den durch Nichtkleben von Invalidenversicherungsmarken entstehenden Schaden und Mithaftung des Arbeitnehmers. Nach einer Entscheidung des Oberlandesgerichts Hamburg (s. »Deutsche Werkmeister-Zeitung«, Nr. 2, 1925, S. 20) hat der Arbeitgeber dem Arbeitnehmer grundsätzlich den Schaden zu ersetzen, der dadurch entsteht, daß infolge des Nichtklebens vorgeschriebener Invalidenversicherungsmarken der Arbeitnehmer bei Eintritt der Invalidität eine Rente überhaupt nicht oder nur in geringerer Höhe erhält. Nach dieser Entscheidung ist es vor allen Dingen notwendig, daß beim Eintritt eines Arbeitnehmers im Laufe einer Woche genau geprüft wird, ob nicht noch für die laufende Woche eine Versicherungsmarke geklebt und entwertet werden muß, da in dem fraglichen Falle der Arbeitnehmer nur deshalb keine Invalidenrente erhielt, weil für die Woche, in der der Arbeitnehmer beim zum Schadenersatz verurteilten Arbeitgeber eingetreten war, eine Versicherungsmarke nicht geklebt worden war.

Nach der gleichen Entscheidung trifft jedoch den Arbeitnehmer ein Mitverschulden, wenn er nicht sofort nach Erhalt seiner Lohntüte darauf aufmerksam macht, daß ihm Versicherungsbeiträge nicht oder nicht in der richtigen Höhe abgehalten worden sind, vorausgesetzt allerdings, daß der Arbeitgeber die Abzüge für die Versicherungsbeiträge auf den Lohntüten besonders kenntlich machen läßt. In dem dem Urteile zugrunde liegenden Einzelfalle verurteilte aus diesem Gesichtspunkte heraus das Oberlandesgericht Hamburg den Arbeitgeber nur zu ¾ des entstandenen Schadens, während es den Arbeitnehmer wegen seines eigenen Mitverschuldens ¼ des entstandenen Schadens selbst tragen ließ.

5. Angestelltenversicherung.

a) Wer ist versicherungspflichtig?

1.—3. siehe Band I, S. 66—69.

4. **Heraufsetzung der Versicherungsgrenze auf 6000 Reichsmark.** Durch Verordnung des Reichsarbeitsministers vom 23. April 1925 (Deutscher Reichsanzeiger, Nr. 96, vom 25. April 1925) ist mit Wirkung vom 1. Mai 1925 ab die Jahresarbeitsverdienstgrenze von 4000 auf 6000 Reichsmark erhöht worden.

5. **Befreiung von Betrieben von der Angestelltenversicherung.** Nach den Urteilen des Reichsversicherungsamtes vom 22. November 1924 (Jur. Wochenschrift 1925, Heft 6, S. 680 und 681) bleiben Unternehmungen, die auf Grund der §§ 372 ff. des Angestelltenversicherungsgesetzes von der Versicherungspflicht gegenüber der Reichsversicherungsanstalt für Angestellte befreit sind, weil sie bereits vor dem 5. Dezember 1911 einer vom Bundesrat zugelassenen Ersatzkasse angehörten, auch dann weiter von der Versicherungspflicht in der Angestelltenversicherung befreit, wenn ein Wechsel in der Person des Unternehmers oder in der Rechtsform des Unternehmens eintritt, wenn also beispielsweise das Unternehmen an einen anderen Unternehmer zur Weiterführung veräußert wird, oder wenn eine Einzelfirma in eine G. m. b. H. verwandelt wird.

6. **Aufseher sind angestelltenversicherungspflichtig,** wenn sie, sei es auch unter Oberaufsicht eines Meisters, eine größere Anzahl von Arbeitern zu beaufsichtigen haben und wenn ihre Aufsichtstätigkeit die körperliche Mitarbeit übersteigt. (Amtliche Nachrichten des Reichsversicherungsamtes vom 20. Dezember 1924, Nr. 2828, S. 224.)

7. **Vorarbeiter sind angestelltenversicherungspflichtig,** wenn sie dem Firmeninhaber unmittelbar unterstehen und in dessen Vertretung den Betrieb in technischer Hinsicht leiten. (Amtliche Nach-

richten des Reichsversicherungsamtes, Entscheidung des Reichsversicherungsamtes, Nr. 2829, S. 226/1924.)

8. Vorarbeiter, die überwiegend mit der Einrichtung von Maschinen beschäftigt sind, d. h. solche Vorarbeiter, die während des größeren Teiles der Arbeitszeit Maschinen einzurichten und einzustellen haben, sind nach einer Entscheidung des Oberversicherungsamtes Leipzig vom 17. XI. 1924 nicht angestelltenversicherungspflichtig.

9. Wann ist ein Vorarbeiter angestelltenversicherungspflichtig? Wenn ein Vorarbeiter neben seiner Aufsichts- und Leitungstätigkeit praktisch und körperlich mitarbeiten muß, ist er gemäß Urteil des Versicherungsamtes Köln-Stadt vom 25. Januar 1924 (Arbeiterversorgung 41, 32, S. 500) angestelltenversicherungspflichtig, wenn seine Aufsichts- und Leitungstätigkeit an Umfang und Bedeutung der praktischen Mitarbeit mindestens gleichkommt.

10. Einrichter und Vorrichter sind nicht angestelltenversicherungspflichtig, wenn sie hauptsächlich nur mit dem Einrichten und Einstellen der Maschinen beschäftigt sind, eine verantwortliche Aufsichtstätigkeit nicht ausüben, auch über die Abnahme der Arbeiten nicht zu entscheiden haben und nur ganz einfache Schreibarbeiten verrichten müssen, beispielsweise nur den tatsächlich verdienten Lohn ihrer Arbeitergruppe ermitteln und auszahlen müssen. (Urteil des Reichsversicherungsamtes in Nr. 2828, S. 224 der amtlichen Nachrichten des Reichsversicherungsamtes vom 20. Dezember 1924.)

b) Wie berechnen sich die Beiträge und Beitragszeiten?

1. siehe Band I, S. 69.

2. Anrechnung der Ausweisungs- und Verdrängungszeiten als Beitragsmonate in der Angestelltenversicherung. Gemäß der unter Abschnitt B I 5 angeführten Verordnung vom 7. 2. 1925 rechnen als Beitragsmonate in der Angestelltenversicherung für die Erfüllung der Wartezeit im Sinne des § 53, als Beitragsmonate für die Erhaltung der Anwartschaft gemäß § 54 und als Vormonate für die freiwillige Versicherung im Sinne des § 21 des Angestelltenversicherungsgesetzes nach Entrichtung mindestens eines Beitrags auch ohne weitere Beitragsleistung die Kalendermonate, in denen der Versicherte aus den besetzten und den Einbruchsgebieten des Westens ausgewiesen oder aus gleich zwingenden Gründen verdrängt war. Angerechnet wird die ganze Zeit der Ausweisung oder Verdrängung bis zum Ablauf desjenigen Monates, in welchem dem Versicherten die Rückkehr möglich war, jedoch nach Abzug derjenigen Monate, die ohnehin deshalb als Beitragsmonate rechnen, weil der Angestellte in ihnen im unbesetzten Gebiet beschäftigt und versicherungspflichtig war.

c) Welche Leistungen gewährt die Angestelltenversicherung?

1.—3. siehe Band I, S. 69—70.

4. Zusatzsteigerung der Renten in der Angestelltenversicherung. Durch das unter Abschnitt B I 11 angeführte Gesetz über Zusatzsteigerung der Renten in der Angestelltenversicherung vom 23. März 1925 ist der § 56 des Angestelltenversicherungsgesetzes in der neuen Fassung (s. RGBl. 1924, I, S. 563) durch Aufnahme eines Absatzes 2 dahin erläutert worden, daß für Beiträge der Gehaltsklassen F bis J aus der Zeit vom 1. Januar 1913 bis 31. Juli 1921 ein Steigerungsbetrag zu den Renten gewährt wird, der für jeden Beitrag

in der Gehaltsklasse F 1 Reichsmark,
» » » G 2 »
» » » H 3 »
» » » J 4 »

beträgt.

Gleichzeitig sind die Bestimmungen des § 395 und des § 396 Absatz 1 des Angestelltenversicherungsgesetzes aufgehoben worden. Die Neuerungen sind zum 1. Januar 1924 in Kraft gesetzt worden mit der Maßgabe, daß die bis zu diesem Tage bewilligten und am 27. März 1925 noch laufenden Renten um die vorerwähnten Steigerungsbeträge erhöht werden, falls ihr Monatsbetrag bisher mindestens 1 Reichsmark ausmachte.

5. Berechnung und Zahlung der Steigerungsbeträge in der Angestelltenversicherung. Die unter Abschnitt B I 16 angeführte Verordnung vom 1. April 1925 weist die Versicherungsträger in der Angestelltenversicherung an, von Amts wegen mit größter Beschleunigung die Steigerungsbeträge für die am 27. März 1925 laufenden Renten zu errechnen, den Rentenempfängern bekanntzugeben und anzuweisen. Für Beträge, die auf Grund des § 177 des Versicherungsgesetzes für Angestellte vom 20. Dezember 1911 oder für Halbversicherte entrichtet worden sind, wird ein Steigerungsbetrag nur gewährt, wenn der tatsächlich entrichtete monatliche Beitrag mindestens 13,20 Reichsmark erreicht. In diesem Falle bestimmt sich der Steigerungsbetrag nach der dem tatsächlich gezahlten Beitrag entsprechenden oder nach der nächst höheren Gehaltsklasse. Zu den nach dem 31. Dezember 1922 festgestellten und am 27. März 1925 noch laufenden Ruhegehältern der Wanderversicherten tritt außerdem vom 1. April 1925 ab die Zusatzsteigerung auf Grund des Gesetzes über Änderung der Berechnung der Renten aus der Invalidenversicherung vom 23. März 1925. (Bezüglich des Begriffes der Wanderversicherten s. Nr. X 4 c 2.)

d) Welche Rechtsfolgen hat die Nichtentrichtung der fälligen Beiträge?

1. siehe Band I, S. 70—71.

6. Arbeitslosenversicherung.

a) Wer ist beitragspflichtig?

1.—2. siehe Band I, S. 71.

3. Bei nur vorübergehender Stillegung des Betriebs bleibt die Beitragspflicht in der Erwerbslosenversicherung bestehen gemäß einer Entscheidung des Reichsarbeitsministers vom 23. 1. 1925 (Reichsarbeitsblatt V 7, S. 61). Dagegen fällt auch bei vorübergehender Stillegung des Betriebes die Beitragspflicht in der Erwerbslosenversicherung fort, wenn der Betrieb stillgelegt wird, ohne daß seine Wiederaufnahme in absehbarer Zeit bestimmt zu erwarten ist. Diese Grundsätze sind natürlich nur dann anwendbar, wenn die Arbeitnehmer während der Zeit der Betriebsstilllegung lediglich werksbeurlaubt werden. Erfolgt jedoch aus Anlaß einer auch nur vorübergehenden Betriebsstillegung die Entlassung, so fällt selbstverständich die Beitragspflicht in der Erwerbslosenversicherung für diese Zeit weg.

4. Bei vorzeitigem „Freispruch“ eines Lehrlings, d. h. dann, wenn dem Lehrling wegen besonders guter Fortschritte das Lehrzeugnis vor Ablauf der vertragsmäßigen Lehrzeit ausgehändigt wird, lebt nach einem Bescheide des Reichsarbeitsministers vom 17. November 1924, Nr. IV, 9985/24, die Beitragspflicht des Lehrlings und seines Arbeitgebers auch dann nicht rückwirkend für die Zeit von sechs Monaten seit der Ausstellung des Lehrbriefes wieder auf, wenn das Lehrverhältnis mit der Ausstellung des Lehrbriefes kraft besonderer Vereinbarung endet.

b) Wer ist von der Beitragspflicht befreit?

1.—8. siehe Band I, S. 71—75.

9. Nur auf Grund schriftlich abgeschlossener Lehrverträge sind nach einem Bescheide des Reichsarbeitsministers vom 7. 1. 1925 (Reichsarbeitsblatt V 6, S. 54) Lehrlinge auf gemeinsamen Antrag des Arbeitgebers und des Lehrlings von der Beitragsleistung in der Arbeitslosenversicherung befreit.

c) Wie hoch sind die Beiträge in der Arbeitslosenversicherung?

1.—5. siehe Band I, S. 75—77.

6. Herabsetzung der Beiträge in der Erwerbslosenversicherung. Mit Rücksicht darauf, daß die Landesausgleichskasse einen erheblichen Reservefonds aus den bisherigen Beiträgen zur Arbeitslosenversicherung bereits angesammelt hat, hat der preußische Minister für Volkswohlfahrt durch Verordnung vom 2. 1. 1925 III B 1 angeordnet, daß für die Zeit vom 5. bis zum 31. 1. d. J. der bisher vorgeschriebene halbprozentige Beitragsanteil der Landesausgleichskasse nicht einzuziehen und abzuführen ist. Infolgedessen beträgt der Höchstbeitragssatz für den genannten Zeitraum 1½ vH der Grundlöhne. Der Verwaltungsausschuß des örtlichen Arbeitsnachweisamtes darf jedoch noch unter diesen Beitragssatz heruntergehen, wenn ein geringerer Satz ausreicht, um die im Arbeitsnachweisbezirke entstehenden Unkosten der Arbeitsvermittlung und Erwerbslosenfürsorge zu decken und außerdem ¼ vH der Grundlöhne an die provinzielle Ausgleichskasse abzuführen.

7. Nur einheitliche Festsetzung der Beiträge zur Erwerbslosenfürsorge innerhalb eines Arbeitsnachweisbezirkes. Innerhalb des gleichen Bezirkes eines Arbeitsnachweises kann nach einem Bescheide des Reichsarbeitsministers vom 13. 11. 24 (Reichsarbeitsblatt Nr. 28, S. 472, vom 8. 12. 24) von dem zuständigen Arbeitsnachweisausschuß der Beitragssatz nur einheitlich festgesetzt werden, solange der Reichsarbeitsminister nicht auf Grund der Ermächtigung im § 34, Absatz 4, Nr. 2, der Verordnung über Erwerbslosenfürsorge vom 16. 2. 1924 eine unterschiedliche Belastung bestimmter Beschäftigungen oder Personengruppen angeordnet hat.

d) Wie sind die Beiträge abzuführen?

1.—3. siehe Band I, S. 77—79.

4. Vorschüsse auf die Beiträge zur Erwerbslosenfürsorge. Sofern eine Krankenkasse die Arbeitgeber gemäß § 403 der Reichsversicherungsordnung zur Zahlung von Vorschüssen auf die Beiträge zur Krankenversicherung verpflichtet hat, müssen die Arbeitgeber für die bei diesen Kassen gegen Krankheit pflichtversicherten Arbeitnehmer nach einem Bescheide des Reichsarbeitsministers vom 10. 11. 24, Nr. IV 9849/24, auch Vorschüsse auf die Beiträge zur Erwerbslosenfürsorge in entsprechender Höhe gemäß Artikel 11, Absatz 2, der Ausführungsvorschriften zur Verordnung über Erwerbslosenfürsorge vom 25. März 1924 entrichten.

5. Abrechnung der Krankenkassen über die Beiträge zur Erwerbslosenfürsorge. Ein Bescheid des Reichsarbeitsministers vom 11. November 1924 Nr. IV 9853/24 besagt, daß der Abrechnungsmonat im Sinne des Artikels 11, Abs. 4, Satz 2 der Ausführungsvorschriften zur Verordnung über Erwerbslosenfürsorge vom 25. März 1924 jeder Kalendermonat ist. Jede Betriebs-, Orts-, Land- oder Innungskrankenkasse muß also die Abrechnung am Schlusse eines jeden Monats über die Beiträge aufstellen, die bis zum Ende dieses Monats bei der Krankenkasse wirklich eingegangen sind.

6. Vergütungsansprüche der Krankenkassen für die Einziehung der Beiträge zur Arbeitslosenversicherung. Durch eine Anordnung des Präsidenten der Arbeitsverwaltung vom 15. Dezember v. J. sind mit Wirkung vom 1. Januar 1925 ab die Vergütungssätze für die Einziehung der Beiträge zur Erwerbslosenfürsorge neu, und zwar wie folgt festgesetzt worden:

Beitragssatz zur Erwerbslosenfürsorge vH des Grundlohnes:	Die Vergütungssätze betragen bei den			
	Betriebskrankenkassen vH	Landkrankenkassen vH	übrigen Krankenkassen ausschl. der Ortskrankenkassen mit mehr als 100 000 Mitgliedern vH der Beitragseinnahmen	Ortskrankenkassen mit mehr als 100 000 Mitgliedern vH der Beitragseinnahmen
3,0	0,5	3,0	1,0	1,0
2,9	0,5	3,1	1,0	1,0
2,8	0,5	3,2	1,0	1,0
2,7	0,5	3,3	1,1	1,1
2,6	0,5	3,4	1,1	1,1
2,5	0,6	3,6	1,2	1,2
2,4	0,6	3,7	1,2	1,2
2,3	0,6	3,9	1,3	1,3
2,2	0,6	4,0	1,3	1,3
2,1	0,7	4,2	1,4	1,4
2,0	0,7	4,5	1,5	1,5
1,9	0,7	4,7	1,5	1,5
1,8	0,8	5,0	1,6	1,5
1,7	0,8	5,2	1,7	1,5
1,6	0,9	5,6	1,8	1,5
1,5	1,0	6,0	2,0	1,5
1,4	1,0	6,4	2,1	1,5
1,3	1,1	6,9	2,3	1,5
1,2	1,2	7,5	2,5	1,5
1,1	1,3	8,1	2,7	1,5
1,0	1,5	9,0	3,0	1,5
0,9	1,6	10,0	3,3	1,5
0,8	1,8	11,2	3,7	1,5
0,75	2,0	12,0	4,0	1,5

e) Wie weit können zu viel gezahlte Beiträge zurückverlangt werden?

1.—2. siehe Band I, S. 79.

XI. Arbeitsmangel und Betriebseinschränkungen.

A. Einschlägige Gesetzesbestimmungen.

1. Verordnung betr. Maßnahmen gegenüber Betriebsabbrüchen und Betriebsstillegungen vom 8. November 1920 (RGBl. S. 1901).
2. Verordnung über Betriebsstillegungen und Arbeitsstreckung vom 15. Oktober 1923 (RGBl. S. 983).
3. Verordnung über Erwerbslosenfürsorge vom 16. Februar 1924 (RGBl. I S. 127) nebst den Ausführungsverordnungen vom 18. Januar 1924, 13. März 1924, 25. März 1924, 24. Mai 1924, 27. März 1925, 27. März 1925, 30. April 1925, 2. Mai 1925 und 2. Mai 1925, (RGBl. I S. 34, 35, 279, 376, 562, 31, 33, 53, 61 und 63).
4. Betriebsrätegesetz vom 4. Februar 1920 (RGBl. S. 147) insbesondere dessen §§ 74, 84 ff. und 96 f.).
5. Gesetz über die Beschäftigung Schwerbeschädigter vom 12. Januar 1923 (RGBl. I S. 57), insbesondere dessen §§ 15 und 16.

B. Die wichtigsten Einzelfragen.

a) Wann liegt eine Betriebsstillegung im Sinne des Gesetzes vor, so daß

aa) die Sperrvorschriften der Stillegungsverordnung beachtet werden müssen, oder

bb) Kündigungen von Arbeitnehmern und Betriebsvertretungsmitgliedern vorgenommen werden können, ohne daß ein Einspruchsrecht nach § 84 ff. des Betriebsrätegesetzes gegeben oder zur Kündigung eines Betriebsvertretungsmitgliedes die Zustimmung der Betriebsvertretung erforderlich ist?

1.—9. siehe Band I, S. 80—84.

10. Keine Anwendung der Stillegungsverordnung, wenn die Stillegung lediglich eine Folge der Arbeiterentlassungen ist. Nach einer Entscheidung des Schöffengerichtes Löbau (»Neue Zeitschrift für Arbeitsrecht« 1924, S. 704), die allerdings mit einer an der gleichen Stelle veröffentlichten Entscheidung des Landgerichtes Plauen im

Widerspruche steht, findet die Stillegungsverordnung keine Anwendung, wenn die Betriebsstillegung lediglich eine Folge der Arbeiterentlassungen ist.

11. **Betriebseinschränkungen gelten nicht als Betriebsstillegungen,** machen also nach einem Urteile des Hanseatischen Oberlandesgerichtes vom 7. 11. 1924 die Zustimmung der Betriebsvertretung oder die Ersatzzustimmung des Arbeitgerichtes zur Kündigung eines Betriebsvertretungsmitgliedes nicht entbehrlich, wenn sie darin bestehen, daß nicht etwa die Belegschaft eines ganzen Betriebes oder die Belegschaft einer geschlossenen Betriebsabteilung, von verschwindenden und unwesentlichen Ausnahmen abgesehen, restlos entlassen wird, sondern darin, daß unter Aufrechterhaltung der Produktion nur ein kleinerer oder größerer Prozentsatz der Arbeitnehmer innerhalb der einzelnen Betriebsabteilungen oder Betriebe zur Entlassung kommt.

12. **Personalabbau,** d. h. eine wenn auch weitgehende prozentuale Einschränkung des Bureaupersonals und die dadurch bedingte Entlassung der als entbehrlich betrachteten Angestellten bedeutet nach einem ohne Datum im »Deutschen Bankangestellten« 1924, Nr. 15, S. 156, veröffentlichten Urteil des Landgerichtes I Berlin keine teilweise Betriebsstillegung, so daß in einem solchen Falle die Stillegungsverordnung nicht beachtet zu werden braucht. Umgekehrt ist aber bei Kündigungen aus solchem Anlaß zur Entlassung von Betriebsmitgliedern die Zustimmung der Betriebsvertretung nötig und die von der Kündigung betroffenen Arbeitnehmer können gegen sie Einspruch erheben.

13. **Eine Betriebsstillegung und nicht nur eine Betriebseinschränkung liegt vor** nach den Urteilen des Gewerbegerichtes Solingen vom 14. 8. 1924 und 18. 9. 1924 Nr. G G 628/24, 1248/24 und 1157/24 sowie nach einem Urteile des Landgerichtes Elberfeld, 7. Zivilkammer vom 18. 11. 1924 Nr. 7 S. 87/24, wenn von einer Belegschaft von 200 Arbeitnehmern 75 Arbeitnehmer zur Entlassung kommen. Nach den erwähnten Urteilen kann zwar die Demobilmachungsbehörde nachträglich die unter Verstoß gegen die Stillegungsverordnung vor Ablauf der Sperrfrist vorgenommenen Entlassungen genehmigen; die Genehmigung wirkt aber frühestens auf den Tag zurück, an welchem die Sperrfrist durch die Anzeige an die Demobilmachungsbehörde in Lauf gesetzt worden ist, es sei denn, daß die Stillegung und die Entlassung aus zwingenden Gründen unverzüglich vorgenommen werden mußte. Ist letzteres nicht der Fall, so können die unter Verstoß gegen die Stillegungsverordnung entlassenen Arbeitnehmer die Fortzahlung des Lohnes und Gehaltes bis zu dem Tage verlangen, zu welchem die Entlassungen rechtswirksam von der Demobilmachungsbehörde genehmigt worden sind.

14. **Eine Betriebsstillegung im Sinne der Stillegungsverordnung oder der §§ 85 und 96 des Betriebsrätegesetzes** liegt nach einem Urteile

des Gewerbegerichtes Bremen vom 5. März 1925 (Gewerbe- und Kaufmannsgericht 1925 Nr. 8, S. 393) nicht vor, wenn der Arbeitgeber den Betrieb nur für 1—2 Tage unter Entlassung sämtlicher Arbeitnehmer schließt, um den Betrieb alsdann wieder mit derselben Produktion und unter denselben Bedingungen nur unter Einstellung anderer Arbeitnehmer wieder aufzunehmen. Infolgedessen können nach diesem allerdings umstrittenen Urteile des Gewerbegerichtes Bremen die von der Kündigung und Entlassung betroffenen Arbeitnehmer gegen die Kündigung trotz des § 85 des Betriebsrätegesetzes Einspruch erheben und Kündigungen der Betriebsvertretungsmitglieder bedürfen zu ihrer Gültigkeit der Zustimmung der Betriebsvertretung.

15. Einspruchsfreie Entlassungen auch bei vorübergehender Betriebsstillegung. Mit Urteil vom 14. Februar 1924 hat das Gewerbegericht Halle entschieden, daß gekündigten Arbeitnehmern nach § 85 des Betriebsrätegesetzes auch dann ein Einspruchsrecht gegen die Kündigung nicht zusteht, wenn die Betriebsstillegung, auf Grund deren die Entlassung ausgesprochen worden ist, nur zwei Tage dauert. Nach Ansicht des Gewerbegerichts Halle ist die Kündigung auch dann gültig und im Wege des Einspruches nicht anfechtbar, wenn der Arbeitgeber gegen den § 74 des Betriebsrätegesetzes verstoßen hat, weil er es unterließ, die Betriebsvertretung rechtzeitig von der bevorstehenden Betriebsstillegung und Entlassung zu verständigen.

Endlich ist ein Einspruchsrecht gegen Kündigungen aus Anlaß von Betriebsstillegungen auch dann nach Ansicht des Gewerbegerichtes Halle nicht gegeben, wenn nachgewiesen werden kann, daß durch Arbeitsstreckung oder durch Einlegung von Feierschichten die Stillegung hätte verhütet werden können.

Diese Ansicht erscheint zutreffend, weil mit der Verordnung vom 12. Februar 1920 über Einstellungen und Entlassungen auch die Pflicht zur Arbeitsstreckung vor Entlassungen in Wegfall gekommen ist, und weil der § 74 des Betriebsrätegesetzes lediglich eine Sollvorschrift darstellt.

16. Betriebsstillegung im Sinne des § 96 des Betriebsrätegesetzes setzt keine restlose Entlassung aller Arbeitnehmer voraus. Auch nach einer Entscheidung des Gewerbegerichtes Bremen vom 2. Juni 1924 (siehe Hanseatische Gerichtszeitung 1, 29, S. 117) setzt eine zur Kündigung von Betriebsratsmitgliedern ohne Zustimmung der Betriebsvertretung berechtigende Betriebsstillegung im Sinne des § 96 des Betriebsrätegesetzes nicht voraus, daß sämtliche Arbeitnehmer der betreffenden Betriebsabteilung entlassen werden. Eine Betriebsstillegung liegt vielmehr nach Ansicht des Gewerbegerichtes Bremen auch dann vor, wenn eine im Verhältnis zur Gesamtarbeitnehmerzahl geringe Arbeiterzahl mit den auch beim Stilliegen erforderlichen Arbeiten beschäftigt bleibt.

b) Was ist vor der Betriebsstillegung zu beachten?

1. siehe Band I, S. 84 bis 85.

2. **Form der Stillegungsanzeige** nach § 1 der Verordnung, betreffend Maßnahmen gegenüber Betriebsabbrüchen und Betriebsstillegungen, vom 15. Oktober 1923. Gemäß Urteil des Landgerichts I Berlin vom 26. März 1925, Nr. 23/8/199/24 gilt es auch als vollgültige Stillegungsanzeige im Sinne des § 1 der Verordnung vom 15. Oktober 1923 (RGBl. I, S. 983), wenn der Arbeitgeber dem zuständigen Demobilmachungskommissar mitteilt, daß er voraussichtlich oder möglicherweise genötigt sein werde, demnächst den Betrieb entweder ganz einzustellen oder wenigstens erheblich einzuschränken. Auch gilt es als vollgültige Anzeige der Stillegung des ganzen Betriebs, wenn der Arbeitgeber dem Demobilmachungskommissar mitteilt, daß er zu einem bestimmten Zeitpunkte einen Teil der Belegschaft entlassen muß, und daß er darüber hinaus noch prüfen müsse, ob nicht allmählich die gesamte Belegschaft entlassen werden müsse. Zur Vermeidung von Schwierigkeiten sollte man jedoch vorsichtshalber Stillegungsanzeigen in der Weise erstatten, daß man die Stillegung aller ev. in Frage kommenden Abteilungen ausdrücklich ankündigt und diese Ankündigung ev. dahin einschränkt, daß man bemüht sein werde, die Stillegungsmaßnahme soweit wie irgend möglich im Interesse der betroffenen Arbeitnehmer einzuschränken.

3. **Die Zustimmung zu Entlassungen vor Ablauf der Sperrfristen der Stillegungsverordnung** kann nach einem Bescheide des Reichsarbeitsministers vom 5. 2. 1924 Nr. IV 1012/25 (RGBl. 1925 Nr. 8 S. 69) von der zuständigen Demobilmachungs- bzw. Regierungsbehörde mit rückwirkender Kraft erteilt werden. Als frühesten Termin für eine solche Rückwirkung der Zustimmungserklärung bezeichnet jedoch der Bescheid des Reichsarbeitsministers den Tag, an welchem der Arbeitgeber durch die Anzeige der Betriebsstillegung die Sperrfrist in Lauf gesetzt hat. Zur Vermeidung von Mißverständnissen sei darauf aufmerksam gemacht, daß Entlassungen, die schon vor der Anzeige aus zwingenden Gründen unverzüglich vorgenommen werden mußten, der Genehmigung der Demobilmachungsbehörde überhaupt nicht bedürfen. Auch sind mit dem Bescheide des Reichsarbeitsministers nur Entlassungen und nicht auch Kündigungen gemeint, welche zwar vor der Anzeige bzw. vor Ablauf der Sperrfrist, jedoch zu einem Zeitpunkte ausgesprochen werden, in welchem die Sperrfrist abgelaufen sein wird.

4. **Kündigungen vor Ablauf der Sperrfrist** können auch nach einem Urteil des Gewerbegerichtes Berlin vom 26. Februar 1925, Nr. 19 bis 24/25, K 11 (Schlichtungswesen 1925, Nr. 3, S. 51) rückwirkend, jedoch frühestens zu dem Zeitpunkte genehmigt werden, in welchem durch den Eingang der vorgeschriebenen Stillegungsanzeige beim Demobilmachungskommissar die Sperrfrist

in Lauf gesetzt worden ist. Sind die Entlassungen vor dem Tage erfolgt, an welchem die Stillegungsanzeige erstattet worden ist, so muß der Arbeitgeber bis zu diesem Tage Lohn oder Gehalt fortzahlen, es sei denn, daß die Stillegungsmaßnahme unverzüglich durchgeführt werden mußte, und daß die Stillegungsanzeige ohne schuldhafte Verzögerung ebenfalls unverzüglich erstattet worden ist.

5. **Kündigungen auf Grund der Verordnung über die Geschäftsaufsicht** sind nach einem Urteile des Kaufmannsgerichtes Dortmund vom 11. 11. 1924, Nr. 293/4/1924 nur dann mit der gesetzlichen Kündigungsfrist statt mit der etwa sonst geltenden vertraglichen Kündigungsfrist rechtsgültig, wenn das Gericht die Geschäfts- oder Betriebsleitung zu solchen Kündigungen gemäß § 11 der Geschäftsaufsichtsverordnung in der Fassung vom 14. 6. 1924 ermächtigt. Angesichts dieser Entscheidung empfiehlt es sich in allen Fällen der Geschäftsaufsicht, zunächst mit der Geschäftsaufsichtsperson, sofort zu prüfen, ob und welche Kündigungen mit der gesetzlichen Kündigungsfrist ausgesprochen werden sollen und sich dann die Ermächtigung des Gerichtes zur Kündigung mit der gesetzlichen Kündigungsfrist geben zu lassen.

6. **Keine nachträgliche Genehmigung von Entlassungen unter Verstoß gegen die Stillegungsverordnung.** Im Gegensatz zu den unter Nr. XI bereits angeführten Entscheidungen stellte sich ein ohne Datum in der Zeitschrift »Recht und Rechtspraxis« 1924, Nr. 8, S. 29, veröffentlichtes Urteil des Gewerbegerichts Erfurt auf den Standpunkt, daß der Demobilmachungskommissar Entlassungen, die unter Verstoß gegen die Stillegungsverordnung vorzeitig vorgenommen worden sind, nicht rückwirkend genehmigen kann. Dementsprechend muß nach diesem Urteil der Arbeitgeber Lohn oder Gehalt für die unter Verstoß gegen die Stillegungsverordnung vorzeitig entlassenen Arbeitnehmer bis zum Ablauf der Stillegungsfrist oder bis zum Zeitpunkte der Genehmigung durch den Demobilmachungskommissar nachzahlen.

7. **Keine rückwirkende Kraft der Zustimmung des Demobilmachungskommissars zu Massenentlassungen während der Sperrfrist.** Gemäß einem Urteil des Gewerbegerichtes Berlin vom 13. November 1923 (Gewerbe- und Kaufmannsgericht Nr. 3, S. 182, vom 1. Dezember 1924) wirkt die vom Demobilmachungskommissar nachträglich verfügte Abkürzung der Sperrfrist oder die von ihm erteilte Genehmigung zur Kündigung während der Sperrfrist nicht auf einen vor der Genehmigung liegenden Termin zurück. Kündigungen, die vor Ablauf der Sperrfrist und vor Abkürzung derselben oder besonderer Entlassungsgenehmigung des Demobilmachungskommissars ausgesprochen werden, können also nach dieser Entscheidung frühestens zu dem Zeitpunkte wirksam werden, in welchem die Sperrfrist abgekürzt oder die Kündigung genehmigt wird. Nach der Urteilsbegründung hat die Entlassungsgenehmigung nur ausnahmsweise dann gemäß § 1, Absatz 3, der Stillegungsverordnung

rückwirkende Kraft, wenn die Stillegungsmaßnahme und die Entlassung aus besonderen Gründen unverzüglich vorgenommen werden mußte und die Stillegung sofort, spätestens vor Ablauf der dreitägigen Frist des § 1, Absatz 3, der Stillegungsverordnung erstattet wurde.

8. **Wirksamkeit einer Kündigung während der Sperrfrist zu einem Zeitpunkt nach Ablauf der Sperrfrist.** Eine während der Sperrfrist ausgesprochene befristete Kündigung ist nach einem Urteil des Landgerichtes Köln vom 17. Oktober 1924 jedenfalls dann rechtswirksam, wenn die Kündigung zu einem Zeitpunkte ausgesprochen wird, in welchem die Sperrfrist bereits abgelaufen ist.

c) Wie weit sind Betriebsvertretungen und Gewerkschaften vor Betriebsstillegungen zu hören?

1.—4. siehe Band I, S. 85—86.

5. **Nur ein beschränktes Mitwirkungsrecht** haben die Betriebsvertretungen nach einem im »Schlichtungswesen« 1925, Nr. 4, S. 70, veröffentlichten Urteil des Gewerbegerichts der Bezirkshauptmannschaft Großenhain bei Arbeitstreckung und Arbeitszeitverkürzung. Nach diesem Urteil ist der Arbeitgeber nicht verpflichtet, die Zustimmung der Betriebsvertretung einzuholen oder auch nur die Betriebsvertretung vorher zu hören, wenn er eine Arbeitstreckung oder Arbeitszeitverkürzung mit der für die Einzeldienstverhältnisse geltenden gesetzlichen oder vertraglichen Kündigungsfrist ankündigt. Die Gruppenvertretung kann lediglich auf Grund des § 78, Ziff. 2 des Betriebsrätegesetzes verlangen, daß ihre Vorschläge bezüglich der Verteilung der verbliebenen Arbeitszeit auf die verschiedenen Wochentage vom Arbeitgeber geprüft werden. Jedenfalls sind nach diesem Urteil rechtzeitig angekündigte Arbeitsstreckungen und Arbeitszeitverkürzungen auch dann zulässig, wenn die Betriebsvertretung nicht gehört worden ist. Denselben Standpunkt vertreten noch verschiedene andere Entscheidungen.

6. **Trotz Verstoßes gegen den § 74 des Betriebsrätegesetzes,** d. h. auch dann, wenn der Arbeitgeber es vor Massenentlassungen unterlassen hat, die Betriebsvertretung rechtzeitig zu verständigen, um mit ihr gegebenenfalls Verhandlungen über eine Milderung der mit den Entlassungen verbundenen Härten zu führen, sind Kündigungen, bei denen die Vorschriften der Stillegungsverordnung beachtet worden sind, nach einem Urteil des Gewerbegerichts Reichenbach i. V. vom 5. August 1924 rechtswirksam, da der § 74 des Betriebsrätegesetzes nach der Urteilsbegründung nur eine Ordnungsvorschrift und eine Sollvorschrift darstellt, deren Nichtbeachtung die Nichtigkeit etwaiger Kündigungen und Entlassungen nicht bedingt. Trotz Verstoßes gegen den § 74 des Betriebsrätegesetzes ist auch gemäß § 85 des Betriebsrätegesetzes gegen die Kündigungen ein Einspruchsrecht überhaupt nicht gegeben, wenn

es sich um Kündigungen und Entlassungen von Arbeitnehmern in Betriebsabteilungen handelt, die zur Stillegung kommen.

7. **Kündigungen und Entlassungen unter Verstoß gegen den § 74 des Betriebsrätegesetzes,** d. h. Massenentlassungen, vor deren Durchführung der Arbeitgeber sich nicht entsprechend den Bestimmungen des § 74 des Betriebsrätegesetzes rechtzeitig vorher zur Vermeidung von Härten mit der Betriebsvertretung ins Benehmen gesetzt hat, sind nach einem mit der herrschenden Meinung übereinstimmenden Urteile des Gewerbegerichtes Reichenbach vom 5. 8. 1924 (Gewerbe- und Kaufmannsgericht 30, 7, S. 352) trotzdem voll rechtsgültig.

d) Wie weit berechtigt Betriebsstillegung zur Einstellung der Lohn- und Gehaltszahlungen und zur fristlosen Entlassung?

1.—5. siehe Band I, S. 86—88.

6. Zur fristlosen Entlassung berechtigen nicht solche Betriebseinstellungen, die »auf eigener Entschließung des Arbeitgebers zur Abwendung wirtschaftlicher Schäden beruhen« (Urteil des Landgerichts Essen vom 19. Februar 1924, Werkmeisterzeitung 1924, Nr. 15, S. 136).

7. **Arbeits- und Kohlenmangel bilden keinen wichtigen Kündigungsgrund** gemäß einem Urteile des Landgerichtes Duisburg vom 4. November 1925 (Die Schiffahrt vom 28. März 1925), und zwar auch dann nicht, wenn der Arbeits- oder Kohlenmangel als Folge des passiven Widerstandes oder ähnlicher für den einzelnen unabwendbarer Ereignisse zurückzuführen ist.

8. **Wirtschaftlicher Niedergang des Unternehmens gilt nur ausnahmsweise als wichtiger Kündigungsgrund.** Nach einem Urteil des Oberlandesgerichts Bremen vom 6. Mai 1924 (»Gewerbe- und Kaufmannsgericht« XXX, Spalte 52, Nr. 15) gilt der wirtschaftliche Niedergang eines Unternehmens und ein drohender weiterer Betriebsverlust nur ausnahmsweise dann als wichtiger, die fristlose Entlassung rechtfertigender Kündigungsgrund, wenn die Verhältnisse so geartet sind, daß dem Arbeitgeber die Weiterbeschäftigung der Arbeitnehmer schlechterdings nicht mehr zugemutet werden kann, nachdem die Grundlage des wirtschaftlichen Betriebsgedeihens ohne sein Verschulden entzogen worden ist.

9. **Betriebseinstellung oder Betriebseinschränkung** ist nur ausnahmsweise Grund zur fristlosen Entlassung. Nach einem in der Arbeiterversorgung, Jahrgang 41, Heft 33, S. 516, veröffentlichten Urteile des Reichsversicherungsamtes vom 23. November 1924 ist die Einstellung oder Einschränkung eines Betriebes nur dann als wichtiger Kündigungsgrund im Sinne des § 626 BGB. anzusehen, wenn »sie als unbedingter, nicht abzuwendender Zwang anzusehen

ist, insbesondere auf außerhalb des Willens liegenden Ereignissen, nicht dagegen wenn sie auf eigener Entschließung zur Abwendung wirtschaftlicher Schäden beruht«.

e) Wie weit befreit Werksbeurlaubung von der Lohn- und Gehaltszahlungspflicht?

1.—3. siehe Band I, S. 88—89.

4. Die Vereinbarung der Arbeitstreckung für künftige Zeiten ist auch nach einem Urteile des Gewerbegerichtes Berlin vom 15. 10. 1924 rechtsgültig, wenn in dem Dienstvertrage mit dem einzelnen Angestellten ein für allemal vereinbart ist, daß bei einer vom Arbeitgeber als notwendig betrachteten Arbeitstreckung eine entsprechende Gehaltskürzung eintreten soll. In diesem Falle kann der Arbeitgeber die betreffenden Angestellten ohne Einhaltung der Kündigungsfrist unter sofortiger Gehaltskürzung die Arbeit in der Weise strecken lassen, daß die einzelnen Angestellten nur noch einige Stunden am Tage oder nur noch einige Tage in der Woche arbeiten.

5. Zulässigkeit der vertraglichen Vereinbarung der Werksbeurlaubung unter Einstellung der Gehaltzahlungen für künftige Zeit. In Übereinstimmung mit dem Bescheide des Reichsarbeitsministers vom 17. 6. 1924, Nr. X 4147/24 (s. Reichsarbeitsblatt 1924, Nr. 13, S. 260), entschied das Kaufmannsgericht Siegburg mit Urteil vom 12. 1. 1925, Nr. 118/24, daß es durchaus zulässig und rechtsverbindlich ist, auch weder gegen die Kündigungsbeschränkungen des § 67 des Handelsgesetzbuches noch die entsprechenden Kündigungsbeschränkungen der Gewerbeordnung oder gegen die guten Sitten verstößt, wenn der Arbeitgeber die Einstellung bzw. Weiterbeschäftigung von Angestellten in einer Zeit der Wirtschaftskrise davon abhängig macht, daß die Angestellten sich damit einverstanden erklären, daß sie bei Arbeitsmangel und Betriebseinschränkungen mit sofortiger Wirkung für die Zeit des Arbeitsmangels unter Einstellung der Lohn- und Gehaltzahlungen werksbeurlaubt werden können.

6. Trotz Vereinbarung der Zulässigkeit jederzeitiger Werksbeurlaubung in künftigen Fällen kann der Arbeitgeber nach einem ohne Datum in den Münchner Neuesten Nachrichten vom 21. Februar 1925 veröffentlichten Urteile des Arbeitsgerichtes München nicht lediglich aus Schikane den einen oder anderen Arbeitnehmer ohne sachlichen Grund verkürzt arbeiten lassen, wenn die übrige Arbeitnehmerschaft unverkürzt arbeitet. Vereinbarungen betreffend die Zulässigkeit von Arbeitszeitverkürzungen in künftigen Fällen sind nach der Urteilsbegründung vielmehr nach Treu und Glauben lediglich dahin auszulegen, daß sie dem Arbeitgeber das Recht geben, die Werksbeurlaubung dann auszusprechen, wenn dieselbe sachlich in den Betriebsverhältnissen begründet liegt. Daraus folgt zwar nicht die Verpflichtung des Arbeitgebers in jedem einzelnen

Falle die Notwendigkeit der Arbeitsstreckung nachzuweisen, wohl aber ergibt sich daraus die Unzulässigkeit einer Handhabung dieser Klausel lediglich aus Schikane zum Nachteile einzelner Arbeitnehmer.

7. **Das „Aussetzen der Arbeit auf drei Tage“** bedeutet nach einem Urteil der Schlichtungsstelle für den Hafenbetrieb Hamburg vom 15. Januar 1923 (Hanseatische Gerichtszeitung, Abt. Arbeitsrecht I, Nr. 33) die gleichzeitige Verpflichtung des Arbeitgebers, am vierten Tage die Arbeit wieder aufzunehmen, so daß vom vierten Tage ab bis zur ordnungsmäßigen Beendigung des Arbeitsverhältnisses durch Kündigung Lohn oder Gehalt weiter zu zahlen sind.

8. **Auch während der Zeit der Arbeitstreckung und Werksbeurlaubung** steht dem Arbeitgeber nach einem Urteil der Schlichtungsstelle für den Hafenbetrieb in Hamburg vom 27. Oktober 1923 (Hanseatische Gerichtszeitung, Abt. Arbeitsrecht I, Nr. 35) das Recht zu, die Kündigung der werksbeurlaubten Arbeitnehmer unter Einhaltung der gesetzlichen oder vertraglichen und beim Vorliegen eines wichtigen Grundes auch ohne Einhaltung einer Kündigungsfrist auszusprechen.

9. **Kein Anspruch auf Lohnzahlung während der Kündigungsfrist bei Kündigung nach Werksbeurlaubung.** In der Streitfrage, ob durch Kündigung während der Zeit der Werksbeurlaubung für die Dauer der Kündigungsfrist der Lohn- oder Gehaltsanspruch des beurlaubten Arbeitnehmers wieder auflebt, hat sich in einem Bescheide vom 4. September 1924, Nr. IV. 8259/24 auch der Reichsarbeitsminister auf den Standpunkt gestellt, daß mangels abweichender Vereinbarung die Verpflichtung des Arbeitgebers zur Lohn- oder Gehaltszahlung für die Dauer der Kündigungsfrist nicht deshalb wieder auflebt, weil der Arbeitgeber während der Zeit der Werksbeurlaubung und ohne den Arbeitnehmer für den Rest der Vertragszeit wieder zu beschäftigen, das Arbeitsverhältnis aufkündigt.

f) Wie weit besteht trotz Betriebsstillegung und Werksbeurlaubung Anspruch auf Erholungsurlaub und Nebenleistungen?

1. siehe Band I, S. 89—90.

g) Wie weit genießen Betriebsvertretungsmitglieder bei Stillegungen Sonderschutz?

1.—4. siehe Band I, S. 90—92.

5. **Auch Aussperrungsstillegungen berechtigen zur zustimmungsfreien Entlassung von Betriebsvertretungsmitgliedern.** In Über-

einstimmung mit den Urteilen des Kammergerichtes vom 27. Juni 1923, Nr. 8, U 4256/22, entschied das Landgericht I, Berlin, 8. Zivilkammer, mit den Urteilen vom 31. März 1924 und vom 26. Juni 1924, daß auch Betriebsstillegungen, die durch Aussperrungen herbeigeführt worden sind, zur zustimmungsfreien Entlassung von Betriebsvertretungsmitgliedern berechtigen, vorausgesetzt, daß die Stillegung nicht nur zum Schein und nur mit der ausgesprochenen Absicht erfolgt ist, den Betrieb nach Entlassung der mißliebigen Betriebsvertretungsmitglieder sofort zu den alten Bedingungen und in dem früheren Umfange wieder aufzunehmen.

6. Auch teilweise Betriebsstillegung berechtigt zur zustimmungsfreien Entlassung von Betriebsvertretungsmitgliedern. Entsprechend der herrschenden Meinung, stellte sich auch das Landgericht Dessau mit Urteil vom 25. Juni 1924 auf den Standpunkt, daß nicht nur die Stillegung ganzer Betriebe sondern auch die Stillegung einzelner Betriebsabteilungen den Arbeitgeber berechtigt, die Kündigung von Betriebsvertretungsmitgliedern ohne Zustimmung der Betriebsvertretung auszusprechen, und daß eine Betriebsstilllegung im Sinne der §§ 85 und 96 des Betriebsrätegesetzes auch dann vorliegt, wenn noch einzelne Arbeitnehmer entweder zur Verrichtung von Notstands-, Aufräumungs- und Ausbesserungsarbeiten oder wegen langfristiger Verträge im Betriebe zurückbehalten werden.

7. Auch teilweise Betriebsstillegung macht nach einem Urteil des Landgerichts Dessau vom 9. Juli 1924 (Sächsisches Archiv für Rechtsfragen 1925, S. 65) die Zustimmung zur Kündigung und Entlassung eines Betriebsvertretungsmitgliedes im Sinne des § 96, Absatz 2, des Betriebsrätegesetzes entbehrlich.

8. Sonderschutz der Betriebsvertretungsmitglieder bei Stillegung von Betriebsabteilungen. Während die herrschende Meinung annimmt, daß bei Stillegung einzelner Betriebsabteilungen die in den stillgelegten Betriebsabteilungen beschäftigten Arbeitnehmer keinerlei Sonderschutz genießen und keinen Anspruch auf Unterbringung in einer anderen Betriebsabteilung haben, stellt sich ein Urteil des Landesgerichtes Bremen vom 6. Mai 1920 (Gewerbe- und Kaufmannsgericht 30, 2, S. 52) auf den Standpunkt, daß zur Kündigung eines Betriebsvertretungsmitgliedes auch bei Stillegung seiner Betriebsabteilung die Zustimmung der Betriebsvertretung erforderlich ist, wenn und solange es dem Arbeitgeber möglich ist, eventuell durch Entlassung eines Arbeitnehmers einer anderen Betriebsabteilung für das Betriebsvertretungsmitglied einen Platz in dieser anderen Betriebsabteilung frei zu machen. Diese Entscheidung dürfte mit dem Sinne der §§ 96f. des Betriebsrätegesetzes nicht in Einklang zu bringen sein.

Weitere Entscheidungen siehe unter Nr. XVIII.

h) Wie weit genießen Schwerbeschädigte bei Stillegungen Sonderschutz?

Entscheidungen siehe unter Nr. XV.

i) Wie weit verpflichtet Betriebsstillegung Angestellte und Facharbeiter zur Verrichtung von Notstandsarbeiten?

1.—2. siehe Band I, S. 92.

k) Wie weit sind soziale Gesichtspunkte bei der Auswahl der zu Entlassenden zu berücksichtigen?

1. **Eine Auswahl der zu Entlassenden nach sozialen Gesichtspunkten bei Betriebseinschränkungen** ist nach einem Urteil des Landgerichts Bautzen vom 30. Juni 1924 nicht erforderlich. Der Arbeitgeber kann vielmehr bei Betriebseinschränkungen die Auswahl in erster Linie nach betriebswirtschaftlichen Gesichtspunkten treffen, ohne Gefahr zu laufen, daß die gekündigten Arbeitnehmer mit Aussicht auf Erfolg Kündigungseinspruch einlegen. Der Kündigungseinspruch kann nach der Urteilsbegründung eben nicht auf den § 84, Ziffer 4, des Betriebsrätegesetzes gestützt werden, da die vielleicht in der Kündigung im Einzelfalle liegende Härte mit Rücksicht auf die Stillegung immer »durch die Betriebsverhältnisse« bedingt ist.

2. **Die Grundsätze des § 18 der außer Kraft getretenen Verordnung vom 12. März 1920** muß der Arbeitgeber zwar auch nach einem Urteile des Gewerbegerichtes Wismar vom 5. Juli 1924, Nr. 29/1924, zur Vermeidung unbilliger Härten bei Massenentlassungen berücksichtigen. Dagegen darf der Arbeitgeber in erster Linie bei der Auswahl der zu Entlassenden Betriebsrücksichten ausschlaggebend sein lassen. Insbesondere ist er nicht verpflichtet, zur Vermeidung durchschlagender Kündigungseinsprüche für sozial schlechtgestellte Arbeitnehmer, die in stillzulegenden Betriebsabteilungen beschäftigt waren, Arbeitsgelegenheit in anderen Abteilungen durch Kündigung und Entlassung von Arbeitnehmern dieser Abteilung zu schaffen.

l) Wie entwickelte sich die Arbeitslosigkeit?

1. **Arbeitslosigkeit und Kurzarbeit Ende November 1924.** Dem Heft 24 der Zeitschrift »Wirtschaft und Statistik« entnehmen wir folgende vom Reichsamt für Arbeitsvermittlung aufgestellte Zahlentafel betreffend die Arbeitslosigkeit und Kurzarbeit in den Facharbeiterverbänden am 30. November 1924.

Verband	Erfaßte Mitglieder in 1000	Vollarbeitslose in 1000 vH.	Kurzarbeiter in 1000 vH.	Zusammen in 1000 vH.
Bauarbeiter . .	382,9	37,2 = 9,7	— —	37,2 = 9,7
Holzarbeiter . .	281,5	19,5 = 6,9	10,5 = 3,7	30,0 = 10,6
Metallarbeiter .	718,8	66,7 = 9,3	83,9 = 11,7	150,6 = 21,0
Textilarbeiter .	314,3	16,5 = 5,2	49,5 = 15,7	66,0 = 20,9
Fabrikarbeiter .	310,4	28,3 = 9,1	14,6 = 4,7	42,9 = 13,8
Buchdrucker .	69,2	0,4 = 0,6	— —	0,4 = 0,6
Zusammen				
am 30. XI. 1924	2077,1	168,6 = 8,1	158,5 = 7,6	327,1 = 15,7
am 31. X. 1924	2067,8	196,8 = 9,5	269,7 = 13,1	466,5 = 22,6

2. Arbeitslosigkeit in Deutschland und im Auslande. Heft 24 der Zeitschrift »Wirtschaft und Statistik« stellt die Ermittlungen des Reichsamtes für Arbeitsvermittlung, betreffend die Arbeitlosigkeit in den wichtigsten Ländern in den Monaten Mai bis Oktober 1924, wie folgt zusammen:

Monat	Arbeitslose in vH der Gewerkschaftsmitglieder						in vH der Versicherten	
	Deutschland	England	Kanada	Dänemark	Schweden	Norwegen	Belgien	Niederlande
Mai 1924	8,6	7,0	7,3	6,1	7,6	6,1	3,2	6,1
Juni 1924	10,5	7,2	5,8	5,1	7,3	4,3	3,4	5,7
Juli 1924	12,5	7,4	5,4	5,3	6,2	3,1	3,2	7,9
Aug. 1924	12,4	7,9	6,5	5,4	6,6	3,9	3,1	8,7
Sept. 1924	10,5	8,6	5,9	5,5	7,0	4,8	3,1	8,9
Okt. 1924	8,4	8,7	—	6,5	—	—	—	—
	auf Januar 1924 (= 100) bezogen:							
Mai 1924	33	79	97	29	56	67	86	27
Juni 1924	40	81	77	24	54	47	92	25
Juli 1924	47	83	72	25	46	35	86	35
Aug. 1924	47	89	87	26	49	43	84	39
Sept. 1924	40	97	79	26	51	53	84	40
Okt. 1924	32	98	—	31	—	—	—	—

	Unterstützte Arbeitslose		Arbeitslose			
	Frankreich	Österreich	Tschechoslowakei	Italien	Schweiz	Rußland
Mai 1924	805	68 969	108 363	155 935	13 618	869 000
Juni 1924	527	63 565	85 966	130 793	10 938	—
Juli 1924	490	66 457	79 036	117 963	8 235	—
Aug. 1924	479	74 191	78 774	118 955	8 737	—
Sept. 1924	447	77 550	—	—	8 718	—
Okt. 1924	404	88 237	—	—	9 451	—

XII. Kurzarbeiter- und Erwerbslosenunterstützung.

A. Einschlägige Gesetzesbestimmungen.

1. Verordnung über Erwerbslosenfürsorge vom 16. Februar 1924 (RGBl. S. 127).
2. Ausführungsverordnung zur Verordnung über Erwerbslosenfürsorge vom 13. März 1924 (RGBl. S. 279).
3. Ausführungsvorschriften zur Verordnung über Erwerbslosenfürsorge vom 25. März 1924 (RGBl. S. 376).
4. Dritte Ausführungsverordnung zur Verordnung über Erwerbslosenfürsorge vom 24. Mai 1924 (RGBl. S. 562).
5. Bestimmungen des Reichsarbeitsministers über öffentliche Notstandsarbeiten vom 17. November 1923 (RGBl. S. 1111).
6. Anordnung über die Zuschläge und Prämien für Notstandsarbeiten vom 18. Januar 1924 (RGBl. S. 35).
7. Bestimmungen über die Einstellung unterstützter Erwerbsloser vom 18. Januar 1924 (Reichsarbeitsblatt S. 34).
8. Arbeitsnachweisgesetz vom 22. Juli 1922 (RGBl. S. 673.)
9. Gesetz über Erweiterung und Verlängerung der Fürsorge für erwerbslose Seeleute vom 27. März 1925 (RGBl. I S. 31).
10. Verordnung über die Geltungsdauer der Anordnung über die Zuschläge und Prämien der Notstandsarbeiter vom 27. März 1925 (RGBl. I S. 33).
11. Bestimmungen über öffentliche Notstandsarbeiten vom 30. April 1925 (RGBl. I S. 53).
12. Änderung der Ausführungsvorschriften zur Verordnung über Erwerbslosenfürsorge vom 2. Mai 1925 (RGBl. I S. 61).
13. Bekanntmachung der neuen Fassung der Ausführungsvorschriften zur Verordnung über Erwerbslosenfürsorge vom 2. Mai 1925 (RGBl. I S. 63).

B. Die wichtigsten Einzelfragen.

a) Darf bei Arbeitskämpfen Erwerbslosenunterstützung gezahlt werden?

1.—2. siehe Band I, S. 93—94.

b) Darf an Werksbeurlaubte Erwerbslosenunterstützung gezahlt werden?

1. siehe Band I, S. 94.

c) Wie weit besteht Anspruch auf Kurzarbeiterunterstützung?

1.—2. siehe Band I, S. 95.

d) Wann und in welchem Umfange besteht Anspruch auf Erwerbslosenunterstützung?

1. Zur Verlängerung der Wartezeit, d. h. der Zeit, die ein Arbeitnehmer bereits arbeitslos sein muß, wenn er Erwerbslosenunterstützung beanspruchen will, ist die über die Unterstützungsgesuche entscheidende Stelle nach einem Bescheide des Reichsarbeitsministers vom 23. Dezember 1924 (Reichsarbeitsblatt 1925, S. 54) berechtigt, da die in der Verordnung vom 16. Februar 1924 angegebene Dauer der Wartezeit nur die gesetzliche Mindestdauer bedeutet.

2. Die Bedürftigkeit im Sinne der Erwerbslosenfürsorge liegt nach einem Bescheide des Reichsarbeitsministers vom 6. Dezember 1924 (Reichsarbeitsblatt 1925, S. 2) bei Schwerbeschädigten wesentlich eher vor als bei sonstigen Arbeitnehmern, da bei Schwerbeschädigten ein erhöhtes Existenzminimum mit Rücksicht auf ihre höheren Ansprüche an Wartung und Verpflegung anzusetzen ist.

3. Neue Höchstsätze in der Erwerbslosenfürsorge ab 9. Februar 1925. Auf Grund des § 10, Absatz 1 der Verordnung über Erwerbslosenfürsorge vom 16. Februar 1924 (RGBl. I, S. 127) hat der Reichsarbeitsminister nach Benehmen mit dem Verwaltungsrat des Reichsamtes für Arbeitsvermittlung die Höchstsätze der Erwerbslosenunterstützung mit Wirkung vom 9. Februar 1925 in der Weise heraufgesetzt, daß von diesem Tage ab beispielsweise ein männlicher Erwerbsloser im Wirtschaftsgebiete III (Westen) und in der Ortsklasse A wochentäglich als Erwerbslosenunterstützung erhält:

Für sich persönlich GM. 1,45, für die Frau GM. 0,54 und für jedes Kind bzw. jeden sonstigen unterstützungsberechtigten Angehörigen GM. 0,38. Der Höchstunterstützungssatz einschließlich der Familienzuschläge bemißt sich für einen männlichen Erwerbslosen der Ortsklasse A im Wirtschaftsgebiet III auf GM. 3,60 wochentäglich.

e) Welche Bezüge erhalten erkrankte Erwerbslose und Werksbeurlaubte?

1. siehe Band I, S. 96.

f) Wie weit haben Erwerbslose Pflichtarbeit zu leisten?

1.—2. siehe Band I, S. 96—97.

g) Wie ist Pflichtarbeit Erwerbsloser zu bezahlen?

1.—2. siehe Band I, S. 97.

h) Unter welchen Bedingungen können Betriebe Mittel aus der produktiven Erwerbslosenfürsorge erhalten?

1.—2. siehe Band I, S. 97.

i) Welche Sondervergünstigungen werden bei Einstellung Erwerbsloser gewährt?

1. siehe Band I, S. 98.

XIII. Entlassungen und Entlassungs-papiere.

A. Einschlägige Gesetzesbestimmungen.

1.—3. Siehe die unter den Nummern III A 1—3 aufgeführten Gesetze.

4. Das Betriebsrätegesetz vom 4. Februar 1920 (RGBl. S. 147).
5. Verordnung betr. Maßnahmen gegenüber Betriebsabbrüchen und Betriebsstillegung vom 8. November 1920 (RGBl. S. 1901).
6. Verordnung über Betriebsstillegung und Arbeitsstreckung vom 15. Oktober 1920 (RGBl. S. 983).
7. Gesetz über die Beschäftigung Schwerbeschädigter vom 12. Januar 1923 (RGBl. S. 57).

B. Die wichtigsten Einzelfragen.

a) Welche Kündigungsfristen sind einzuhalten?

1.—3. siehe Band I, S. 99—100.

4. Gewohnheitsrechtlicher Kündigungsausschluß. Nach einem Urteile des Gewerbegerichtes Bremen vom 12. 6. 1924 (Hanseatische Gerichtszeitung, Abteilung Arbeitsrecht, 1924, S. 84) gilt auch bei vorübergehendem Fehlen eines Tarifvertrages kraft Gewohnheitsrechtes eine Kündigungsfrist als zwischen den Parteien abgedungen, wenn in einem lange Zeit gültig gewesenen Tarifvertrag zwischen den beteiligten Parteien Kündigungsausschluß vereinbart war.

5. Unzulässigkeit einseitig kurzer Kündigungsfristen für den Arbeitgeber. Gemäß § 122 der Gewerbeordnung können kürzere als die gesetzlich vorgeschriebenen Kündigungsfristen für gewerbliche Arbeiter nur in der Weise vereinbart werden, daß für den Arbeitgeber und den Arbeitnehmer gleich kurze Kündigungsfristen eingeführt werden. Werden durch Vereinbarung für den Arbeitgeber und den Arbeitnehmer verschieden lange Kündigungsfristen eingeführt, so sind diese Vereinbarungen nichtig, und es gelten die gesetzlichen Kündigungsfristen. Nach einem Urteile des Landgerichtes Karlsruhe vom 12. 6. 1924 gilt dies auch für solche Fälle, in denen zwar im allgemeinen die gesetzlichen oder gleich lange vertragliche Kündigungsfristen gelten, in denen aber der Arbeitgeber sich vorbehält, in Zeiten des Arbeitsmangels oder der Betriebseinschränkung das Vertragsverhältnis mit kürzerer Frist oder auch fristlos aufzukündigen.

Solche Vereinbarungen sind nach dem oben erwähnten Urteile nichtig und berechtigen den Arbeitnehmer auch bei Arbeitsmangel nicht, das Dienstverhältnis mit einer kürzeren Frist aufzukündigen als derjenigen, mit der auch im gleichen Falle der Arbeitnehmer kündigen könnte. Will der Arbeitgeber für den Fall des Arbeitsmangels oder der Betriebseinschränkung kürzere Kündigungsfristen haben, so muß er mit den Arbeitnehmern vereinbaren, daß bei Betriebseinschränkungen und Arbeitsmangel beide Teile, also auch die Arbeitnehmer, fristlos kündigen dürfen.

6. Kurzfristige Weiterbeschäftigung über den Kündigungstermin hinaus bedeutet nicht den Abschluß eines neuen Arbeitsvertrages. Im allgemeinen gilt ein neuer Arbeitsvertrag als abgeschlossen, der wiederum erst mit der gesetzlichen oder vertraglichen Kündigungsfrist aufgekündigt werden kann, wenn der Arbeitnehmer nach Ablauf der Kündigungsfrist stillschweigend weiter beschäftigt wird. Ein neuer Arbeitsvertrag gilt jedoch gemäß Urteil des Gewerbegerichtes Gelsenkirchen vom 27. 11. 1924 nicht als abgeschlossen, wenn der Arbeitgeber den gekündigten Arbeitnehmer nur entgegenkommenderweise noch eine Zeitlang weiter beschäftigt, um ihn vor Arbeitslosigkeit zu schützen. Immerhin empfiehlt es sich, in solchen Fällen zur Vermeidung von Schwierigkeiten ausdrücklich und schriftlich festzulegen, daß die Weiterbeschäftigung nur eine vorübergehende, entweder bestimmt befristete oder jederzeit vom Arbeitgeber widerrufliche sein soll.

7. Die Kündigungsfrist des § 133a der Gewerbeordnung gilt für Techniker, die mit Monatsgehalt eingestellt worden sind, nach einem Urteil des Landgerichts I Berlin vom 15. Juli 1924 (»Recht und Rechtspraxis« Nr. 2 vom 30. Januar 1925, S. 8) selbst dann, wenn der Techniker sich nach der Einstellung als »zu höheren technischen Dienstleistungen nicht befähigt« erwiesen hat.

8. Beginn der sechswöchigen Kündigungsfrist. Wenn der Anfangstag der gesetzlichen oder vertraglichen sechswöchigen Kündigungsfrist zum Quartalschluß auf einen Sonntag fällt, so muß die Kündigung nach einem allerdings vereinzelt stehenden Urteil des Gewerbegerichtes Plauen vom 28. 11. 1924 spätestens am vorhergehenden Sonnabend ausgesprochen werden, da eine Kündigung am folgenden Sonntage nicht mehr als rechtzeitig angesehen werden kann, sondern erst zum übernächsten Quartalschluß gültig wäre.

9. Die tarifliche Kündigungsfrist geht der in der Arbeitsordnung vorgesehenen Kündigungsfrist nach einem in der Hanseatischen Gerichtszeitung, Abt. Arbeitsrecht I, Nr. 27, S. 110, veröffentlichten Entscheidung des Gewerbegerichts Hamburg vom

21. März 1924 auch dann vor, wenn der Tarifvertrag die eintägige und die Arbeitsordnung die vierzehntägige Kündigungsfrist vorsieht. Nach der Urteilsbegründung gilt eben die vierzehntägige Kündigungsfrist nicht als bessere Arbeitsbedingung gegenüber der eintägigen Kündigungsfrist im Sinne der Bestimmungen des § 1 der Verordnung über Tarifverträge usw. vom 23. Dezember 1918.

10. **Die Vereinbarung des Rechtes zu jederzeitigem Widerruf des Anstellungsvertrages ist unzulässig** nach einem Urteil des Kaufmannsgerichtes Hamburg vom 19. Januar 1924 (Hanseatische Gerichtszeitung, Abt. Arbeitsrecht, Nr. 22, S. 92), wenn es sich um einen Arbeitnehmer handelt, für den das Gesetz, wie beispielsweise für Handlungsgehilfen oder Werkmeister, eine gesetzliche Mindestkündigungsfrist vorsieht.

b) Welche Formvorschriften sind bei der Kündigung zu beachten?

1.—6. siehe Band I, S. 100—102.

7. **Kündigungen durch Werksanschlag** sind auch nach Ansicht des Landgerichtes Dessau (Urteil vom 25. Juni 1924) bei Massenkündigungen rechtsgültig, da es in diesem Falle dem Arbeitgeber nicht zugemutet werden kann, jedem einzelnen Arbeitnehmer gegenüber die Kündigung mündlich oder schriftlich auszusprechen.

8. **Kündigung durch Werksanschlag** genügt nach einem ohne Datum in der arbeitsrechtlichen Beilage der Zeitschrift des Gewerkschaftsbundes der Angestellten veröffentlichten Entscheidung des Landgerichtes Berlin nur dann als wirksame Kündigung, wenn der betreffende Arbeitnehmer von dem Anschlag tatsächlich rechtzeitig erfahren hat. Der Arbeitgeber hat nach dieser Richtung hin den Beweis für die Kenntnisnahme zu führen, und zwar im allgemeinen durch Eideszuschiebung an den Angestellten. (Vergleiche jedoch die bei Goerrig: Das Arbeitsrecht in der Praxis, Band I, Abschnitt 13, angeführten, mit der herrschenden Meinung übereinstimmenden gegenteiligen Entscheidungen.)

9. **Die Kündigung „der gesamten Belegschaft“ durch Anschlag** umfaßt nach einem ohne Datum in Nr. 8 der Stichworte des Arbeitsrechtes vom 15. 4. 1925 unter Nr. 159 veröffentlichten Urteile des Gewerbegerichtes Gelsenkirchen auch die im Betriebe beschäftigten Lehrlinge. Gleichwohl sollte man vorsichtshalber in dem Kündigungsanschlag die von der Kündigung betroffenen Arbeitnehmergruppen genau umschreiben und insbesondere besonders hervorheben, daß von der Kündigung auch die Lehrlinge erfaßt werden, wenn man deren fristlose oder befristete Entlassung aus besonderen Gründen mit aussprechen will.

10. **Die Anforderung der Arbeitspapiere und die Annahme des Entlassungsscheines** stellt auch nach einem Urteil des Land-

gerichtes Kleve vom 13. Januar 1925 eine Kündigung des Arbeitsverhältnisses durch den Arbeitnehmer dar, wenn er bei der Anforderung oder der Entgegennahme der Arbeitspapiere keinen entsprechenden Vorbehalt macht. (Vgl. Mitteilungen der Arbeitgeberverbände Unterelbe und Hamburg-Altona 1925, Nr. 6, S. 30, und Goerrig, »Das Arbeitsrecht in der Praxis«, XIII, B b 6, S. 102).

11. **Die Leistungsverweigerung gilt als Kündigung des Arbeitsverhältnisses** nach einem Urteile des Landgerichtes Essen vom 6. 11. 1923 Nr. 6, S. 17/23, wenn der Arbeitgeber oder der Arbeitnehmer die Erfüllung der ihm vertraglich oder tariflich obliegenden Verpflichtungen in einer Form endgültig ablehnt, aus der unbedingt zu ersehen ist, daß er nur nach entsprechender Änderung der Arbeits- oder Lohnbedingungen zur Fortsetzung des Arbeitsverhältnisses bereit ist.

12. **Die Verweigerung der Wiedereinstellung** eines Arbeitnehmers, zu dessen Wiedereinstellung der Arbeitgeber verurteilt worden ist, gilt nach einem Urteile des Landgerichtes Königsberg vom 20. Januar 1925, Nr. 2, S. 757/24—29 als rechtswirksame Neukündigung des Dienstverhältnisses.

13. **Wegen unklarer Fassung ist eine ausgesprochene Kündigung unwirksam** gemäß einem Urteil des Kaufmannsgerichtes Berlin, Nr. 1038/1924, K VI, wenn der Arbeitnehmer aus der Erklärung des Arbeitgebers nicht eindeutig ersehen konnte, ob ihm tatsächlich gekündigt wurde oder ob die Kündigung nur für einen nahen Zeitpunkt in Aussicht gestellt wurde, und wenn aus dem Verhalten des Arbeitgebers und des Arbeitnehmers nach der Kündigung hervorgeht, daß der Arbeitnehmer jedenfalls eine Kündigung nicht als ausgesprochen angesehen hat. Es ist mit Rücksicht auf diese Entscheidung notwendig, die Kündigungen in einer jeden Zweifel ausschließenden Form und deshalb am besten schriftlich auszusprechen.

14. **Die Nichtigkeit der Kündigung wegen unklarer Fassung** nimmt ein Urteil des Kaufmannsgerichtes Hameln vom 17. Juli 1924 (Bankbeamtenzeitung 1924, Nr. 10, S. 140) für den Fall an, daß die Kündigung unter der Bedingung und mit dem Bemerken ausgesprochen wird, daß die Entlassung erfolgen werde, »wenn keine wirtschaftliche Besserung eintrete«.

15. **Fristlose Kündigung hebt eine voraufgegangene befristete Kündigung auf.** Wenn der Arbeitgeber nach befristeter Aufkündigung eines Dienst- oder Arbeitsverhältnisses aus einem später eingetretenen Grunde die fristlose Entlassung ausspricht, so hebt er damit nach einem Urteile des Gewerbegerichtes Berlin (s. Vorwärts vom 17. Dezember 1924) die zuerst ausgesprochene befristete Kündigung auf. Nimmt der Arbeitgeber dann später diese fristlose Kündigung, z. B. aus Anlaß der Beilegung eines Arbeitskampfes zurück oder wird die fristlose Kündigung für unbegründet erklärt und daraufhin der Arbeitnehmer wieder eingestellt, so lebt nach

dem vorerwähnten Urteile die alte befristete Kündigung nicht wieder auf, sondern das Dienst- oder Arbeitsverhältnis kann nur durch Ausspruch einer neuen Kündigung wieder zur Beendigung gebracht werden.

c) Wann ist eine fristlose Entlassung durch den Arbeitgeber zulässig?

1.—24. siehe Band I, S. 102—110.

25. Fristlose Entlassung eines Angestellten wegen Belauschung der Telephongespräche seines Arbeitgebers. Wenn ein Angestellter trotz Verwarnung wiederholt sich in Telephongespräche zwischen seinem Arbeitgeber und einem Dritten einschaltet, um das Gespräch zu belauschen, so verletzt er nach einer in Nr. 9 der »Rheinischen Zeitung« vom 12. 1. 1925 veröffentlichten Entscheidung des Kaufmannsgerichtes Köln (ohne Datum) das Vertrauen so sehr, daß der Arbeitgeber zur fristlosen Entlassung berechtigt ist.

26. Fristlose Entlassung eines Meisters wegen unerlaubter Einstellung eines Arbeiters. Ein Meister, der ohne Ermächtigung seiner Vorgesetzten und obwohl ihm selbständige Einstellungen verboten sind, einen Arbeitnehmer eigenmächtig einstellt, mißbraucht nach einer in Nr. 2 der »Bergisch-Märkischen Zeitung« vom 3. 1. 1925 veröffentlichten Entscheidung des Landgerichtes Elberfeld vom 9. 12. 1924 das in ihn gesetzte Vertrauen so erheblich, daß der Arbeitgeber berechtigt ist, ihn fristlos zu entlassen.

27. Fristlose Entlassung eines Lehrlings wegen Beleidigung. Nach einem Urteile des Gewerbegerichtes Gelsenkirchen vom 28. 11. 1924 ist der Arbeitgeber berechtigt, einen Lehrling wegen schwerer Beleidigung fristlos zu entlassen, wenn der Lehrling einem Meister mit geballten Fäusten oder in ähnlicher Weise ungebührlich entgegentritt. Die fristlose Entlassung ist nach Ansicht des Gewerbegerichtes Gelsenkirchen auch dann gerechtfertigt, wenn der Lehrling zu der Drohung mit Tätlichkeiten durch das Verhalten des Meisters gereizt worden ist.

28. Fristlose Entlassung wegen Androhung der Mitnahme von Arbeitskräften im Falle der Kündigung. Wenn ein Werkmeister oder ein sonstiger Angestellter gelegentlich von Differenzen mit dem Arbeitgeber diesem droht, er werde im Falle des Austrittes oder der Entlassung Arbeitskräfte des Arbeitgebers mit in einen anderen Betrieb herüberziehen, so berechtigt eine solche Drohung nach einem in der Deutschen Werkmeisterzeitung Nr. 49/1924, S. 572 veröffentlichten Gewerbegerichtsurteile (ohne Datum und Ort) den Arbeitgeber zur fristlosen Entlassung. Das Urteil wird damit begründet, daß eine Firma einem Angestellten, der die Absicht geäußert hat, die ihm unterstellten Arbeiter zum unbefugten Verlassen ihres Dienstes zu veranlassen, kein Vertrauen mehr entgegenbringen könne.

29. Fristlose Entlassung gemäß § 123, Ziffer 8 der Gewerbeordnung nur bei fortdauernder Arbeitsunfähigkeit. Der Arbeitgeber kann nach einem Urteile des Gewerbegerichtes Berlin, Kammer 11, Nr. 1699/24 vom 26. September 1924 einen Dienst- oder Arbeitsvertrag gemäß § 123, Ziffer 8 der Reichsgewerbeordnung wegen Arbeitsunfähigkeit und der dadurch bedingten Unfähigkeit zur Fortsetzung der Arbeit nur in einer Zeit fristlos aufkündigen, in welcher die Arbeitsunfähigkeit noch vorhanden ist. Die fristlose Entlassung ist dagegen unwirksam, wenn sie trotz längerer Arbeitsunfähigkeit erst in einem Zeitpunkte ausgesprochen wird, in welchem der Arbeitgeber bereits wieder imstande ist, die Arbeit fortzusetzen.

30. Kein Recht zur fristlosen Entlassung wegen Unfähigkeit zur Fortsetzung der Arbeit beim Fehlen während einiger Stunden. Ein Arbeitnehmer, der nur wenige Stunden die Arbeit wegen Krankheit aussetzen muß, kann gemäß Urteil des Gewerbegerichtes Köln (siehe Rheinische Zeitung, Nr. 15, vom 19. 1. 25) nicht fristlos wegen Unfähigkeit zur Fortsetzung der Arbeit im Sinne des § 123 der Gewerbeordnung entlassen werden. Die Entlassung ist nur zulässig, wenn der Arbeitnehmer für eine verhältnismäßig lange Zeit zur Fortsetzung der Arbeit unfähig ist.

31. Wegen Anbringung von Plakaten in den Betriebs- oder Geschäftsräumen ohne Genehmigung der Betriebsleitung können Arbeitnehmer nach einem Urteil des Gewerbegerichts Königsberg vom 19. Juni 1924 nicht fristlos entlassen werden.

32. Die Teilnahme an verbotenen kommunistischen Versammlungen und der Besitz kommunistischer Flugschriften bilden nach einem Urteil des Gewerbegerichts Königsberg vom 9. September 1924 an sich keinen die fristlose Entlassung rechtfertigenden Grund.

33. Die Verbüßung einer längeren Freiheitsstrafe und das dadurch bedingte Fernbleiben von der Arbeit bringen nach einem Urteil des Gewerbegerichts Wandsbek vom 12. Juni 1924 (Hanseatische Gerichtszeitung, Abt. Arbeitsrecht Nr. 32, S. 129) den Arbeitsvertrag automatisch mit der Maßgabe zur Beendigung, daß der Arbeitnehmer nach Abbüßung der Strafe einen Anspruch auf Wiedereinstellung nicht hat. Da jedoch die herrschende Meinung in der durch die Verhaftung und Strafhaft bedingten Unfähigkeit zur Fortsetzung der Arbeit nur einen wichtigen, die fristlose Entlassung rechtfertigenden Grund und nicht auch bereits die Auflösung des Arbeitsverhältnisses erblickt, empfiehlt es sich dringend, vorsichtshalber gelegentlich der Verhaftung des Arbeitnehmers oder des Strafantritts in aller Form die fristlose Entlassung auszusprechen, falls man von der Weiterbeschäftigung Abstand nehmen will.

34. Keine fristlose Entlassung von Angestellten wegen Verweigerung der Verrichtung von Streikarbeit. Im Gegensatz zu den unter Nr. XXII bekanntgegebenen Urteilen verschiedener Gerichte entschied das Landgericht Elberfeld in einem Urteile der 7. Zivilkammer (Berg.-Märk. Ztg. 1924, Nr. 287), daß Angestellte, insbesondere Werkmeister, nur dann in Streikfällen verpflichtet sind, die bisher von den streikenden Arbeitern zu erledigenden Arbeiten selbst fortzuführen, wenn diese Arbeiten nur einen geringeren Umfang annehmen und wenn es in dem betreffenden Betriebe üblich ist, daß gleichartige Angestellte auch sonst beim Fehlen von Arbeitern solche Aushilfe leisten. Treffen diese Voraussetzungen nicht zu, so berechtigt nach dem vorerwähnten Landgerichtsurteile die Verweigerung von Streikarbeit durch einen Angestellten den Arbeitgeber nicht zur fristlosen Entlassung.

85. Keine fristlose Entlassung wegen Nichtbeachtens der Ausgehzeiten während einer Krankheit. Wenn ein Arbeitnehmer wegen Krankheit und der damit verbundenen Arbeitsunfähigkeit die Arbeit aussetzt, so muß er zwar als Mitglied der Betriebskrankenkasse die Ausgehzeiten einhalten, die der Arzt oder die Krankenkasse bestimmt. Die Nichtbeachtung dieser Ausgehzeiten berechtigt aber nach einem in der Rheinischen Zeitung vom 30. 12. 1924 veröffentlichten Urteile des Kaufmanngerichtes Köln im allgemeinen nicht zur fristlosen Entlassung. Eine fristlose Entlassung wegen eines Ausganges des Arbeitsunfähigen außerhalb der Ausgehzeit würde nach der Urteilsbegründung nur dann berechtigt sein, wenn der Arbeitnehmer durch eine solche Handlungsweise grob fahrlässig oder in böswilliger Absicht seine Krankheit verlängert oder verschlimmert hat.

86. Fristlose Entlassung wegen unentschuldigten Fehlens am 1. Mai. In Übereinstimmung mit den Ausführungen von Landmann in Anmerkung 6 zu § 123 des Kommentars zur Gewerbeordnung sowie den Urteilen des Landgerichts Landsberg/Warte (Arbeitsr. Beil. der Mitteilungen der Vereinigung der deutschen Arbeitgeberverbände 1923, S. 67), des Landgerichts M.-Gladbach vom 16. Februar 1923 (ebenda, S. 51), des Landgerichts Greifswald vom 7. Januar 1925, des Gewerbegerichts Berlin vom 25. Mai 1924 entschied ein Urteil des Landgerichts Cottbus vom 18. Februar 1924, daß Arbeitnehmer, die am 1. Mai gegen den Willen des Arbeitgebers von der Arbeit fernbleiben, obwohl für den betreffenden Betrieb der 1. Mai als gesetzlicher Feiertag landesrechtlich nicht anerkannt ist, wegen unbefugten Verlassens der Arbeit im Sinne des § 123, Ziff. 3 der Gewerbeordnung fristlos entlassen werden können.

87. Fristlose Entlassung wegen unlauterer Machenschaften bei der Akkordberechnung. Nach einem Urteile des Gewerbegerichtes Berlin vom 25. März 1925, Nr. 196/1925 K 10, können Arbeitnehmer und auch Betriebsvertretungsmitglieder fristlos entlassen werden, wenn sie an ihren Meister oder an einen anderen Vorgesetzten mit dem Verlangen herantreten, unlautere Machenschaften bei der Akkordberechnung, insbesondere eine falsche Zeitangabe oder Stückangabe zu dulden. Einen besonders gewichtigen Grund zur fristlosen Entlassung geben Arbeitnehmer in solchen Fällen dann, wenn sie versuchen, durch Drohungen die Duldung solcher unlauteren Machenschaften zu veranlassen.

38. Fristlose Entlassung wegen unberechtigten Bezuges von Krankengeld. Nach einem Urteile des Berggewerbegerichtes München vom 18. Dezember 1924 können Mitglieder einer Krankenkasse dann, wenn sie ohne Erlaubnis des Arztes und ihres Hauptarbeitgebers während der Zeit, in der sie wegen Arbeitsunfähigkeit Krankengeld beziehen, bei einer anderen Firma arbeiten, nicht nur von der Krankenkasse wegen unrechtmäßigen Bezuges von Krankengeld bestraft, sondern auch von ihrem Hauptarbeitgeber wegen Betruges und wegen gleichzeitigen unbefugten Verlassens der Arbeit auf Grund des § 123, Ziffer 2 und 3 der Gewerbeordnung fristlos entlassen werden. Den Betrug erblickt das Berggewerbegericht München in dem unrechtmäßigen Bezuge des Krankengeldes trotz bestehender Arbeitsfähigkeit unter Vortäuschung der Arbeitsunfähigkeit. Das unbefugte Verlassen der Arbeit liegt nach der Urteilsbegründung in der Arbeitsaufnahme bei einer anderen Firma ohne Erlaubnis des Hauptarbeitgebers.

39. Die Verheiratung einer weiblichen Angestellten gibt nach einem Urteile des Reichsgerichtes vom 18. März 1925, Nr. III, 118/1924 im allgemeinen, d. h. dann, wenn keine Ausnahmeverhältnisse vorliegen, einen wichtigen Grund zur Entlassung im Sinne des § 626 des Bürgerlichen Gesetzbuches mit Rücksicht darauf, daß die ununterbrochene Tätigkeit seiner Angestellten und die Bewältigung der den einzelnen zugewiesenen Aufgaben für den Arbeitgeber ein lebenswichtiges Moment für die Aufrechterhaltung eines ordnungsmäßigen Betriebes ist, und daß eine Angestellte durch die Verheiratung im allgemeinen in eine Lage versetzt wird, die sie nach dem sittlichen Zwecke der Ehe und dem gewöhnlichen Verlaufe der Natur bei Schwangerschaft und nach der Geburt ganz oder teilweise an der Wahrnehmung ihrer Tätigkeit hindern werde.

40. Wegen Unzufriedenheit des Bauauftraggebers können Arbeitnehmer eines Baubetriebes von der ausführenden Baufirma nach einem Urteile des Gewerbegerichtes Berlin vom 27. Januar 1925 (Der Grundstein, Nr. 20/1925, S. 148) nicht fristlos entlassen werden, und zwar auch dann nicht, wenn die ausführende Baufirma nachweisen kann, daß ihr der Auftrag entzogen werden wird, wenn sie entgegen dem Wunsche der auftraggebenden Firma den betreffenden Arbeitnehmer weiterbeschäftigt.

41. Krankheit bildet keinen wichtigen Kündigungsgrund gemäß § 123, Ziffer 8, der Reichsgewerbeordnung nach einem ohne Datum und Aktenzeichen im »Maler« vom 7. März 1925 veröffentlichten Urteile des Gewerbegerichtes Frankfurt a. M., wenn es sich um eine nur etwa 14tägige Krankheit eines bereits seit langen Jahren im Dienste des gleichen Arbeitgebers stehenden Arbeitnehmers handelt.

42. Unzufriedenheit des Angestellten wegen unpünktlicher Gehaltzahlung ist nach einem ohne Datum in der Deutschen Werkmeisterzeitung 1924, Nr. 42, S. 472, veröffentlichten Urteil des Amtsgerichtes Crossen auch dann kein die fristlose Entlassung rechtfertigender Kündigungsgrund, wenn die Unzufriedenheit des Arbeitnehmers offen zutage tritt, jedoch sich nicht in einer Arbeitsverweigerung auswirkt.

43. Kein Recht zur fristlosen Entlassung von Arbeitnehmern, die bei ihrer Verteidigung zu weit gegangen sind. Nach einem Urteile des Kaufmannsgerichtes Köln vom 4. März 1924 und des Landgerichtes Köln vom 11. Juli 1924 geben Arbeitnehmer dem Arbeitgeber nicht schon dadurch einen wichtigen, die fristlose Entlassung rechtfertigenden Kündigungsgrund, wenn sie in berechtigter Verteidigung ihres Verhaltens oder bei Wahrnehmung der ihnen zustehenden Rechte in der Erregung zu weit gehen und dem Arbeitgeber oder einem Mitgliede der Betriebsleitung unkorrektes Verhalten vorwerfen. Nach diesem Urteil ist insbesondere eine fristlose Entlassung eines Angestellten nicht etwa deshalb zulässig, weil dieser einem leitenden Angestellten unkorrektes Verhalten oder Lügen vorgeworfen hat, nachdem dieser Anordnungen, die tatsächlich von ihm gegeben worden waren, später abgeleugnet hat.

d) Wann ist ein fristloser Dienstaustritt des Arbeitnehmers zulässig?

1. Fristlose Auflösung des Lehrverhältnisses aus Anlaß von Betriebsstillegungen kann der Lehrling bzw. sein gesetzlicher Vertreter nach einem Urteile des Gewerbegerichtes Werdau vom 26. September 1924, Nr. 49/24 verlangen, wenn die Betriebsstillegung auf unbestimmte Zeit ausgesprochen worden ist, und wenn sich dem Lehrling anderweitig eine Möglichkeit bietet, ohne größeren Zeitverlust seine Lehre fortzusetzen.

e) Welche Rechtsfolgen hat eine unzulässige fristlose Entlassung?

1.—2. siehe Band I, S. 110.

3. Auflösung des Lehrvertrages wegen Verlegung des Geschäftsbetriebes verpflichtet zum Schadenersatz. Die Verlegung des Geschäftsbetriebes an einen anderen Ort berechtigt den Arbeitgeber nach einer Entscheidung des Landgerichtes Berlin vom 7. Juli 1924 zwar zur Auflösung des Lehrvertrages, sofern dem Arbeitgeber die Weiterausbildung des Lehrlings an dem neuen Orte des Geschäftsbetriebes nach Treu und Glauben wegen der entstehenden Unterbringungs- und Unterhaltskosten nicht zugemutet werden kann. Dagegen ist ein solches nachträgliches Unvermögen zur Fortsetzung des Lehrvertrages nach der Ansicht des Landgerichtes Berlin-

vom Arbeitgeber zu vertreten. Der Arbeitgeber muß dem Lehrling infolgedessen nach § 280 des Bürgerlichen Gesetzbuches den Schaden ersetzen, den dieser dadurch erleidet, daß er die Lehrlingsvergütung verliert und vielleicht ein neues Lehrverhältnis nicht sofort unter Anrechnung der bisherigen Lehrzeit eingehen und deswegen die Lehrzeit erst später als ursprünglich vorgesehen beenden kann.

f) Welche Rechtsfolgen hat ein unzulässiger fristloser Dienstaustritt?

1. siehe Band I, S. 111.

2. **Notwendigkeit der Spezifikation der Schadenersatzansprüche wegen Vertragsbruches eines Arbeitsnehmers.** Nach einem Urteile des Kaufmannsgerichtes Stendal vom 8. 11. 1924 muß der Arbeitgeber, der auf Schadenersatz wegen Vertragsbruches eines Arbeitnehmers klagt, die Höhe des tatsächlich entstandenen Schadens genau und spezifiziert nachweisen, sofern er für den Fall des Vertragsbruches keine Vertragsstrafe in bestimmter Höhe ausdrücklich tariflich oder im Einzeldienstvertrage vereinbart hat. Im einzelnen kann der Arbeitgeber Ersatz des Schadens verlangen, der ihm nachweislich dadurch entstanden ist, daß er infolge des Vertragsbruches des beklagten Arbeitnehmers zunächst eine Ersatzkraft nicht sofort erhalten konnte und Schaden durch Verzögerung der Produktion oder der Korrespondenz usw. erlitt, oder daß er für eine Ersatzkraft höhere Löhne oder Gehälter zahlen mußte.

3. **Keinen Schadenersatzanspruch wegen vorzeitigen Ausscheidens eines Arbeitnehmers** kann der Arbeitgeber nach einem Urteile des Kaufmannsgerichtes Berlin vom 7. Mai 1924, Nr. 561/24 K 7, verlangen, wenn er die Möglichkeit hatte, ohne Verzögerung nach dem fristlosen Ausscheiden des kontraktbrüchigen Arbeitnehmers zu den gleichen Lohn- oder Tarifsätzen einen gleichwertigen Arbeitnehmer einzustellen. Ein Schadenersatzanspruch ist in diesem Falle nicht etwa deshalb begründet, weil der Arbeitgeber die Arbeiten des unter Kontraktbruch ausgeschiedenen Arbeitnehmers einem besserbezahlten bisher von ihm anderweitig beschäftigten Arbeitnehmer übertragen hat.

g) Welche Rechtsfolgen hat die schuldhafte Verursachung des Dienstaustrittes durch den Arbeitgeber?

1. siehe Band I, S. 111.

h) Wann ist ein Kündigungseinspruch zulässig und gerechtfertigt?

1.—8. siehe Band I, S. 111—113.

9. Kündigung und Entlassung eines 70jährigen Rentenempfängers bedeutet keine unbillige Härte im Sinne des § 84 des BRG. Nach einer in der »Deutschen Werkmeisterzeitung« Nr. 50, 1924, veröffentlichten Entscheidung des Arbeitsgerichtes Dresden bedeutet die Kündigung und Entlassung eines 70jährigen Angestellten, der bereits aus einer früheren Beschäftigung eine Pension bezieht, keine unbillige Härte im Sinne des § 84, Ziffer 4, des Betriebsrätegesetzes, wenn an sich ein Abbau notwendig ist und bei Weiterbeschäftigung des vorerwähnten Angestellten jüngere Kräfte entlassen werden müßten, die im Falle der Entlassung keine Pension weiter erhalten.

10. Kündigung von Arbeitnehmern, die infolge eines Betriebsunfalles zurzeit arbeitsunfähig sind, bedeutet nach einem Urteil des Gewerbegerichtes Nürnberg vom 1. August 1924, Nr. 391/24, eine unbillige und deshalb einen Kündigungseinspruch rechtfertigende Härte im Sinne des § 84, Ziff. 4 des Betriebsrätegesetzes, wenn der Arbeitgeber unter Berufung auf vorliegenden Arbeitsmangel gelegentlich von Betriebseinschränkungen Arbeitnehmern kündigt, die in seinem Betriebe einen Unfall erlitten und wegen dessen Folgen noch arbeitsunfähig sind. Die durch Betriebsunfall bedingte vorübergehende Arbeitsunfähigkeit rechtfertigt nach Ansicht des Gewerbegerichts Nürnberg eine Kündigung auch bei Arbeitsmangel nicht, weil der Arbeitgeber für die Zeit der Arbeitsunfähigkeit ohnehin keinen Lohn zu zahlen braucht und deshalb den Betrieb durch die Kündigung des vorübergehend arbeitsunfähigen Unfallverletzten nicht entlastet.

11. Ein Kündigungseinspruch ist nicht deshalb begründet, weil der Arbeitgeber kurz vorher noch andere Arbeitnehmer eingestellt hat. Nach einem Urteile des Berggewerbegerichtes Dortmund, Kammer Wattenscheid, vom 11. 9. 1924 liegt in einer Kündigung nicht schon deshalb eine unbillige, einen Kündigungseinspruch rechtfertigende Härte, weil der Arbeitgeber kurz vor der Kündigung wegen Arbeitsmangels noch andere Arbeitnehmer eingestellt hat, sofern diese Arbeitnehmer zu einer Zeit für den Betrieb verpflichtet worden waren, in der eine Betriebseinschränkung noch nicht zu befürchten war.

12. Die Entlassung wegen ungenügender Arbeitsleistungen, d. h. weil ein Arbeitnehmer nicht nur in einem Einzelfalle, sondern längere Zeit hindurch dauernd mit seinen Arbeitleistungen hinter der normalen und angemessenen Durchschnittsleistung gleichartiger Arbeitnehmer zurückbleibt, bedeutet nach einem im Hamburger Fremdenblatt Nr. 58 vom 27. 2. 1925 veröffentlichten Urteil des Arbeitsgerichtes Hamburg keine unbillige Härte, so daß gegen eine solche Kündigung das Einspruchsverfahren nach den §§ 84 ff. des Betriebsrätegesetzes vom Arbeitnehmer nicht mit Aussicht auf Erfolg durchgeführt werden kann.

13. Die befristete Kündigung wegen längerer Krankheit stellt nach einer Entscheidung des Gewerbegerichtes Berlin vom 26. 9. 1924 Nr. 1699/24 keine unbillige Härte dar, wenn sie ausgesprochen wird in einem Zeitpunkte, in welchem der Arbeitnehmer bereits vier Wochen krank ist und die Krankheit noch fortdauert, ohne daß die alsbaldige Wiedergesundung bestimmt in Aussicht steht. Unter den gleichen Voraussetzungen ist nach demselben Urteile auch die fristlose Entlassung gemäß § 123 Absatz 1, Ziffer 8, der Gewerbeordnung zulässig.

14. Kündigungseinspruch wegen Nichtberücksichtigung sozialer Gesichtspunkte bei der Auswahl der zu Entlassenden gelegentlich von Betriebseinschränkungen. Während der bekannte Bescheid des Reichsarbeitsministers vom 18. November 1923, Nr. X, 7807/23, und ein Urteil des Gewerbegerichts Pforzheim vom 6. Februar 1924 den Standpunkt vertreten, daß bei Entlassungen gelegentlich von Betriebsstillegungen trotz Aufhebung des § 13 der Demobilmachungsverordnung vom 12. Februar 1920 die sozialen Gesichtspunkte berücksichtigt werden müssen, wenn nicht der Kündigungseinspruch gemäß § 84, Ziff. 4, des Betriebsrätegesetzes gerechtfertigt sein soll, vertreten die von Priebe im Schlichtungswesen 1925, Heft 3, S. 43, in eingehender Begründung als richtig bezeichneten Urteile des Schlichtungsausschusses Karlsruhe vom 23. Oktober 1923 und des Gewerbegerichtes Durlach vom 4. September 1924 die Ansicht, daß ein Kündigungseinspruch bei Entlassungen in größerem Umfange nicht darauf gestützt werden kann, daß der Arbeitgeber die Auswahl der zu Entlassenden nicht nach sozialen Gesichtspunkten getroffen habe. Nach diesen Urteilen muß vielmehr der Kündigungseinspruch als unbegründet verworfen werden, wenn feststeht, daß die Betriebsverhältnisse zur Entlassung einzelner Arbeitnehmer zwangen, weil in diesem Falle die vielleicht mit der Kündigung verbundene Härte »durch die Betriebsverhältnisse bedingt ist«, und infolgedessen einen Kündigungseinspruch nicht rechtfertigt.

15. Befristete Kündigung wegen Verteilung kommunistischer Flugblätter außerhalb des Betriebes stellt nach einem Urteile des Gewerbegerichtes Berlin vom 23. Dezember 1924, Nr. 1826/1924 K 8, keine unbillige Härte dar. Gegen eine solche Kündigung kann daher mit Aussicht auf Erfolg Einspruch gemäß § 84, Ziffer 4, des Betriebsrätegesetztes nicht eingelegt werden.

16. Die befristete Kündigung von beschränkt arbeitsfähigen Arbeitnehmern, insbesondere von Arbeitsinvaliden bedeutet nach einem Urteile des Berggewerbegerichtes Dortmund, Kammer Essen III, vom 21. Januar 1925, auch dann keine unbillige, einen etwaigen Kündigungseinspruch rechtfertigende Härte im Sinne des § 84, Ziffer 4 des Betriebsrätegesetzes, wenn der Arbeitgeber aus Gründen der Betriebswirtschaftlichkeit in einer Zeit wirtschaftlicher oder betrieblicher Schwierigkeiten an die Stelle des gekündigten, beschränkt arbeitsfähigen Arbeitnehmers eine vollwertige Arbeitskraft einstellt.

17. Auch die Entlassung der sogenannten Doppelverdiener, d. h. der zweiten und dritten Personen aus derselben Familie, die gleichzeitig bei demselben Arbeitgeber beschäftigt sind, kann nach einem Urteil des Gewerbegerichtes Leipzig, Nr. 28/1925 (Leipziger Gerichtszeitung VI, Nr. 4), eine unbillige, einen Kündigungseinspruch gemäß § 84, Ziffer 4 des Betriebsrätegesetzes rechtfertigende Härte darstellen, wenn noch Arbeitnehmer weiter beschäftigt werden, die durch die Entlassung weniger hart betroffen würden als die tatsächlich zur Entlassung gekommenen Doppelverdiener, oder wenn die wirtschaftliche Betriebslage überhaupt nicht zur Entlassung einzelner Arbeitnehmer zwang. Dies gilt jedoch nach der Urteilsbegründung nicht auch für solche Fälle, in denen der Arbeitgeber ein für allemal mit der Betriebsvertretung vereinbart oder in der Arbeitsordnung oder sonstwie festgelegt hatte, daß sogenannte Doppelverdiener im Betriebe grundsätzlich nicht beschäftigt werden sollen.

18. Wegfall des Kündigungseinspruches auch bei vorübergehenden Stillegungen zum Zwecke der Aussperrung. Im Gegensatz zu dem unter Nr. XVIII angeführten Urteil des Gewerbegerichtes Freital vom 29. April 1924 und in Übereinstimmung mit der in Arbeitgeberkreisen vertretenen Ansicht entschied auch ein Gewerbegerichtsurteil mit Urteil vom 5. Mai 1924 (siehe Schlichtungswesen VI 10, S. 173), daß auch bei vorübergehender Betriebsstillegung zu Kampfzwecken, also insbesondere bei Aussperrungs-Stillegungen eine Stillegung im Sinne des § 85 und 96, Absatz 2, Ziffer 2 vorliege und infolgedessen gelegentlich solcher Stillegungen zur Kündigung und Entlassung von Betriebsvertretungsmitgliedern eine Zustimmung der Betriebsvertretung nicht erforderlich ist, und daß auch sonstige Arbeitnehmer gegen die gelegentlich solcher Stillegungen erfolgenden Kündigung einen Einspruch gemäß § 84 des Betriebsrätegesetzes nicht einlegen können.

19. Keine Einspruchsmöglichkeit von Gruppenangehörigen nach Wahlenthaltung ihrer Gruppe. Fehlt infolge Wahlenthaltung einer Arbeitnehmergruppe eine Gruppenvertretung, fehlt also beispielsweise wegen Wahlenthaltung der Angestellten ein besonderer Angestelltenrat, obwohl ein solcher Gruppenrat nach den gesetzlichen Bestimmungen notwendig wäre, so können Arbeitnehmer, die dieser Gruppe angehören, gegen eine etwaige Kündigung nach einem Urteile des Kaufmannsgerichtes Berlin vom 3. 10. 1924, Nr. 1315, III/24 keinen Einspruch aus § 84 des Betriebsrätegesetzes erheben. Sie können insbesondere nach der Urteilsbegründung trotz der Einleitungsworte in § 78 des Betriebsrätegesetzes keinen Kündigungseinspruch rechtsgültig bei dem etwa vorhandenen Betriebsrate anbringen. Diese Rechtsansicht ist jedoch in der Literatur sehr umstritten. Auf den gegenteiligen Standpunkt stellt sich beispielsweise Prof. Dr. Erdel in der Kartenauskunftei des Arbeitsrechtes in der Karte »Entlassung«.

20. Kündigungseinspruch auch bei Versetzung an einen anderen Arbeitsplatz? Im Gegensatz zu der herrschenden Meinung, nach der ein Kündigungseinspruch nur zulässig ist, wenn die Kündigung zu dem Zwecke erfolgt, den Arbeiter endgültig zu entlassen, entschied das Kaufmannsgericht Wandsbeck mit Urteil vom 30. 9. 1924, daß ein Kündigungseinspruch auch dann zulässig ist, wenn der Arbeitgeber dem Arbeitnehmer kündigt, dann aber die Kündigung zurücknimmt und den Arbeitnehmer bei gleicher Gehaltshöhe an einen anderen Arbeitsplatz versetzt. Man wird diese Entscheidung nicht als richtig anerkennen können, da Kündigungen zwecks Änderung der Lohn- und Arbeitsbedingungen sinngemäß nicht unter die Bestimmungen der §§ 84ff. des Betriebsrätegesetzes fallen.

21. Trotz Verringerung der Betriebsvertretung unter die gesetzlich vorgeschriebene Mindestzahl können gekündigte Arbeitnehmer nach einem ohne Datum in der Zeitschrift »Der Betriebsrat in der Holzindustrie« 1924, Nr. 11, S. 43, veröffentlichten Urteil des Arbeitsgerichtes Zweibrücken bei einer solchen Rumpfvertretung rechtsgültig Kündigungseinspruch einlegen. Dieses mit der herrschenden Meinung in Widerspruch stehende Urteil wird damit begründet, daß es der Arbeitgeber in der Macht habe, durch Bestellung eines Wahlvorstandes an Stelle einer unvollständigen Betriebsvertretung eine neue Betriebsvertretung ins Leben zu rufen, und daß er sich nicht auf die mangelhafte Zusammensetzung der Betriebsvertretung berufen könne, wenn dies ihm Vorteil und den gekündigten Arbeitnehmern Nachteil bringe.

22. Unmöglichkeit des Kündigungseinspruches nach Wahlenthaltung der Arbeitnehmergruppe. Auch nach einem Urteile des Gewerbegerichtes Berlin vom 19. Februar 1925 (Gewerbe- und Kaufmannsgericht 1925, Nr. 8, S. 395) können Arbeitnehmer gegen eine Kündigung trotz Vorliegens der sonstigen Voraussetzungen Kündigungseinspruch nicht erheben, wenn die Arbeitnehmergruppe, der sie angehören, sich bei der Betriebsratswahl der Beteiligung enthalten hat. Nach der Urteilsbegründung können insbesondere Arbeiter nicht rechtsgültig Einspruch beim Angestelltenrat und Angestellte nicht Kündigungseinspruch beim Arbeiterrat einlegen.

23. Auch bei einem nicht rechtmäßig bestehenden Betriebsrate, beispielsweise auch bei einem Betriebsrate, der nach Beilegung eines Arbeitskampfes trotz der Beendigung des Betriebsratsamtes durch die Streikentlassung und trotz Fehlens einer Friedensklausel sein Amt ohne Neuwahl wieder angetreten hatte, kann nach einem Urteile des Kammergerichtes vom 13. Februar 1925 (RABl. 1925, Nr. 16, S. 168) Kündigungseinspruch rechtsgültig eingelegt werden. Diese Ansicht des Kammergerichtes ist allerdings in Literatur und Rechtsprechung äußerst umstritten.

24. Beim Fehlen einer Betriebsvertretung kann nach einem allerdings umstrittenen, in Nr. 356 der Kölnischen Zeitung veröffentlichten Urteil des Gewerbegerichtes Köln der gekündigte Arbeitnehmer beim Gewerbe- oder Kaufmannsgericht auf Ersatz des Schadens klagen, der ihm dadurch entstanden ist, daß er wegen des Fehlens einer Betriebsvertretung gegen die Kündigung keinen Einspruch erheben und keine Abfindungssumme für den Fall der Ablehnung der Weiterbeschäftigung verlangen kann. Das Gewerbegericht Köln begründet diesen Standpunkt mit der Erwägung, daß der Arbeitgeber eine ihm im Betriebsrätegesetz auferlegte Rechtspflicht verletzt und dadurch dem Arbeitnehmer Schaden zufügt, wenn er es unterläßt, rechtzeitig durch Bestellung eines Wahlvorstandes für die Neuwahl einer Betriebsvertretung zu sorgen. Im Einzelfalle muß allerdings der auf Schadenersatz klagende Arbeitnehmer nach Ansicht des Gewerbegerichtes Köln nachweisen, daß die Kündigung eine unbillige Härte bedeute, und daß er mit aller Wahrscheinlichkeit bei einer Einspruchsklage ein obsiegendes Urteil erwirkt haben würde.

i) Welche Formvorschriften sind beim Einspruchsverfahren zu beachten?

1.—7. siehe Band I, S. 113—116.

8. Form des Kündigungseinspruches bei der Betriebsvertretung. Nach einem Urteile des Gewerbegerichtes Grimma vom 8. 1. 25 muß der Kündigungseinspruch in einer Form bei der Betriebsvertretung eingelegt werden, aus der sich unzweideutig die Absicht des Einspruches und die Begründung desselben ergibt. Wenn auch im einzelnen eine bestimmte Form für den Kündigungseinspruch nicht vorgeschrieben ist, so genügt es nach dem vorerwähnten Urteile doch nicht, wenn der gekündigte Arbeitnehmer innerhalb der Einspruchsfrist lediglich erklärt, er könne sich die Kündigung nicht gefallen lassen und beantrage eine Sitzung der Betriebsvertretung.

9. Anbringung des Kündigungseinspruches beim Betriebsrat an Stelle des fehlenden Gruppenrates. Im Gegensatz zu den unter den Nr. XIII h 22 und i 10 bekanntgegebenen Urteilen anderer Gerichte, denen zufolge beim Fehlen eines Gruppenrates wegen Wahlenthaltung der betreffenden Arbeitnehmergruppe Angehörige dieser Gruppe ein Einspruchsrecht gegen Kündigungen überhaupt nicht haben, entschied das Landgericht Frankfurt mit Urteil vom 24. 6. 1924 Nr. 2, S. 95/24, daß der Arbeitnehmer beim Fehlen eines Gruppenrates auch dann gemäß § 78 des Betriebsrätegesetzes den Kündigungseinspruch beim vorhandenen Betriebsrat, d. h. beim anderen Gruppenrate anbringen kann, wenn seine Arbeitnehmergruppe durch Wahlenthaltung das Fehlen eines Gruppenrates selbst verschuldet hat.

10. Keine Anbringung des Kündigungseinspruches beim Angestelltenrat wegen Fehlens eines Arbeiterrates. Das Gewerbegericht Hamburg entschied mit Urteil vom 25. April 1924 (Hanseatische Gerichtszeitung, Jahrg. 1, Heft 22, S. 92, Nr. 48), daß in Fällen, in denen ein Arbeiterrat wegen Wahlenthaltung der Arbeitergruppe fehlt, ein Arbeiter gegen eine ihm zugestellte Kündigung nicht etwa einen Kündigungseinspruch gültig beim Angestelltenrat anbringen kann. Nach der Urteilsbegründung hat der Angestelltenrat nicht die besonderen Gruppenratsaufgaben eines fehlenden Arbeiterrates zu erledigen. Es käme höchstens eine Vertretung des fehlenden Arbeiterrates durch den etwa vorhandenen Betriebsrat gemäß § 78 des Betriebsrätegesetzes in Frage. In dieser Beziehung sei jedoch verwiesen auf das oben angeführte Urteil des Kaufmannsgerichtes Berlin vom 3. 10. 1924.

11. **Ungültigkeit des Kündigungseinspruches wegen Nichtbeteiligung des gesamten Gruppenrates bei den Verständigungsverhandlungen.** Nach einem Urteile des Kammergerichtes vom 28. Juni 1924 (Gewerbe- und Kaufmannsgericht XXX, Spalte 162, Nr. 34) muß die Einspruchsklage eines gekündigten Arbeitnehmers wegen Nichtbeachtung der gesetzlichen Formvorschriften abgewiesen werden, wenn sich herausstellt, daß nicht der Gruppenrat in seiner Gesamtheit in einer ordnungsmäßig einberufenen Sitzung eine Verständigung mit dem Arbeitgeber versucht hat, daß vielmehr nur der Vorsitzende des Gruppenrates allein oder auch nur unter Zuziehung des einen oder anderen Gruppenratsmitgliedes mit dem Arbeitgeber über den Kündigungseinspruch verhandelt hat. Die Verhandlung des Vorsitzenden allein mit dem Arbeitgeber genügt als Verständigungsverhandlung nach Ansicht des Kammergerichtes nur dann, wenn zwischen dem Arbeitgeber und der Betriebsvertretung ein solch vereinfachtes Verständigungsverfahren ausdrücklich vereinbart worden ist.

12. **Keine Unwirksamkeit des Einspruchsurteils wegen Nichttätigkeit des Betriebsrates.** Hat das Arbeitsgericht auf Grund einer Kündigungseinspruchsklage eines Arbeitnehmers den Arbeitgeber zur Weiterbeschäftigung des Arbeitnehmers oder zur Zahlung einer Abfindungssumme verpflichtet, so ist dieses Urteil nach einer Entscheidung des Landgerichtes Frankfurt vom 24. 6. 1924 Nr. 2, S. 95/24, auch dann gültig und unanfechtbar, wenn der Betriebsrat sich aus irgendeinem Grunde mit dem rechtzeitig bei ihm erhobenen Einspruch nicht befaßt hat, und wenn er auch keine Verständigungsverhandlungen mit dem Arbeitgeber geführt hat.

13. **Die Gültigkeit des Kündigungseinspruches** setzt ein ordnungsmäßiges Zustandekommen des Beschlusses des Gruppenrates voraus. Nach einem im Schlichtungswesen 1925, Nr. 3, S. 47, veröffentlichten Urteil des G e w e r b e g e r i c h t e s B e r l i n, Nr. 119/25, muß der Kündigungseinspruch auf Antrag des Arbeitgebers vom Arbeitsgericht verworfen werden, wenn sich herausstellt, daß keine formgültige Prüfung des Kündigungseinspruches und der Beschlußfassung der Betriebsvertretung stattgefunden hat. Nach

diesem Urteil genügt es insbesondere nicht, daß der Vorsitzende des Gruppenrates zu der Beratung über den Kündigungseinspruch nur die gerade erreichbaren Gruppenratsmitglieder zuzieht. Es muß vielmehr der gesamte Gruppenrat ordnungsmäßig geladen werden. Dagegen ist ein Kündigungseinspruch nicht schon deshalb unwirksam, weil der Gruppenrat es unterlassen hat, das Ergebnis der ordnungsmäßig abgehaltenen Sitzung und Beschlußfassung in einem der Vorschriften des § 33 des Betriebsrätegesetzes entsprechenden Protokolle niederzulegen.

14. **Unwirksamkeit des Kündigungseinspruches wegen Nichtverhandlung des Einspruches in einer ordnungsmäßigen Sitzung des Gruppenrates.** Unterläßt es der Gruppenrat, einen rechtzeitig eingegangenen Kündigungseinspruch eines Arbeitnehmers in einer ordnungsmäßigen Gruppenratssitzung zu besprechen und auch in einer offiziellen Sitzung des Gruppenrates nach Einladung des Arbeitgebers mit dem Arbeitgeber eine Verständigung zu erstreben, so verliert der Kündigungseinspruch seine Wirksamkeit. Es genügt nach einem Urteil des Kaufmannsgerichtes Hamburg vom 4. September 1924 insbesondere nicht, daß der Vorsitzende des Gruppenrates den Einspruch nur gelegentlich mit einzelnen Gruppenratsmitgliedern bespricht und einen nicht verantwortlichen und unzuständigen Angestellten des Arbeitgebers befragt, ob und wann über den Einspruch verhandelt werden könne.

15. **Berücksichtigung des § 29 des Betriebsrätegesetzes bei Verständigungsverhandlungen gemäß § 86 des Betriebsrätegesetzes** ist nach einem Urteile des Kammergerichtes vom 28. Juni 1924 Nr. 8 N 5037/24 in allen Fällen notwendig, in denen nicht ein- für allemal zwischen der Betriebsvertretung und dem Gruppenrat ein vereinfachtes Verständigungsverfahren vereinbart worden ist. Infolgedessen muß ein Kündigungseinspruch mangels Vereinbarung eines erleichterten Verständigungsverfahrens vom Gerichte abgewiesen werden, wenn sich herausstellt, daß der Gruppenrat es unterlassen hat, unter Beachtung des § 29 des Betriebsrätegesetzes eine Gruppenratssitzung ordnungsmäßig einzuberufen und hierzu den Arbeitgeber rechtzeitig einzuladen.

16. **Mangels Vorprüfung des Kündigungseinspruches durch den Gruppenrat** muß nach einem Urteile des Gewerbegerichtes Berlin, Nr. 245—248/25 K 7 vom 24. März 1925 die Einspruchsklage gekündigter Arbeitnehmer unbedingt abgewiesen werden, wenn der Gruppenrat es unterlassen hat, den Kündigungseinspruch in einer ordnungsmäßig einberufenen Sitzung zu prüfen, oder wenn er nicht in einem formellen Verfahren versucht hat, eine Verständigung mit dem Arbeitgeber zu erzielen.

17. **Die nähere Begründung der Einspruchsklage** braucht nach einem in der Zeitschrift »Der deutsche Bankangestellte« Nr. 15, S. 156, veröffentlichten Entscheidung des Kaufmannsgerichts Dresden nicht unbedingt innerhalb der fünftägigen Klagefrist der §§ 86 f

des Betriebsrätegesetzes gegeben zu werden. Die Begründung kann vielmehr im einzelnen noch später nachgeholt werden. Es genügt, wenn in der Einspruchsklage selbst angegeben wird, daß die Verurteilung des Arbeitgebers auf Grund des § 84, Ziffer 4 des Betriebsrätegesetzes oder einer anderen Bestimmung des § 84 des Betriebsrätegesetzes beantragt wird.

18. **Die Unterzeichnung der Einspruchsklage** innerhalb der für die Einreichung der Klage im § 86 des Betriebsrätegesetzes gesetzten Frist ist nach einem in den Blättern für Arbeitsrecht 1925, Nr. 9, veröffentlichten Urteil des Gewerbegerichtes Berlin vom 27. November 1924, Nr. 1618/24, K 11 Voraussetzung für die Rechtsgültigkeit des Kündigungseinspruches und die Berechtigung des Arbeitsgerichtes, dem Einspruch stattzugeben.

19. **Die fünftägige Frist zur Anrufung des Arbeitsgerichtes gemäß § 86 des Betriebsrätegesetzes** beginnt nach einem im Schlichtungswesen 1925, Nr. 3, S. 49 veröffentlichten Urteil des Gewerbegerichtes Berlin vom 27. November 1924, Nr. 1896/24, K 11 nicht schon mit dem Tage des Scheiterns der Verständigungsverhandlungen, sondern erst mit Ablauf der für die Verständigungsverhandlungen gesetzten Wochenfrist.

20. **Notwendigkeit einer klaren Antragstellung innerhalb der 5tägigen Anrufungsfrist bei der Einspruchsklage.** Gemäß Urteil des Kaufmannsgerichtes Heidelberg vom 15. 9. 1924 ist eine Kündigungseinspruchsklage rechtsunwirksam und kann nach Ablauf der 5tägigen Anrufungsfrist nicht mehr ergänzt oder erneuert werden, wenn sie keinen den Erfordernissen des § 253 der Zivilprozeßordnung genügenden bestimmten Antrag enthält und auch vor Ablauf der 5tägigen Anrufungsfrist durch nachträgliche Stellung eines entsprechenden bestimmten Antrages nicht ergänzt worden ist.

Diese Ansicht ist in der Literatur lebhaft umstritten. Sie wird besonders bekämpft durch Dr. Gros in der Kartenauskunftei des Arbeitsrechtes, Karte »Arbeitsgericht; III Verfahren, 2. Anrufung und Fristwahrung«.

21. **Eine Änderung der Begründung der Einspruchsklage** etwa in der Weise, daß die Kündigung zunächst auf unbillige Härte im Sinne des § 84, Ziffer 4, des Betriebsrätegesetzes gestützt und erst im Laufe des Prozeßverfahrens als tendenziöse Kündigung gemäß Ziffer 1 des § 84 des Betriebsrätegesetzes bekämpft wird, stellt nach einem Urteile des Gewerbegerichtes Stettin vom 30. Juli 1924 eine unzulässige Klageänderung dar, mit der sich der Arbeitgeber nicht einverstanden zu erklären braucht.

22. **Zulässigkeit der Anrufung der ordentlichen Gerichte trotz Verwerfung des Kündigungseinspruches durch den Gruppenrat.** In der bekannten Streitfrage, ob ein fristlos entlassener Arbeitnehmer noch zwecks Feststellung der Unzulässigkeit der fristlosen Entlassung und mit dem Antrage auf Fortzahlung des Gehaltes für die Kündigungszeit das ordentliche Gericht anrufen kann, wenn

der Gruppenrat den Kündigungseinspruch für unbegründet erklärt und damit dem Arbeitnehmer die Einspruchsklage beim Arbeitsgerichte unmöglich gemacht hat, entschied das Reichsgericht mit Urteil vom 26. Februar 1924, Nr. III, 287/23 (Sammlung der Entscheidungen des Reichsgerichts in Zivilsachen, Bd. 108, S. 98), daß die Verwerfung des Einspruchs durch den Gruppenrat die Anrufung des ordentlichen Gerichts wegen der fristlosen Entlassung nicht unmöglich macht.

23. Aussetzung des Einspruchsverfahrens vor dem Arbeitsgericht. Auch nach den Entscheidungen des Landgerichtes Cottbus vom 30. Juli 1924 und des Oberlandesgerichtes Naumburg vom 22. August 1924 muß das Einspruchsverfahren vor dem Arbeitsgerichte ausgesetzt werden, wenn der Arbeitgeber gemäß § 86, Absatz 2, des Betriebsrätegesetzes die Aussetzung beantragt, um eine gerichtliche Entscheidung über das Vorliegen eines wichtigen Kündigungsgrundes herbeizuführen. Gibt das Arbeitsgericht einem solchen Antrage nicht statt, so steht dem Arbeitgeber das Recht der Beschwerde an das Landgericht und das Recht der weiteren Beschwerde an das Oberlandesgericht gemäß den §§ 252 und 267 der Zivilprozeßordnung zu.

24. Die Aussetzung des Verfahrens gemäß § 86 des Betriebsrätegesetzes im Einspruchsverfahren kann nach einem mit der herrschenden Meinung allerdings im Widerspruche stehenden Urteile des Amtsgerichtes Königsberg vom 17. Oktober 1924 vom Arbeitgeber oder Arbeitnehmer nicht mehr verlangt werden, seitdem für die Entscheidung der Einspruchsklagen nicht mehr die Schlichtungsausschüsse sondern die Arbeitsgerichte zuständig sind.

25. Gegenüber der Ablehnung des Antrages auf Aussetzung des Einspruchverfahrens zwecks Herbeiführung einer Entscheidung über das Vorliegen eines wichtigen Grundes steht dem Arbeitgeber nach einem Beschlusse des Oberlandesgerichts Naumburg a. S. vom 22. August 1924 das Recht der Beschwerde an das Landgericht und der weiteren Beschwerde an das Oberlandesgericht nach den Bestimmungen der §§ 567 ff. der Zivilprozeßordnung zu.

26. Trennung der Entscheidungen des Arbeitsgerichtes im Einspruchsverfahren nach dem Grunde und nach der Höhe des Anspruches. Nach einem Urteile des Kammergerichtes vom 13. Februar 1925 (RABl. 1925, Nr. 16, S. 168), welches allerdings in der Literatur umstritten ist, kann das Arbeitsgericht nach freiem Ermessen aus Zweckmäßigkeitsgründen über die im Einspruchsverfahren nach den §§ 84 ff. festzusetzende Entschädigung dem Grunde und der Höhe nach in getrennten Entscheidungen urteilen.

27. Anrufung des ordentlichen Gerichtes nach Abweisung der Einspruchsklage bei fristloser Entlassung. Über ein Urteil des Reichsgerichts vom 26. Februar 1924 hinaus entschied ein allerdings umstrittenes Urteil des Landgerichts I Berlin vom 22. Dezember 1924,

Nr. 23, O 374/24, daß der fristlos entlassene Arbeitnehmer wegen der fristlosen Entlassung das ordentliche Gericht im Wege der Klage auch dann noch anrufen kann, wenn das Arbeitsgericht die Einspruchsklage gemäß § 84 ff. des Betriebsrätegesetzes abgewiesen hat.

k) Welche Sonderbestimmungen gelten für die Entlassung von Betriebsvertretungsmitgliedern?

1.—8. siehe Band I, S. 116—118.

Weitere Entscheidungen siehe unter Nr. XI, XVIII, XXII.

l) Welche Sonderbestimmungen gelten für die Entlassung von Schwerbeschädigten?

Entscheidungen siehe unter der Nummer XV.

m) Welche Sonderbestimmungen gelten für Entlassungen bei Arbeitskämpfen?

Entscheidungen siehe unter den Nummern XIII c und XXII.

n) Welche Sonderbestimmungen gelten für Entlassungen bei Betriebsstillegungen und Betriebseinschränkungen?

1. siehe Band I, S. 119.

Weitere Entscheidungen siehe unter den Nrn. XI und XIIIc.

o) Wie sind die Entlassungspapiere und Zeugnisse auszustellen?

1.—4. siehe Band I, S. 120—121.

5. **Bezeichnung des Entlassungsgrundes.** Während im allgemeinen der Standpunkt vertreten wird, daß der Arbeitgeber in einem Zeugnis, welches auf Verlangen des Arbeitnehmers auf Führung und Leistung ausgedehnt werden soll, den Entlassungsgrund, wenn er ihn überhaupt angibt, so deutlich angeben muß, daß dritte ihn klar erkennen können, ist es nach einem Urteile des Landgerichtes Hamburg vom 31. 10. 1923 zulässig, daß der Arbeitgeber im Zeugnis lediglich sagt, der Arbeitnehmer sei »wegen Kontraktbruches« entlassen. Mit Rücksicht auf entgegenstehende Entscheidungen empfiehlt es sich jedoch, bei Entlassungen wegen Kontraktbruches zur Vermeidung von Unannehmlichkeiten die Art des Kontraktbruches näher anzugeben, also beispielsweise zu sagen, daß die Entlassung wegen Arbeitsniederlegung im Streik oder etwa wegen unentschuldigten Fehlens erfolgt ist.

6. **Den Wortlaut des Zeugnisses** hat nach einem Urteil des Kaufmannsgerichts Hamburg vom 22. Oktober 1924 (Hanseatische Gerichtszeitung, Abt. Arbeitsrecht, S. 21, 1925) der Arbeitgeber und nicht der Arbeitnehmer zu bestimmen. So kann nach diesem Urteil der Arbeitnehmer nicht verlangen, daß ein Zeugnis, welches lautet, daß der Arbeitnehmer »mit befriedigendem Erfolge« gearbeitet habe, dahin umgeändert wird, der Arbeitnehmer habe »zu unserer Zufriedenheit gearbeitet«.

7. **Die Bescheinigung „selbständigen" Arbeitens im Zeugnisse** können nach einem Urteile des Gewerbegerichtes Dortmund vom 26. 1. 1925 (Gewerbe- und Kaufmannsgericht 70, 7, S. 354) nur solche Techniker verlangen, die tatsächlich die Tätigkeit eines geistig schöpferisch tätigen Konstrukteurs ausgeübt haben.

8. **Keinen Entlassungsschein neben dem Zeugnis.** Auch nach einem Urteil des Gewerbegerichtes Berlin vom 20. November 1924 (Schlichtungswesen VII, 2, S. 26) ist der Arbeitgeber nicht verpflichtet, dem Arbeitnehmer neben dem Zeugnis eine besondere Entlassungsbescheinigung zum Zwecke der Erwerbslosenfürsorge auszustellen. Der Arbeitgeber muß lediglich dem Arbeitsnachweis selbst auf Verlangen über den Grund der Entlassung Auskunft geben. (Vgl. Goerrig, »Das Arbeitsrecht in der Praxis«, Bd. I, XIII, B o 3, S. 120.)

9. **Einen Entlassungsschein für die Zwecke der Erwerbslosenfürsorge** kann der Arbeitnehmer vom Arbeitgeber nach einem Urteile des Gewerbegerichtes München vom 11. Februar 1925 trotz des Fehlens ausdrücklicher einschlägiger Gesetzesbestimmungen nach den Grundsätzen von Treu und Glauben verlangen. (Vergl. jedoch Nr. 8.)

10. **Zur Zusendung des Zeugnisses** an entlassene oder ausgeschiedene Arbeitnehmer ist der Arbeitgeber nach einem Urteile des Kaufmanngerichtes Berlin vom 7. Mai 1924, Nr. 561/24 K VII (Blätter für Arbeitsrecht 1925, Nr. 7), nicht verpflichtet, es sei denn, daß der Arbeitnehmer vergeblich vorgesprochen hat, um das bereits fällige Zeugnis abzuholen.

11. **Keine Pflicht des Arbeitgebers zur mündlichen Auskunftserteilung über den Arbeitnehmer.** Nach einem Urteile des Gewerbegerichtes Hamburg (Mitteilungen der Handwerkskammer Münster 1924, Nr. 30) ist der Arbeitgeber nicht verpflichtet, mündlich über einen früheren Arbeitnehmer Auskunft zu erteilen. Infolgedessen kann ein Arbeitnehmer nicht etwa Ersatz des Schadens verlangen, der ihm daraus erwachsen ist, daß der Arbeitgeber sich einem anderen Arbeitgeber gegenüber geweigert hat, Auskunft über den Arbeitnehmer zu erteilen. Dies gilt auch dann, wenn der andere Arbeitgeber aus der Verweigerung der Auskunfterteilung ungünstige Schlüsse gezogen hat.

p) Welche Rechtsfolgen erwachsen aus verspäteter oder falscher Ausstellung von Entlassungspapieren und aus nachteiliger Auskunftserteilung?

1.—4. siehe Band I, S. 121—122.

q) Wann und in welcher Höhe ist eine Abfindungssumme zu zahlen?

1.—3. siehe Band I, S. 122—123.

4. **Die Zuerkennung einer höheren als der beantragten Entschädigungssumme** durch das Arbeitsgericht ist nach einem Urteil des Gewerbegerichtes Berlin vom 10. September 1924, Nr. 1627/24, 11, zulässig, da der § 308, Absatz 1 der Zivilprozeßordnung, nach welchem das Gericht im allgemeinen nicht befugt ist, einer Partei etwas zuzusprechen, was nicht beantragt ist, nach der Urteilsbegründung im Kündigungseinspruchsverfahren abgeändert ist durch den § 87, Absatz 2, des Betriebsrätegesetzes, der dem Arbeitsgericht die Amtspflicht auferlegt, die Entschädigung im gesetzlichen Rahmen nach freiem Ermessen festzusetzen.

5. **Nachträgliche Festsetzung der Entschädigungssumme durch das Arbeitsgericht.** Entgegen der herrschenden Meinung, die bekanntlich besagt, daß Entscheidungen der Arbeitsgerichte im Einspruchsverfahren nur gültig sind, wenn gleichzeitig mit der Verurteilung des Arbeitgebers zur Weiterbeschäftigung für den Fall der Ablehnung der Weiterbeschäftigung eine Entschädigung festgesetzt wird, entschied das Gewerbegericht Berlin mit Urteil vom 25. Januar 1924 (Schlichtungswesen VI, 3, S. 34), daß die Entschädigungssumme auch noch nachträglich festgesetzt werden kann, wenn der Arbeitgeber die Weiterbeschäftigung ausdrücklich oder dadurch abgelehnt hat, daß er sich nicht in den ersten drei Tagen nach Verkündung der Entscheidung des Arbeitsgerichtes zur Weiterbeschäftigung bereit erklärt hat.

6. **Trotz Verurteilung des Arbeitgebers zur Weiterbeschäftigung** bzw. Zahlung einer Abfindungssumme bleibt nach einem allerdings umstrittenen Urteile des Landgerichtes Bremen vom 2. 6. 1923 (s. Hanseatische Gerichtszeitung, Abt. Arbeitsrecht 2, 12/13 S. 69) der Anspruch des Arbeitnehmers zur Fortzahlung des Lohnes oder des Gehaltes auf Grund des Arbeitsvertrages bis zum Ablauf der Kündigungsfrist, insbesondere in den Fällen unberechtigter fristloser Entlassung bestehen. Nur muß der Arbeitnehmer nach Ansicht des Landgerichtes Bremen sich in solchen Fällen die ihm auf Grund der im Einspruchsverfahren ergangenen Entscheidung des Arbeitsgerichtes gezahlte Entschädigung voll auf das bis zum Ablauf der Kündigungsfrist etwa verlangte und zustehende Gehalt anrechnen lassen.

7. **Fortzahlung des Gehaltes neben der Abgangsentschädigung** des § 87 des **Betriebsrätegesetzes** können nach einem allerdings anfechtbaren Urteile des Gewerbegerichtes Zwickau vom 27. März 1925, Nr. 2 G 43/25/6 Schwerbeschädigte nach Erlangung eines obsiegenden Urteiles des Arbeitsgerichtes im Kündigungseinspruchsverfahren bis zu dem Zeitpunkte verlangen, in welchem sie sich mit der Kündigung ausdrücklich oder stillschweigend, beispielsweise durch Aufnahme der Arbeit bei einer anderen Firma einverstanden erklärt haben. Dieses Urteil dürfte anfechtbar sein, weil die Kündigung eines Schwerbeschädigten entweder wegen Vorliegens eines wichtigen Kündigungsgrundes oder nach Erteilung der Zustimmung der Hauptfürsorgestelle rechtswirksam und unanfechtbar oder mangels Vorliegens dieser Voraussetzungen unwirksam, in beiden Fällen also nicht einspruchsfähig ist. Erkennt der Schwerbeschädigte, wenn auch nachträglich, eine ohne Zustimmung der Hauptfürsorgestelle und mangels Vorliegens eines wichtigen Kündigungsgrundes ausgesprochene Kündigung an, so kann er ebenfalls nach der herrschenden Meinung einen Kündigungseinspruch nicht mehr erheben, da die Anerkennung der Kündigung einen Verzicht auf das Einspruchsrecht in sich schließt.

r) Welche Zeit ist zum Aufsuchen einer neuen Stelle freizugeben?

1. siehe Band I, S. 123.

s) Welche Rechtswirkungen haben Abfindungsquittungen?

1.—2. siehe Band I, S. 123—124.

8. **Verlust auch des Kündigungssonderschutzes der Betriebsvertretungsmitglieder** tritt nach einer in Nr. 3 der Beilage der Gewerkschaftszeitung »Arbeiterrecht und Arbeiterversicherung« vom März 1925 veröffentlichten Entscheidung des G e w e r b e g e r i c h t e s P i r n a vom 20. Februar 1924 ein, wenn ein Betriebsvertretungsmitglied eine Ausgleichsquittung unterzeichnet oder auch sein Zeugnis und seine Entlassungspapiere widerspruchslos annimmt. In diesem Falle wird auch die vorher ohne Zustimmung der Betriebsvertretung ausgesprochene Kündigung des Arbeitgebers rechtswirksam.

XIV. Schutz der Kinder, Jugendlichen und Frauen.

A. Einschlägige Gesetzesbestimmungen.

1.—6. Siehe die unter Nr. VIII A aufgeführten Gesetze.

7. Gesetz betr. Kinderarbeit in gewerblichen Betrieben vom 30. März 1903 (RGBl. S. 113).

XV. Schutz der Schwerbeschädigten.

A. Einschlägige Gesetzesbestimmungen.

1. Gesetz über die Beschäftigung Schwerbeschädigter vom 12. Januar 1923 (RGBl. S. 57).
2. Ausführungsverordnung zum Gesetz über die Beschäftigung Schwerbeschädigter vom 13. Februar 1924 (RGBl. I S. 73).
3. Betriebsrätegesetz vom 4. Februar 1920 (RGBl. S. 147).

B. Die wichtigsten Einzelfragen.

a) Wie weit ist der Arbeitgeber zur Neueinstellung von Schwerbeschädigten verpflichtet?

1. siehe Band I, S. 126.

b) Wie weit genießen Schwerbeschädigte Sonderschutz bei Arbeitsstreckung und Betriebsstillegung?

1.—5. siehe Band I, S. 126—128.

6. **Bei Wiederaufnahme eines stillgelegten Betriebes** braucht der Arbeitgeber nach einem Urteil des Gewerbegerichts Bonn vom 19. Januar 1925, Nr. 2/25 (s. Arbeitsr. Beilage der Mitteilungen der Vereinigung der Deutschen Arbeitgeberverbände 1925/19) nur eine der Verringerung der Belegschaft entsprechende Zahl von Schwerbeschädigten wieder einzustellen, falls zunächst der Betrieb mit einer kleineren Belegschaft wieder aufgenommen wird. (Vgl. Goerrig, Das Arbeitsrecht in der Praxis, Bd. I, Nr. XV, B b 1 bis 3.)

7. **Sonderschutz der Schwerbeschädigten auch bei Arbeitsstreckung?** Nach der herrschenden Meinung und nach den bei Goerrig, »Das Arbeitsrecht in der Praxis«, Bd. I, unter Nr. XV, B b 1 bis 5, S. 126, veröffentlichten Entscheidungen genießen Schwerbeschädigte bei Arbeitstreckungen und den dadurch bedingten Lohn- und Gehaltskürzungen gegenüber den übrigen Arbeitnehmern keinerlei Sonderschutz. Im Gegensatz hierzu besagt allerdings eine vereinzelte Entscheidung des Schwerbeschädigtenausschusses der Hauptfürsorgestelle Stuttgart vom 29. August 1924, daß schwerbeschädigte Arbeitnehmer sich auch nach ordnungsmäßiger Ankündigung der Arbeitsstreckung und der dadurch bedingten Lohn-

und Gehaltskürzung eine Verkürzung ihrer Bezüge nur dann gefallen zu lassen brauchen, wenn sie selbst oder die Hauptfürsorgestelle der Arbeitsstreckung ausdrücklich zugestimmt haben.

8. **Fristlose Entlassung von Schwerbeschädigten bei Betriebsstillegung** ist nach einem Urteile des Gewerbegerichtes Glogau vom 21. 1. 1924 zulässig und rechtsgültig, wenn die Betriebsstillegung unter Beachtung der Stillegungsverordnung und aus einem Grunde erfolgt, der vom Arbeitgeber nicht zu vertreten ist.

c) Wie weit genießen Schwerbeschädigte Sonderschutz bei Arbeitskämpfen?

1.—3. siehe Band I, S. 128—129.

4. **Fristlose Entlassung von Schwerbeschädigten bei Aussperrungen.** Im Gegensatz zu dem im »Arbeitgeber« XIV 8, 275 veröffentlichten Urteil des Gewerbegerichts Hamburg vom 5. September 1923 und der Abhandlung von Potthoff im Arbeitsrecht X, S. 295 ff., und in Übereinstimmung mit dem Urteil des Gewerbegerichts Königsberg vom 27. Februar 1924, veröffentlicht im Reichsarbeitsblatt 1924, S. 324, und des Gewerbegerichts Leipzig vom 15. Dezember 1923 (Gewerbe- und Kaufmannsgericht XXIX, S. 72 ff.) sowie der in vielen Abhandlungen vertretenen Auffassung entschied das Landgericht Dortmund mit Urteil vom 22. Dezember 1924, Nr. II, 1, S. 522/24 (Schlichtungswesen 1925, Nr. 3, S. 52), daß bei Aussperrungen die fristlose Entlassung von Schwerbeschädigten nicht ohne weiteres und in jedem Falle nach § 13, Absatz 3, des Schwerbeschädigtengesetzes zulässig sei, da die Bestimmung des § 13, Absatz 3, nicht ein Recht zur fristlosen Entlassung von Schwerbeschädigten bei Aussperrungen habe schaffen, sondern lediglich habe besagen wollen, daß der Sonderschutz der Schwerbeschädigten während der Arbeitskämpfe wegfällt, dagegen nach den Arbeitskämpfen wieder auflebt, sofern die Schwerbeschädigten keinen besonderen, zur fristlosen Entlassung berechtigenden Grund gegeben haben. Dagegen steht auch das Landgericht Dortmund mit der herrschenden Meinung auf dem Standpunkte, daß auch arbeitswillige Schwerbeschädigte bei Arbeitskämpfen und Aussperrungen jedenfalls bis zur Beendigung des Arbeitskampfes und der dann etwa notwendig werdenden Wiedereinstellung ohne Lohnanspruch vom Arbeitgeber beurlaubt werden können, wenn für sie infolge des Arbeitskampfes und der dadurch bedingten Betriebsstillegung eine produktive Beschäftigungsmöglichkeit nicht vorhanden ist. Bestimmungen der Arbeitsordnung oder eines Tarifvertrages, die besagen, daß nur die wirklich geleistete Arbeit bezahlt wird und daß der Lohnanspruch für die Zeit der Arbeitsbehinderung wegfällt, gelten nach diesem Urteile auch für Schwerbeschädigte in demselben Umfange wie für die übrigen Arbeitnehmer des Betriebes.

5. **Schwerbeschädigtenschutz bei Sympathieaussperrungen.** Gestützt auf den vom Reichsgericht aufgestellten Grundsatz, daß Unternehmer und Arbeiterschaft eine Betriebsgemeinschaft bilden und daß auf Grund der Gemeinschaftsideen Arbeitswillige bei Arbeitskämpfen den Lohnanspruch für die Zeit des Streiks oder der Aussperrung der Arbeitnehmermehrheit verlieren, stehen bekanntlich die meisten Gerichte und Arbeitsrechtler auf dem Standpunkte, daß auch Schwerbeschädigte keinen Anspruch auf Fortzahlung des Lohnes oder Gehaltes haben und auch fristlos entlassen werden können, wenn die Mehrheit oder ein betriebswichtiger Teil der Belegschaft streikt oder wenn der Arbeitgeber die Belegschaft wegen Unbotmäßigkeit oder aus ähnlichen, von der Belegschaft verschuldeten Gründen aussperren muß. Dieser Grundsatz gilt jedoch nach einem Urteile des Landgerichtes Stettin vom 29. 9. 1924 nicht, wenn der Arbeitgeber eine Sympathieaussperrung zugunsten eines anderen Betriebes als Mitglied eines Arbeitgeberverbandes ausspricht. In diesem Falle behalten die arbeitswilligen Schwerbeschädigten auch während der Aussperrung nach Ansicht des Landgerichtes Stettin ihren Lohnanspruch und können auch nicht fristlos oder ohne Zustimmung der Hauptfürsorgestelle entlassen werden.

6. **Auch bei Aussperrungen** bedarf der Arbeitgeber nach einem Urteile des Gewerbegerichtes Königsberg vom 28. März 1924 zur Kündigung von Schwerbeschädigten der Zustimmung der Hauptfürsorgestelle, sofern die Schwerbeschädigten nicht durch ihr persönliches Verhalten einen zur fristlosen Entlassung berechtigenden wichtigen Kündigungsgrund gegeben haben.

7. **Arbeitswillige Schwerbeschädigte** braucht der Arbeitgeber nach einem Urteile des Landgerichtes Kiel vom 13. März 1925 nur dann wegen der Unmöglichkeit produktiver Weiterbeschäftigung für die Dauer des Streiks des größeren Teiles der Belegschaft nicht zu bezahlen, wenn er entweder überhaupt keine — wenn auch unproduktive — Beschäftigungsmöglichkeit hatte, oder wenn er dem Schwerbeschädigten Arbeit angeboten, dieser jedoch die Arbeitsleistung abgelehnt hatte mit der Begründung, er könne es mit Rücksicht auf den Terrorismus des streikenden Teiles der Belegschaft nicht wagen, zur Arbeitsstelle zu kommen.

8. **Zustimmungsfreie fristlose Kündigung von Schwerbeschädigten bei Arbeitskämpfen** ist nach den allerdings umstrittenen Urteilen des Amtsgerichtes Zwickau vom 26. Juni 1924, Nr. 2 C g 164/24, und des Landgerichtes Zwickau vom 22. Oktober 1924, Nr. D g 197/24, nicht ohne weiteres, sondern nur dann möglich, wenn der betreffende Schwerbeschädigte durch sein persönliches Verhalten dem Arbeitgeber einen wichtigen, die fristlose Entlassung rechtfertigenden Grund gegeben hat, oder wenn nach den Umständen des Sonderfalles ein sonstiger, wichtiger Kündigungsgrund vorlag. Die Tatsache des Streiks oder der Aussperrung allein genügt nach

diesen Urteilen zur fristlosen Entlassung nicht. Anders ist die Rechtslage jedoch bei Teilnahme an einem wilden Streik oder die Niederlegung der Arbeit vor Ablauf der Kündigungsfrist, da darin ein unbefugtes Verlassen der Arbeit bezw. eine beharrliche Arbeitsverweigerung liegt (s. Nr. d 9.)

d) Wie weit genießen Schwerbeschädigte Sonderschutz nach Arbeitskämpfen?

1.—7. siehe Band I, S. 129—132.

8. **Wegen Streikpostenstehens** allein kann der Arbeitgeber nach einem Urteile des Gewerbegerichtes Hamburg vom 5. Juni 1924 (Hanseatische Gerichtszeitung, Abteilung Arbeitsrecht, S. 9) die Wiedereinstellung eines streikentlassenen Schwerbeschädigten nach Beilegung des Arbeitskampfes gemäß § 13, Absatz 3, des Schwerbeschädigtengesetzes nicht verweigern. Nach der Urteilsbegründung verwirkt ein streikbeteiligter Schwerbeschädigter nur durch strafbares oder grob-vertragswidriges Verhalten während des Arbeitskampfes seinen Wiedereinstellungsanspruch.

9. **Nach fristloser Entlassung wegen Beteiligung an einem wilden Streik,** insbesondere dann, wenn die betreffenden Schwerbeschädigten als Agitatoren oder Aufwiegler sich besonders tätig am Streik beteiligt haben, können Schwerbeschädigte nach einem Urteile des Landesgerichtes Köln vom 19. Dezember 1924, Nr. 13, S. 61/24 (Neue Zeitschrift für Arbeitsrecht 1925, S. 301) ihre Wiedereinstellung nach Beilegung des Arbeitskampfes nicht verlangen, da solche Schwerbeschädigte nach der Urteilsbegründung nicht lediglich »aus Anlaß des Streiks« sondern wegen ihrer vertragswidrigen Tätigkeit als fristlos entlassen gelten.

10. **Unzuständigkeit des Gerichtes bei Klagen streikentlassener Schwerbeschädigter auf Grund des § 13, Absatz 3, des Schwerbeschädigtengesetzes.** Nach einem Urteile des Landgerichtes Frankenthal vom 31. 10. 1924 ist für Klagen von streikentlassenen Schwerbeschädigten auf Wiedereinstellung nach Streikbeilegung im Sinne des § 13, Absatz 3, des Schwerbeschädigtengesetzes das ordentliche Gericht oder das Gewerbe- und Kaufmannsgericht unzuständig. Nach der Urteilsbegründung wird durch die fristlose Entlassung eines streikenden Schwerbeschädigten das Vertragsverhältnis endgültig gelöst, und es lebt auch nicht etwa nach Beendigung des Streikes wieder auf. Nach Ansicht des Landgerichtes Frankenthal kann der Schwerbeschädigte, dem die Wiedereinstellung nach Streikbeilegung verweigert wird, sich lediglich an die Hauptfürsorgestelle beschwerdeführend wenden. Diese hat nach § 11 des Schwerbeschädigtengesetzes den Arbeitgeber zur Wiedereinstellung anzuhalten und kann

gegebenenfalls bei Ablehnung der Wiedereinstellung den Arbeitgeber mit einer Buße auf Grund des § 18 des Schwerbeschädigtengesetzes belegen, sofern der Arbeitgeber nicht wenigstens 10 vH seiner Arbeitsplätze mit Schwerbeschädigten besetzt hat.

11. **Auch für Klagen streikentlassener Schwerbeschädigter auf Wiedereinstellung gemäß § 13 des Schwerbeschädigtengesetzes steht der Rechtsweg offen.** Im Gegensatz zu dem unter der voraufgegangenen Nummer bekanntgegebenen Urteile des Landgerichtes Frankenthal entschied das Landgericht I Berlin mit Urteil vom 3. 3. 1924, Nr. 23, S. 190/23, daß Schwerbeschädigte, denen lediglich aus Anlaß eines Arbeitskampfes fristlos gekündigt worden ist, ohne daß sie durch ihr persönliches Verhalten einen besonders schwerwiegenden Grund zur fristlosen Entlassung gegeben haben, nicht nur durch Inanspruchnahme der Hauptfürsorgestelle, sondern auch im Wege der Klage vor dem zuständigen Gewerbe-, Kaufmanns- oder Amtsgericht die Wiedereinstellung nach Streikbeilegung gemäß § 13 des Schwerbeschädigtengesetzes erwirken können.

e) Wie weit genießen Schwerbeschädigte Sonderschutz bei Änderung der Arbeitsbedingungen?

1.—3. siehe Band I, S. 132.

4. **Zwecks Änderung der Lohn- und Arbeitsbedingungen** kann nach einem Urteile des Gewerbegerichtes München-Gladbach vom 5. Februar 1925 (Mitteilungen der Arbeitgeberverbände Unterelbe und Hamburg-Altona 1925, Nr. 9, S. 49) Schwerbeschädigten unter Einhaltung der vertraglichen Kündigungsfrist ohne Zustimmung der Hauptfürsorgestelle gekündigt werden. Ebenso kann nach dieser Entscheidung Schwerbeschädigten ohne Zustimmung der Hauptfürsorgestelle rechtsgültig mit der Absicht gekündigt werden, sie nach Ablauf der Kündigungsfrist an einer anderen, wenn auch geringer bezahlten Arbeitsstelle zu beschäftigen.

f) Ist auch bei Entlassung eines Schwerbeschädigten nach Ablauf der Probezeit die Zustimmung der Hauptfürsorgestelle notwendig?

1.—2. siehe Band I, S. 132.

g) Ist Kenntnis des Arbeitgebers von der Schwerbeschädigten-Eigenschaft Voraussetzung für den Kündigungssonderschutz?

1.—3. siehe Band I, S. 133—135.

4. **Wegen früherer Unkenntnis der Schwerbeschädigteneigenschaft** kann der Arbeitgeber auch nach einem Urteile des Gewerbegerichtes Berlin, Kammer 11 vom 27. November 1924 den mit einem Schwerbeschädigten abgeschlossenen Arbeitsvertrag unverzüglich nach Kenntnisnahme von der Schwerbeschädigung anfechten, sofern er zur Zeit der Einstellung des betreffenden Schwerbeschädigten bereits den gesetzlich vorgeschriebenen Mindestprozentsatz von Schwerbeschädigten beschäftigte.

5. **Wegen Unkenntnis der Schwerbeschädigteneigenschaft eines Arbeitnehmers bei der Einstellung** kann der Arbeitgeber auch nach einem Urteile des Landgerichtes Elberfeld vom 9. 12. 1924 den Arbeitsvertrag gemäß § 119 BGB. wegen Irrtums anfechten. Nur muß diese Anfechtung unverzüglich ausgesprochen werden, sobald der Arbeitgeber von der Schwerbeschädigteneigenschaft Kenntnis erhält. Das Landgericht Elberfeld erblickt in der Schwerbeschädigung mit Rücksicht auf den besonderen Schutz, den Schwerbeschädigte genießen und die Pflichten, die dem Arbeitgeber aus der Einstellung eines Schwerbeschädigten erwachsen, eine verkehrswesentliche Eigenschaft im Sinne des § 119 BGB.

6. **Nach Verschweigen eines schwebenden Rentenverfahrens** kann ein Schwerbeschädigter nach einem Urteile des Gewerbegerichtes Bremen vom 6. September 1923 vom Arbeitgeber ohne Zustimmung der Hauptfürsorgestelle gekündigt werden, wenn bei Abschluß des Arbeitsvertrages ein Rentenverfahren schwebte, und wenn dieses Rentenverfahren später zur Zuerkennung der Schwerbeschädigteneigenschaft führt.

7. **Wegen verspäteter Bekanntgabe seiner Gleichstellung mit einem Schwerbeschädigten** kann ein von der Hauptfürsorgestelle nach seiner Einstellung einem Schwerbeschädigten gleichgestellter Arbeitnehmer nach einem in den Blättern für Arbeitsrecht 1925, Nr. 10, veröffentlichten Urteile des Gewerbegerichtes Berlin vom 27. November 1924, Nr. 1900/24, ohne Zustimmung der Hauptfürsorgestelle und ohne Einhaltung der vierwöchigen Kündigungsfrist gekündigt werden, wenn der Arbeitgeber erst nach Ausspruch der Kündigung von der Gleichstellung des gekündigten Arbeitnehmers mit einem Schwerbeschädigten erfahren hat und wenn er bei der Einstellung und bei der Kündigung des betreffenden Arbeitnehmers bereits die gesetzlich vorgeschriebene Mindestzahl von Schwerbeschädigten beschäftigte.

8. **Nur unverzügliche Anfechtung von Arbeitsverträgen mit Schwerbeschädigten, deren Schwerbeschädigung man nicht gekannt hatte.** In Übereinstimmung mit den unter Ziffer XV 2—7 angegebenen Entscheidungen hat das Gewerbegericht Wismar am 3. Juli 1924 unter Nr. 35/24 entschieden, daß der Arbeitgeber an sich berechtigt ist, einen mit einem Schwerbeschädigten abgeschlossenen Arbeitsvertrag nach § 119 BGB. wegen Irrtums über eine verkehrswesentliche Eigenschaft anzufechten, wenn er die Tatsache der

Schwerbeschädigung bei der Einstellung nicht gekannt hat. Diese Anfechtung muß aber nach Ansicht des Gewerbegerichtes Wismar unverzüglich erfolgen und ist beispielsweise nicht mehr zulässig, wenn die Werksleitung die Anfechtung erst 8 Tage nach dem Zeitpunkte ausspricht, in welchem der Vorgesetzte des Schwerbeschädigten von der Schwerbeschädigung erfährt.

9. **Kündigungssonderschutz der Schwerbeschädigten beim Verschweigen der Schwerbeschädigteneigenschaft gelegentlich der Einstellung.** Im Gegensatz zu den von uns unter Nr. XV 2—7 angeführten Entscheidungen hat das Landgericht Aachen mit Urteil vom 14. Juli 1924 unter Aufhebung eines entgegenstehenden Urteils des Gewerbegerichtes Aachen vom 20. Dezember 1923 entschieden, daß Schwerbeschädigte den Sonderschutz des Schwerbeschädigtengesetzes auch dann genießen und infolgedessen auch dann nicht mangels Vorliegens eines wichtigen Kündigungsgrundes vom Arbeitgeber ohne Zustimmung der Hauptfürsorgestelle entlassen werden können, wenn der Arbeitgeber bei der Einstellung die Schwerbeschädigteneigenschaft des Arbeitnehmers nicht gekannt hat.

Auf den in Arbeitgeberkreisen vertretenen entgegengesetzten Standpunkt stellt sich ein Urteil des Kreisgewerbegerichtes Siegen, Kammer Ernsdorf, vom 14. August 1924, demzufolge ein Schwerbeschädigter den Kündigungssonderschutz des Schwerbeschädigtengesetzes nicht in Anspruch nehmen kann, wenn er den Arbeitgeber bei der Einstellung auf die Tatsache seiner Schwerbeschädigung nicht aufmerksam gemacht hat.

10. **Kündigungsschutz trotz Unkenntnis des Arbeitgebers von der Schwerbeschädigteneigenschaft** genießen Schwerbeschädigte nach einem vereinzelten Urteile des Landgerichtes Göttingen vom 6. Februar 1924, Nr. 1, S. 303/23 (Juristische Wochenschrift, 53. Jahrgang, S. 1196, Nr. 8), da es nicht dem Zwecke des Schwerbeschädigtengesetzes entspreche, dem Schwerbeschädigten eine Pflicht zuzusprechen, dem Arbeitgeber unaufgefordert von seiner Schwerbeschädigteneigenschaft Mitteilung zu machen. Nur dann fällt nach Ansicht des Landgerichtes Göttingen der Kündigungsschutz fort, wenn der Schwerbeschädigte trotz ausdrücklichen Befragens seine Schwerbeschädigteneigenschaft arglistig verschwiegen hat. In diesem Falle kann nach der Urteilsbegründung der Arbeitgeber den mit dem Schwerbeschädigten abgeschlossenen Arbeitsvertrag wegen arglistiger Täuschung unter befreiender Wirkung anfechten.

h) Welche Vorschriften gelten für die Erteilung der Kündigungszustimmung durch die Hauptfürsorgestelle?

1.—2. siehe Band I, S. 135.

3. Eine Verlängerung der vierwöchigen Mindestkündigungsfrist durch die Hauptfürsorgestelle ist nach einem Urteil des Gewerbegerichts Berlin vom 21. Dezember 1923 (veröffentlicht in der Kartenauskunftei des Arbeitsrechtes, Karte »Schwerbeschädigte, Kündigungsfrist«) zulässig, wie nach dieser Entscheidung die Hauptfürsorgestelle auch in Einzelfällen den Ablauf der Frist der von ihr genehmigten Kündigung von der vorherigen Einstellung eines anderen Schwerbeschädigten abhängig machen kann.

4. Beim Vorliegen eines wichtigen Kündigungsgrundes ist auch zur befristeten Kündigung eines Schwerbeschädigten die Zustimmung der Hauptfürsorgestelle nicht erforderlich. Nach einem Urteile des Landgerichtes Duisburg vom 14. 10. 1924 ist beim Vorliegen eines wichtigen Kündigungsgrundes nicht nur die fristlose sondern auch die befristete Kündigung ohne Zustimmung der Hauptfürsorgestelle rechtsgültig.

5. Die Zustimmung zur Kündigung eines Schwerbeschädigten gemäß § 16 des Schwerbeschädigtengesetzes braucht die Hauptfürsorgestelle nach einer Entscheidung des Schwerbeschädigtenausschusses bei der Reichsarbeitsverwaltung vom 20. März 1925 (Reichsarbeitsblatt 1925, Nr. 15, S. 156) trotz Einhaltung einer dreimonatigen Kündigungsfrist durch den Arbeitgeber nicht zu erteilen, wenn der Arbeitgeber die Kündigung lediglich vorsichtshalber für den Fall einer etwaigen Betriebsstillegung ausgesprochen hat, wenn jedoch zur Zeit der Kündigung noch nicht feststeht, ob und wann der Betrieb tatsächlich zur Stillegung kommt.

i) Wie weit kann der Schwerbeschädigte auf seine Sonderrechte verzichten?

1.—2. siehe Band I, S. 135—136.

3. Ein Verzicht des Schwerbeschädigten auf den Kündigungssonderschutz ist auch nach einem Urteil des Gewerbegerichts Witten vom 25. April 1924 möglich und rechtswirksam. Er kann auch stillschweigend dadurch erklärt werden, daß der Schwerbeschädigte sich nach der ohne Zustimmung der Hauptfürsorgestelle erfolgten und darum zunächst unwirksamen Kündigung die Entlassungspapiere ohne Widerspruch geben läßt, oder daß er in eine neue Arbeitsstelle eintritt. Eine Zustimmung der Hauptfürsorgestelle wird durch einen solchen Verzicht ebenso überflüssig gemacht, wie sie bei freiwilliger Kündigung des Schwerbeschädigten von vornherein nicht erforderlich ist. Der Verzicht macht auch die bereits ausgesprochene Kündigung rückwirkend rechtsgültig. (Vgl. auch das unter der folgenden Nummer veröffentlichte Urteil des Landgerichts Duisburg vom 14. Okt. 1924.)

4. Verzicht des Schwerbeschädigten auf den Sonderschutz des Schwerbeschädigtengesetzes. Nach einem Urteile des Landgerichtes

Duisburg vom 14. 10. 1924 kann ein Schwerbeschädigter auf den Kündigungssonderschutz des Schwerbeschädigtengesetzes rechtsgültig nach Ausspruch der Kündigung durch den Arbeitgeber verzichten. Ein solcher Verzicht ist nach der Urteilsbegründung in Übereinstimmung mit der von Weigert in der Kartenauskunftei des Arbeitsrechtes, Karte »Schwerbeschädigte, Entlassung VII«, vertretenen Ansicht ebenso zulässig und rechtswirksam, wie der Schwerbeschädigte auch durch eigene Kündigung auf den Kündigungssonderschutz indirekt verzichten kann.

Dagegen liegt ein solcher Verzicht des Schwerbeschädigten nicht schon darin, daß er gegen eine ihm ohne Zustimmung der Hauptfürsorgestelle ausgesprochene Kündigung keinen Widerspruch erhebt. Es muß dem Schwerbeschädigten vielmehr im Streitfalle nachgewiesen werden, daß er ausdrücklich oder durch konkludente Handlungen auf den Kündigungssonderschutz des Schwerbeschädigtengesetzes nach Ausspruch der Kündigung verzichtet hat.

k) Sind Schwerbeschädigte verpflichtet, Notstandsarbeiten zu leisten?

1. siehe Band I, S. 136.

l) Wie weit genießt der Schwerbeschädigten-Obmann Sonderschutz?

1. siehe Band I, S. 136.

2. **Freistellung des Schwerbeschädigtenobmannes von der Arbeit.** Nach einem Urteile des Gewerbegerichtes Bremen vom 13. 3. 24 ist der Schwerbeschädigtenobmann nicht berechtigt, ohne Zustimmung des Arbeitgebers seinen Arbeitsplatz während der Arbeitszeit zu verlassen, um seinen Obmannsobliegenheiten im Sinne des Schwerbeschädigtengesetzes nachzugehen. Nach der Urteilsbegründung genießt eben der Schwerbeschädigten-Obmann nicht die vollen Rechte eines Betriebsratsmitgliedes, sondern lediglich die ihm im Schwerbeschädigten-Gesetz zugesprochenen Rechte.

m) Welche Wirkung hat die Rentenzuerkennung und die Gleichstellung mit einem Schwerbeschädigten?

1. siehe Band I, S. 137.

2. **Nur beschränkte Ausdehnung des Schwerbeschädigtenschutzes auf Empfänger von geringeren als 50prozentigen Renten.** Gemäß Entscheidung des Gewerbegerichtes Berlin (Gewerbe- und Kaufmannsgericht, Band 30, S. 50, ohne Datum) können Arbeitnehmer, die weniger als 50 vH erwerbsbeschränkt sind, durch Verfügung der Hauptfürsorgestelle Schwerbeschädigten nur dann mit

für den Arbeitgeber verbindlicher Kraft gleichgestellt werden, wenn sie sich nicht ohne Hilfe des Gesetzes einen geeigneten Arbeitsplatz verschaffen oder erhalten können.

3. **Eine gerichtliche Nachprüfung der Gleichstellung eines Arbeitnehmers mit einem Schwerbeschädigten** durch die Hauptfürsorgestelle ist nach einem Urteile des Gewerbegerichtes Berlin vom 27. November 1924, Nr. 1900/24 G. G. K 11, nicht möglich. Den gegenteiligen Standpunkt vertritt allerdings ein Urteil des Gewerbegerichtes Berlin, Kammer 5, vom 12. Januar 1923 (vgl. Blätter für Arbeitsrecht 1925, Nr. 10, und Gewerbe- und Kaufmannsgericht, 30. Jahrg., Nr. 2, Spalte 49).

n) Ist die Entlassung eines Schwerbeschädigten nach § 124a der Gewerbeordnung zulässig?

1. siehe Band I, S. 137.

2. **Kündigung eines Schwerbeschädigten auch nach § 124a der Gewerbeordnung.** Nach einem Urteile des Landgerichtes Duisburg vom 14. 10. 1924, Nr. 4, S. 196/24, kann einem schwerbeschädigten gewerblichen Arbeiter nicht nur aus den im § 123 der Gewerbeordnung aufgeführten Gründen, sondern auch aus sonstigen wichtigen Gründen gekündigt werden, da das Dienstverhältnis eines schwerbeschädigten Arbeitnehmers nach § 13, Absatz 1, des Schwerbeschädigtengesetzes im allgemeinen nur unter Einhaltung einer mindestens vierwöchigen Kündigungsfrist aufgekündigt werden kann, so daß auf ein solches Arbeitsverhältnis ohne Rücksicht auf die besonderen Vertragsvereinbarungen die Voraussetzungen des § 124a der Gewerbeordnung zutreffen.

3. **Schwerbeschädigten kann gemäß § 124a der Gewerbeordnung fristlos gekündigt werden.** In Übereinstimmung mit den früher bekanntgegebenen Urteilen und der vorherrschend in Rechtsprechung und Literatur vertretenen Ansicht entschied auch ein Urteil des Landgerichtes Leipzig vom 25. 11. 1924, daß schwerbeschädigten Arbeitnehmern auch bei nicht längerer als 14tägiger vertraglicher Kündigungsfrist gemäß § 124a der Gewerbeordnung, d. h. auch aus anderen als den im § 123 der Gewerbeordnung aufgeführten wichtigen Einzelgründen fristlos gekündigt werden kann, weil nach dem Schwerbeschädigtengesetz Schwerbeschädigte ohne Rücksicht auf die vertraglichen Kündigungsfristen im allgemeinen nur mit einer mindestens vierwöchigen Kündigungsfrist entlassen werden können.

4. **Fristlose Kündigung von Schwerbeschädigten ohne Zustimmung der Hauptfürsorgestelle** ist auch nach den Urteilen des Gewerbegerichtes Bremen vom 3. September 1921 und des Gewerbegerichtes Hildesheim vom 23. September 1922 aus anderen als den im § 123 der Gewerbeordnung aufgezählten Sondergründen zulässig, da

Schwerbeschädigte mit Rücksicht auf die ihnen im Schwerbeschädigtengesetze eingeräumten Kündigungsfristen immer unter den § 124 a der Gewerbeordnung fallen, sofern sie als gewerbliche Arbeiter beschäftigt sind.

o) Wann kann ein Arbeitgeber mit einer Buße auf Grund des Schwerbeschädigtengesetzes belegt werden?

1. **Keine Berufung gegen Bußfestsetzung auf Grund des Schwerbeschädigtengesetzes.** Nach einer im Reichsarbeitsblatt 1924, Nr. 27, S. 464, veröffentlichten Entscheidung des Oberlandesgerichtes Stuttgart vom 29. 2. 1924 steht gegen ein Urteil eines Schöffengerichtes, durch welches dem Arbeitgeber auf Grund des Schwerbeschädigtengesetzes eine Buße auferlegt wird, dem Arbeitgeber ein Recht der Berufung nicht zu.

XVI. Wettbewerbsverbote und Kautionen.

A. Einschlägige Gesetzesbestimmungen.

1. Handelsgesetzbuch vom 10. Mai 1897 (RGBl. S. 219), insbesondere dessen §§ 60, 61, 74 ff. nebst den Abänderungsbestimmungen vom 2. Juni 1892, 12. Mai 1904, 30. Mai 1908 und 7. Januar 1913 (RGBl. S. 218, 168, 307, 90).
2. Bürgerliches Gesetzbuch vom 18. August 1896 (RGBl. S. 195) insbesondere dessen §§ 336—345.
3. Gesetz gegen den unlauteren Wettbewerb vom 7. Juni 1909 (RGBl. S. 499).

B. Die wichtigsten Einzelfragen.

a) Wie weit ist Nebenbeschäftigung erlaubt?

1. siehe Band I, S. 138.

2. Unlauterer Wettbewerb durch Doppelbeschäftigung eines Arbeitnehmers. Nach einer Entscheidung des Oberlandesgerichtes Hamburg, Nr. V, 255/24 (»Wirtschaftliche Rundschau« 1924, Nr. 31, S. 6) verstößt es gegen das Gesetz betreffend den unlauteren Wettbewerb, wenn ein Arbeitgeber zur Inbetriebsetzung von Spezialmaschinen einen in einem Konkurrenzbetrieb noch beschäftigten Arbeitnehmer in dessen Freistunden beschäftigt. Eine solche Nebenbeschäftigung kann nach der Entscheidung des Oberlandesgerichtes Hamburg durch einstweilige Verfügung auf Antrag des benachteiligten Arbeitgebers untersagt werden.

b) Wie sind Kautionen aufzuwerten?

1.—2. siehe Band I, S. 138—139

3. Aufwertung von Kautionsbeträgen, die in die allgemeine Geschäftskasse des Arbeitgebers geflossen sind. Nach einem Urteile des Gewerbegerichtes Dortmund vom 1. Juli 1924 müssen Kautionsbeträge, die in die allgemeine Geschäftskasse des Arbeitgebers geflossen sind und durch Einbehaltung von Lohnbeträgen nach und nach gestellt worden sind, bei der Rückzahlung in der Höhe ihres vollen Goldwertes zur Zeit der Einbehaltung aufgewertet werden.

4. Aufwertung von Kautionsbeträgen trotz Nichtverwertung durch den Arbeitgeber. Nach einem Urteile des Gewerbegerichtes Dortmund vom 23. Oktober 1924, Nr. G 1091/1924, müssen Kautionsbeträge, die der Arbeitnehmer durch Einwilligung in gewisse

Lohnabzüge bei den **Lohnzahlungen gestellt hat**, auch dann in voller Höhe aufgewertet werden, wenn der Arbeitgeber die Beträge in seinem Geschäfte nicht verwertet, sondern in seinem Geldschranke aufbewahrt oder bei einer Sparkasse bzw. einer Bank deponiert hat. Nach der Urteilsbegründung hatte und hat der Arbeitgeber die Verpflichtung, Kautionsbeträge beim Fehlen ausdrücklicher gegenteiliger Vereinbarungen im Interesse des Kautionsnehmers so zu verwerten, daß sie vor Geldentwertung geschützt werden. Das Maß der Aufwertung, welche der Kautionsgeber im Einzelfalle verlangen kann, richtet sich danach, in welcher Höhe der Kautionsnehmer seine Vermögenswerte vor Geldentwertung schützen konnte und in welchem Maße der Kautionsgeber vermutlich den Sachwert der Kaution hätte erhalten können, wenn er über die Kautionsbeträge von vornherein frei hätte verfügen können. Nach der gleichen Entscheidung gelten Kautionen nicht als Vermögensanlage und unterliegen daher nicht den einschränkenden Aufwertungsbestimmungen der 3. Steuernotverordnung.

5. **Angemessene unbeschränkte Aufwertung auch der verzinslichen Kautionen** in der vom Gericht nach freiem Ermessen festzusetzenden Höhe kann der Arbeitnehmer nach einem in der Jur. Wochenschrift 54, 3, S. 277, veröffentlichten Urteil des Oberlandesgerichts Karlsruhe vom 27. November 1924 verlangen, da Kautionen, auch wenn sie vom Arbeitgeber zu verzinsen waren, keine Vermögensanlagen im Sinne des §12, Absatz 1, der 3. Steuernotverordnung darstellen und infolgedessen die Aufwertung durch die 3. Steuernotverordnung nicht auf 15 vH beschränkt wird.

6. **Fünfzigprozentige Kautionsaufwertung.** Auch nach einem Urteile des Oberlandesgerichtes Düsseldorf vom 22. Dezember 1924, Nr. 4, U 326/24, fällt die Aufwertung von Kautionen, die durch Einbehaltung der Lohn- und Gehaltsteile gebildet worden sind, nicht unter die 3. Steuernotverordnung. Dagegen kann der Kautionsgeber nach diesem Urteile des Oberlandesgerichtes Düsseldorf keine volle, sondern nur eine angemessene, vom Gericht unter Berücksichtigung der Einzelverhältnisse festzusetzende Kautionsaufwertung (von etwa 50 vH) verlangen.

c) Wie weit sind Konkurrenzverbote wirksam?

1. **Herausgabe des Gewinnes aus unerlaubten Konkurrenzgeschäften eines Angestellten.** Gemäß Urteil des Reichsgerichtes vom 19. Dezember 1924, Nr. III, 144/24, ist ein Angestellter, der ohne Einwilligung seines Prinzipals ein Handelsgewerbe betreibt oder in dem Handelszweige des Prinzipals für eigene oder fremde Rechnung Geschäfte gemacht hat, verpflichtet, den aus solchen Geschäften erzielten Gewinn dem Prinzipale nach den §§ 60 und 61 des Handelsgesetzbuches auf Verlangen herauszugeben, und zwar auch dann, wenn der Prinzipal oder die Geschäftsleitung zeitweise dem Ab-

schluß von Konkurrenzgeschäften durch Angestellte nicht energisch entgegengetreten ist. Nach Ansicht des Reichsgerichtes kann eben ein stillschweigendes Einverständnis des Prinzipals mit dem Abschluß von Konkurrenzgeschäften eines Angestellten nicht daraus hergeleitet werden, daß der Prinzipal zeitweise nicht mit der unter normalen Verhältnissen üblichen Strenge gegen solche Geschäfte vorgegangen ist. Dagegen wäre eine stillschweigende Einwilligung dann als gegeben anzusehen, wenn der Angestellte dem Prinzipale von den beabsichtigten oder vorgenommenen Konkurrenzgeschäften berichtet und dieser Einspruch nicht erhoben hat.

2. **Keine Verpflichtung des Arbeitgebers zur Zahlung der vereinbarten Wettbewerbsentschädigung** nach berechtigter fristloser Entlassung eines Arbeitnehmers. Nach § 75 des Handelsgesetzbuches hat der Handlungsgehilfe keinen Anspruch auf die ihm in einer Wettbewerbsklausel für den Fall der Auflösung des Dienstverhältnisses zugesagte Entschädigung, wenn der Arbeitgeber das Dienstverhältnis wegen vertragswidrigen Verhaltens des Handlungsgehilfen auflöst. Trotz des Wegfalles des Entschädigungsanspruches bleibt aber in diesem Falle der Handlungsgehilfe an die von ihm eingegangenen Verpflichtungen auf Grund des Wettbewerbsverbotes gebunden. Diese Bestimmung findet nach einem in der Juristischen Wochenschrift 54, 3, S. 288, veröffentlichten Urteil des Landgerichts Frankental vom 13. Juni 1924 sinngemäß auch mangels ausdrücklicher vertraglicher Vereinbarung Anwendung, wenn der Arbeitgeber einen Werkmeister oder einen unter die Bestimmungen der §§ 611 ff. des BGB. fallenden Angestellten wegen vertragswidrigen Verhaltens fristlos entläßt, mit welchem er eine Wettbewerbsklausel vereinbart hatte.

3. **Auf Wettbewerbsvereinbarungen mit Technikern** kann nach einem Urteil des Gewerbegerichts Leipzig vom 30. Januar 1924 (Recht und Praxis 1924, Nr. 6, S. 21) die Anwendung der Vorschriften des Handelsgesetzbuches über die Konkurrenzklauseln mit Handlungsgehilfen vereinbart werden. In diesem Falle wird das vom Techniker eingegangene Konkurrenzverbot hinfällig, wenn der Arbeitgeber dem Techniker einen wichtigen Kündigungsgrund gegeben hat.

4. **Einen teilweisen Entschädigungsanspruch für die Zeit vertraglicher Wettbewerbsbeschränkung** haben Handlungsgehilfen trotz fristloser Entlassung nach einem Urteil des Landgerichts Frankental vom 13. Juni 1924 (Jur. Wochenschr. 1925, S. 288), wenn der Arbeitgeber oder ein Mitinhaber der Arbeitgeberfirma eine erhebliche Mitschuld an der fristlosen Entlassung hat.

XVII. Koalitionsfreiheit.

A. Einschlägige Gesetzesbestimmungen.

1. Reichsgewerbeordnung vom 26. Juli 1900 (RGBl. S. 871), insbesondere deren § 152.
2. Reichsverfassung vom 11. August 1919 (RGBl. 1383ff.), insbesondere deren Artikel 124 und 159.
3. Bürgerliches Gesetzbuch vom 18. August 1896 (RGBl. S. 195), insbesondere dessen §§ 71—79.

B. Die wichtigsten Einzelfragen.

a) Besteht nur Vereinigungsfreiheit oder auch Vereinigungszwang?

1. siehe Band I, S. 140.

2. Nur Vereinigungsfreiheit und keinen Vereinigungszwang will der Artikel 159 der Reichsverfassung vom 11. 8. 1919 nach den Urteilen des Oberlandesgerichtes Stuttgart vom 28. 4. 1925 Nr. K 137/1925 und vom 12. 5. 1925 Nr. U 136/1925, so daß der nur einem Vereinigungszwange, nicht jedoch auch der Vereinigungsfreiheit entgegenstehende Absatz 2 des § 152 der Gewerbeordnung nach Ansicht des Oberlandesgerichtes Stuttgart durch den Artikel 159 der Reichsverfassung nicht aufgehoben worden ist.

b) Genießen auch Lehrlinge Koalitionsfreiheit?

1. siehe Band I, S. 141.

2. Auch Lehrlinge genießen die Koalitionsfreiheit gemäß Urteil des Landgerichtes Flensburg vom 11. Februar 1924. Sie bedürfen nur der Zustimmung ihres gesetzlichen Vertreters zum Eintritt in eine Gewerkschaft. Nach dem Urteil berechtigt daher die Mitgliedschaft eines Lehrlings zu einer Gewerkschaft den Lehrherrn nicht zur Auflösung des Lehrverhältnisses, und die Lehrlinge können auch die Vorteile eines Tarifvertrages für sich in Anspruch nehmen, wenn sie mit Zustimmung ihrer gesetzlichen Vertreter Mitglieder einer tarifbeteiligten Gewerkschaft sind.

3. Auch Lehrlinge genießen die Koalitionsfreiheit gemäß einem Urteil des Gewerbegerichtes Dresden und einem weiteren Urteil des Gewerbegerichtes Wiesbaden (Saarbrücker Landeszeitung, Nr. 132/1925). Infolgedessen können Lehrlinge wegen Beitritts zu einer Gewerkschaft auch dann nicht fristlos entlassen werden, wenn der Lehrvertrag ein Recht des Arbeitgebers zur fristlosen Entlassung für den Fall eines solchen Beitritts vorsieht.

c) Kann auf Einhaltung von Satzungsbestimmungen geklagt werden?

1. siehe Band I, S. 141.

2. **Kein Recht der Klage auf Zahlung einer Vertragsstrafe wegen Verletzung von Entlassungsgeboten.** Haben Arbeitgeberverbände ihre Mitglieder durch die Satzung unter Festsetzung von Vertragsstrafen für den Fall der Zuwiderhandlung verpflichtet, bei Arbeitskämpfen zur Erzielung einer schnelleren Streikbeendigung Arbeitswillige und Lehrlinge auszusperren, so steht dem Arbeitgeberverband nach einem Urteil des Oberlandesgerichtes Jena Nr. 2 U 716/22 (Neue Zeitschrift für Arbeitsrecht Nr. 12, Jahrg. 1924, S. 763) ein Recht der Klage auf Zahlung einer solchen Vertragsstrafe im Übertretungsfalle nicht zu. Nach der Urteilsbegründung liege vielmehr in einer solchen Satzungsbestimmung oder Vereinbarung eine Verabredung im Sinne des § 152 der Reichsgewerbeordnung, die zwar an sich zulässig sei, jedoch ein Klagerecht nicht gewähre. Im Gegensatz zu dem unter Nr. XVII B c 1 angeführten Urteil des Landgerichts Potsdam steht also das Oberlandesgericht Jena auf dem Standpunkt, daß der § 152 der Reichsgewerbeordnung durch den Artikel 159 der neuen Reichsverfassung nicht aufgehoben worden ist.

d) Wie weit macht terroristisches Hinausdrängen von Mitarbeitern schadenersatzpflichtig?

1.—2. siehe Band I, S. 141—142.

3. **Organisationsterror von Betriebsvertretungsmitgliedern ist Grund zur Absetzung und fristlosen Entlassung.** Betriebsvertretungsmitglieder sind kraft Gesetzes verpflichtet, für Wahrung der Organisationsfreiheit einzutreten. Hierzu gehört nach einem Urteile des Gewerbegerichtes Schötmar vom 8. Oktober 1924 insbesondere auch, daß sie terroristischen Beschlüssen der Betriebsbelegschaft entgegentreten. Tun sie dies nicht und stimmen sie etwa selbst für solche terroristische Forderungen, z. B. dafür, daß Überstunden erst geleistet werden, wenn bestimmte Arbeitnehmer sich gewerkschaftlich organisiert haben, so können sie wegen grober Pflichtverletzung ihres Amtes enthoben und gleichzeitig vom Arbeitgeber fristlos entlassen werden.

4. **Fristlose Entlassung von Betriebsvertretungsmitgliedern wegen Organisationsterrors** ist nach einem in der Jur. Wochenschrift 54/269 veröffentlichten Urteil des Kammergerichts (5. Zivilsenat vom 5. Juli 1924) auch dann zulässig, wenn die Betriebs-

ratsmitglieder den Arbeitgeber nur auf Grund eines ausdrücklichen Beschlusses der Mitgliederversammlung zur Entlassung nicht organisierter Arbeitnehmer genötigt haben. (Vgl. Goerrig, »Das Arbeitsrecht in der Praxis«, Bd. I, XVII, B d 1 bis 2.)

5. Kein Schadenersatzanspruch verdrängter Arbeitnehmer gegen die terroristische Betriebsvertretung. Im Gegensatz zu der wohl als herrschend anzunehmenden, u. a. auch vom Reichsgericht in den Urteilen vom 6. 2. 1922 u. 8. 11. 1922 (Bd. 104, S. 328, Jur. Wochenschr. 1923 S. 293 u. RABl. 1923 S. 338 ff.) und vom Kammergericht im Urteil vom 5. 7. 1924 (Jur. Wochenschr. 1925 S. 269) vertretenen Ansicht, entschied ein in der Beilage der Gewerkschaftszeitung »Arbeiterrecht und Arbeiterversicherung« Nr. 3 vom März 1925 veröffentlichtes Urteil des Amtsgerichts Hamburg vom 10. Januar 1925, Nr. 7, Z 3355/1924, daß Arbeitnehmer, die auf Veranlassung des Betriebsrats bzw. des Arbeiterrates vom Arbeitgeber entlassen worden sind, weil sie nicht organisiert waren, gegen die sie verdrängende Betriebsvertretung einen Schadenersatzanspruch nicht haben. (Vgl. Goerrig, »Das Arbeitsrecht in der Praxis«, XVII, d 1, S. 142.)

e) Wie weit sind tarifliche Organisations- und Absperrklauseln gültig?

1. Die sog. Organisations- und Absperrklausel in Tarifverträgen, d. h. die Bestimmung eines Tarifvertrages, daß von den tarifbeteiligten Arbeitgebern nur solche Arbeitnehmer beschäftigt werden dürfen, die bei den am Tarife beteiligten Gewerkschaften organisiert sind, verstößt nach einem Urteile des Kammergerichtes vom 4. Februar 1924, Nr. 5 U 9809/24/62, weder gegen die guten Sitten noch gegen den § 159 der Reichsverfassung, ist vielmehr rechtsgültig, wenn den nicht oder anders organisierten Arbeitnehmern die Möglichkeit bleibt, bei anderen als den am Tarifvertrag beteiligten Arbeitgebern Beschäftigung zu finden.

XVIII. Betriebsvertretungen.

A. Einschlägige Gesetzesbestimmungen.

1. Betriebsrätegesetz vom 4. Februar 1920 (RGBl. S. 147).
2. Wahlordnung zum Betriebsrätegesetz vom 5. Februar 1920 (RGBl. S. 175).
3. Gesetz über die Betriebsbilanz und die Betriebs-Gewinn- und Verlustrechnung vom 5. Februar 1921 (RGBl. S. 159).
4. Gesetz über die Entsendung von Betriebsratsmitgliedern in den Aufsichtsrat vom 15. Februar 1922 (RGBl. S. 203).
5. Wahlordnung zum Gesetz über die Entsendung von Betriebsratsmitgliedern in den Aufsichtsrat vom 23. März 1922 (RGBl. S. 305).
6. Verordnung zur Ausführung des Betriebsrätegesetzes vom 24. Februar 1920 (RGBl. S. 259).
7. Verordnung zur Ausführung des Betriebsrätegesetzes vom 14. April 1920 (RGBl. S. 522).
8. Verordnung zur Ausführung des Betriebsrätegesetzes vom 5. Juni 1920 (RGBl. S. 1139).

B. Die wichtigsten Einzelfragen.

a) Wann und in welcher Größe sind Betriebsvertretungen zu errichten?

1.—5. siehe Band I, S. 143—145.

6. Keine sofortige Neuwahl einer Betriebsvertretung bei dauernder Verringerung der Arbeitnehmerzahl. Im Gegensatz zu der herrschenden Meinung entschied das Gewerbegericht Nürnberg mit Urteil vom 8. April 1924, Nr. 223/24, daß eine einmal gewählte Betriebsvertretung für die Dauer der Wahlperiode im Amte bleibt und für die gleiche Zeit auch den Kündigungssonderschutz des Betriebsrätegesetzes genießt, auch wenn nach der Wahl die Arbeitnehmerzahl für dauernd unter 20 sinkt.

7. Fortdauer der Betriebsvertretung während der Geschäftsaufsicht. Nach einem Urteile des Kaufmannsgerichtes Hamburg vom 21. 7. 1924 wird das Amt einer vor der Geschäftsaufsicht gewählten Betriebsvertretung durch die Verhängung der Geschäftsaufsicht über das Unternehmen in keiner Weise berührt. Das Amt dauert vielmehr fort, solange das unter Geschäftsaufsicht stehende Unternehmen weiter besteht und eine genügende Zahl von Betriebsvertretungsmitgliedern im Dienste bleibt.

8. Bei einer Verminderung der Arbeitnehmerzahl zum Zweck notwendiger Betriebseinschränkung genießen Betriebsvertretungsmitglieder nach einem Urteile des Gewerbegerichtes Kiel vom 9. 1. 25 keine Vorrechte. Infolgedessen darf die Betriebsvertretung oder das Arbeitsgericht die Zustimmung bzw. die Ersatzzustimmung zur Kündigung von Mitgliedern der Betriebsvertretung nicht verweigern, wenn diese lediglich aus sachlichen, durch die Verhältnisse des Betriebes bedingten Gründen erfolgen soll.

9. Automatischer Wegfall der Betriebsvertretung bei dauernder Verringerung der Arbeitnehmerzahl unter 20 tritt auch nach einem Urteile des Kaufmannsgerichtes Hamburg vom 21. 7. 1924 ein.

10. Keine Betriebsratsneuwahl wegen Rücktrittes einzelner ganzer Vorschlagslisten. Im Gegensatz zu der herrschenden Meinung, wie sie beispielsweise in einer Entscheidung des vorläufigen Reichswirtschaftsrates, Nr. 40, vom 5. April 1921 (siehe Reichsarbeitsblatt Nr. 21 vom 15. August 1921, amtl. Teil, S. 750, Nr. 399) zum Ausdruck kommt, entschied das Gewerbegericht Chemnitz mit Beschluß vom 16. Juli 1924, Nr. A 4 bis 5/24/14, daß die Neuwahl einer Betriebsvertretung nicht nötig ist, wenn einzelne Vorschlagslisten ganz zurücktreten, vorausgesetzt, daß auf der noch bestehen bleibenden Vorschlagsliste noch so viele Vertreter und Ersatzmitglieder stehen, wie der Betriebsrat insgesamt zählen muß. Das Gewerbegericht Chemnitz begründet seinen Standpunkt hauptsächlich mit der Erwägung, daß es zu einer dauernden Beunruhigung und Belastung der Betriebe führen müsse, wenn es die Vertreter einer einzelnen Vorschlagsliste in der Hand hätten, durch ihren Rücktritt mehrere Male in einem Jahre eine Neuwahl der gesamten Betriebsvertretung zu erzwingen.

11. Die Amtsfortdauer der alten Betriebsvertretung über den Ablauf der Wahlperiode hinaus währt nach einem in den Blättern für Arbeitsrecht 1925, Nr. 9, veröffentlichten Urteile des Gewerbe- und Kaufmannsgericht Berlin, Kammer 12, vom 14. November 1924, gemäß § 73 und 18 des Betriebsrätegesetzes nicht unbeschränkt, sondern nur solange, wie unter normalen Verhältnissen Zeit für die Neuwahl einer Betriebsvertretung erforderlich ist. Wenn dagegen die Belegschaft wahlmüde ist und eine Neuwahl nicht vornimmt, oder wenn der Arbeiterrat bzw. Betriebsrat einen Wahlvorstand nicht rechtzeitig ernennt, so hört die alte Betriebsvertretung in dem Zeitpunkte zu bestehen auf, in welchem der Betrieb wieder eine Betriebsvertretung haben würde, wenn die Wahlen fristgemäß eingeleitet und durchgeführt worden wären. In diesem Zeitpunkte fällt dann auch der Kündigungssonderschutz der alten Betriebsvertretungsmitglieder weg.

b) Welche Vorschriften sind bei der Betriebsvertretungswahl zu beachten?

1.—11. siehe Band I, S. 145—148.

12. **Auch stundenweise beschäftigte Arbeitnehmer,** so beispielsweise stundenweise beschäftigte Scheuerfrauen sind nach einem Beschluß des Kaufmannsgerichtes Hamburg vom 14. Oktober 1924 bei den Betriebsratswahlen wählbar und wahlberechtigt, sofern sie nicht nur vorübergehend an einzelnen Tagen lediglich zur Aushilfe sondern dauernd beschäftigt sind.

13. **Die durch Zuruf getätigte Wahl** einer Betriebsvertretung oder eines Betriebsobmannes ist nach einem Urteil des Arbeitsgerichtes Werdau vom 12. Januar 1925 in jedem Falle rechtsunwirksam. Die auf diese Weise gewählten Betriebsvertretungsmitglieder genießen die Schutz- und Sonderrechte von Betriebsvertretungsmitgliedern auch dann nicht, wenn der Arbeitgeber sie zeitweise anerkannt hatte.

14. **Nichtigkeit einer Betriebsratswahl wegen fehlender Berufszugehörigkeit.** Nach § 20 des Betriebsrätegesetzes sind grundsätzlich nur Arbeitnehmer wählbar, die am Wahltage mindestens drei Jahre dem Gewerbezweig oder dem Berufszweig angehören, in welchem sie tätig sind. Die Wahl eines Arbeitnehmers, der diese Voraussetzung der Berufszugehörigkeit nicht erfüllt, ist nach einer Entscheidung des Oberlandesgerichtes Dresden (»Schlichtungswesen« 1924, S. 112) nichtig.

15. **Wahlanfechtungen nach Ablauf der Ausgangsfrist** sind nach einem Beschluß des Gewerbegerichtes Königsberg vom 17. Februar 1925 nicht mehr möglich. Die Anfechtung muß vielmehr innerhalb der Aushangsfrist vorgenommen werden.

16. **Bei Wahlenthaltung der einen Arbeitnehmergruppe** bleibt der frühere Gruppenrat dieser Gruppe nach einem Urteile des Gewerbegerichtes Berlin vom 19. Februar 1925 nicht auf unbestimmte Zeit oder etwa gar auch noch für die Dauer einer weiteren Wahlperiode im Amte, sondern er verliert seine Amtseigenschaft zu dem Zeitpunkte, in welchem eine neue Gruppenratswahl ordnungsmäßig hätte durchgeführt sein können.

17. **Unzulässigkeit des ordentlichen Rechtsweges für die Feststellung der Betriebsratseigenschaft.** Nach einem Urteil des Reichs-

gerichtes vom 13. Mai 1924, Nr. 429/23 III (Jur. Wochenschr. 1925, Heft 7/8, S. 777) sind weder die ordentlichen Gerichte noch die Gewerbe- oder Kaufmannsgerichte zuständig für Klagen auf Feststellung, ob ein Arbeitnehmer noch rechtsgültig Mitglied einer Betriebsvertretung ist oder nicht.

c) Wie weit geht das Mitwirkungs- und Mitbestimmungsrecht der Betriebsvertretungen?

1.—3. siehe Band I, S. 148—149.

4. Keine Mitwirkung des Arbeiterrates bei Festsetzung der Akkordzeiten. Nach § 78, Ziffer 2 des Betriebsrätegesetzes hat der Arbeiter- oder Angestelltenrat, und wo ein solcher nicht vorhanden ist, der Betriebsrat die Aufgabe, bei der Regelung der Löhne, namentlich auch bei der Festsetzung der Akkord- oder Stücklohnsätze oder der für ihre Festsetzung maßgebenden Grundsätze mitzuwirken, soweit eine tarifliche Regelung nicht besteht. Nach einer Entscheidung der Amtshauptmannschaft Leipzig (Leipziger Abendpost Nr. 294 vom 17. 12. 1924) geht dieses Mitwirkungsrecht nur soweit, daß der Arbeiter- oder Angestelltenrat berechtigt ist, in Streitfällen zugezogen zu werden, um sein sachverständiges Urteil und die Wünsche der Arbeiterschaft dem Arbeitgeber bekanntzugeben. Dagegen kann nach der vorerwähnten Entscheidung aus dieser Bestimmung des § 78 nicht gefolgert werden, daß nur solche Akkordänderungen, insbesondere solche Herabsetzungen der Akkordzeiten gültig sind, zu denen der Arbeiter- oder Angestelltenrat seine Zustimmung gegeben hat. Änderungen der Akkordpreise und Akkordzeiten kann der Arbeitgeber vielmehr rechtsgültig durchaus selbständig festsetzen, allerdings mit der Einschränkung, daß Änderungen, die für den Arbeitnehmer ungünstig sind, erst zu dem Zeitpunkte in Kraft treten, zu welchem das Dienstverhältnis mit der jeweils geltenden Kündigungsfrist aufgekündigt werden könnte. Voraussetzung ist weiter, daß die neue Akkordfestsetzung nicht im Widerspruche steht zu tariflichen Sonderbestimmungen.

5. Ungültigkeit der Akkordlohnfestsetzung wegen fehlender Mitwirkung der Betriebsvertretung? Im Gegensatz zu der herrschenden Meinung entschied ein Urteil des Gewerbegerichtes Nürnberg vom 24. November 1924, daß Akkordlohnfestsetzungen durch den Arbeitgeber, insbesondere Herabsetzungen der Akkordlöhne und Akkordzeiten, rechtsunwirksam sind, wenn sie vom Arbeitgeber gegen den Willen der beteiligten Arbeitnehmer selbständig und ohne Mitwirkung und Zustimmung der Betriebsvertretung vorgenommen werden. Dieses Urteil dürfte rechtlich unhaltbar sein, da nach der vorwiegenden Meinung in Literatur und Rechtsprechung das Mitwirkungsrecht der Betriebsvertretung sich auf die Vorbringung von Wünschen und Beschwerden bei der Akkordregelung beschränkt, aber das Recht des Arbeitgebers zur selbständigen Lohnfestsetzung im Rahmen der Tarif- und Einzelverträge nicht aufgehoben wird. Richtig ist nur, daß Akkordherabsetzungen gegen den Willen der beteiligten Arbeitnehmer nur möglich und rechtswirksam sind, wenn sie nicht im Widerspruche stehen zu den geltenden Tarifbestimmungen, und wenn der Arbeitgeber der Inkraftsetzung eine ausdrückliche Ankündigung mit der für die Kündigung der Dienst- oder Arbeitsverträge geltenden gesetzlichen oder etwa vereinbarten vertraglichen Kündigungsfrist vorausgehen läßt.

6. **Die Vorlegung von Unterlagen betreffend Einstellungen** kann nach einem Urteile des Gewerbegerichtes Berlin vom 14. 2. 1924 die Betriebsvertretung auch dann nicht verlangen, wenn in dem für den Betrieb geltenden Tarifvertrage bezüglich der Arbeitsvermittlung und der Einstellungen besondere Abmachungen zwischen dem Arbeitgeber und der Gewerkschaft getroffen worden sind. Ein solches Verlangen können Betriebsvertretungsmitglieder auch nicht auf ihre Pflicht zur Überwachung der Durchführung der Tarifverträge stützen, weil sie nach der Urteilsbegründung lediglich darauf zu achten haben, daß diejenigen Bestimmungen der Tarifverträge beachtet werden, welche als Bestandteile in die Einzelarbeitsverträge übergehen, nicht aber auch solche Tarifbestimmungen, die lediglich obligatorisch im Verhältnis zwischen dem Arbeitgeber und den Gewerkschaften gelten.

7. **Die Anfertigung von Abschriften der Lohnlisten** braucht der Arbeitgeber der Betriebsvertretung nach einem Beschlusse des Gewerbegerichtes Dresden vom 12. Januar 1925 (Gewerbe- und Kaufmannsgericht, Nr. 9/1925, S. 428) auch dann nicht zu gestatten, wenn die Betriebsvertretung diese Abschriften angeblich benötigt, um die Durchführung von Schiedssprüchen und Tarifverträgen zu überprüfen. Nach der Urteilsbegründung genügt der Arbeitgeber der im § 71 des Betriebsrätegesetzes festgelegten Vorlegungspflicht, wenn er den Betriebsvertretungen Einsicht in die Lohnbücher gewährt und ihnen gestattet, einzelne Notizen gelegentlich dieser Einsichtnahme zu machen.

8. **Vorlegung der Goldbilanz** im Sinne der Verordnung über Goldbilanzen vom 28. Dezember 1923 können die Betriebsausschüsse und Betriebsräte auf Grund des § 72 des Betriebsrätegesetzes nach einer wohlbegründeten Abhandlung von Brandt in den Blättern für Arbeitsrecht 1925, Nr. 7 nicht verlangen, da die Goldbilanz lediglich als Eröffnungsbilanz im Sinne des § 39 des Handelsgesetzbuches anzusehen ist und Betriebsvertretungsmitglieder lediglich die Vorlage der alljährlichen Jahresabschlußbilanz, nicht dagegen auch die Vorlage einer Eröffnungsbilanz verlangen können.

d) Welche Rechte haben die Betriebsvertretungsmitglieder im Aufsichtsrate?

1.—6. siehe Band I, S. 149—152.

7. Die Entsendung von Betriebsvertretungsmitgliedern in Ausschüsse einer G. m. b. H. kommt nach einer Entscheidung des Stadtrates Meißen vom 22. August 1924 (s. Gewerkschaftsarchiv 1924, S. 372) nicht in Frage, wenn der betreffende Ausschuß lediglich die Gesellschaftsversammlung überhaupt oder in bestimmten Angelegenheiten zu vertreten hat. Ein solcher Ausschuß gilt eben nach der Entscheidungsbegründung nicht als Aufsichtsrat im Sinne des Gesetzes betr. die Entsendung von Betriebsratsmitgliedern in die Aufsichtsräte.

8. Bei Wahlenthaltung einer Arbeitnehmergruppe steht das Recht, Vertreter in den Aufsichtsrat zu entsenden, nach einem Urteile des Gewerbegerichtes Berlin vom 12. 1. 1925 dem von der anderen Arbeitnehmergruppe gewählten Gruppenrate zu, da dieser nach der allerdings umstrittenen Urteilsbegründung gleichzeitig die Aufgaben des Betriebsrates zu erfüllen hat bzw. als Betriebsrat anzusehen ist.

9. Recht des einen Gruppenrates zur Entsendung von Betriebsvertretungsmitgliedern in den Aufsichtsrat bei Wahlenthaltung der anderen Arbeitnehmergruppe. In Übereinstimmung mit dem bereits angeführten Urteil des Gewerbegerichts Berlin vom 12. Januar 1925 entschied auch ein in der Kartenauskunftei des Arbeitsrechtes, Karte »Betriebsvertretung 49, a, Aufsichtsratsvertretung« vom 2. April 1925 veröffentlichter Beschluß des Gewerbegerichts Heidelberg vom 14. März 1925, der allerdings in Literatur und Praxis lebhaft umstritten ist, daß bei Wahlenthaltung der einen Arbeitnehmergruppe der Gruppenrat der anderen Gruppe, also beispielsweise der Arbeiterrat bei Wahlenthaltung der Angestellten, die Rechte des Betriebsrates hat und dementsprechend auf Grund des § 70 des Betriebsrätegesetzes auch zur Entsendung von Vertretern in den Aufsichtsrat befugt ist.

10. Das Recht zur Entsendung von Aufsichtsratsvertretern bei Wahlenthaltung der einen Arbeitnehmergrupee. Nach einem vereinzelten und nicht einwandfrei begründeten Urteile des Gewerbegerichtes Dortmund vom 27. April 1925, Nr. 20/1925, GG 10 steht in den Fällen der Wahlenthaltung der einen Arbeitnehmergruppe dem von der anderen Arbeitnehmergruppe gewählten Gruppenrate das Recht zur Entsendung eines Vertreters in den Aufsichtsrat zu. Dagegen soll nach diesem Urteile in den Fällen der Wahlenthaltung der einen Arbeitnehmergruppe der Gruppenrat der anderen Gruppe auch dann keine zwei Mitglieder in den Aufsichtsrat delegieren können, wenn an sich nach der Größe des Betriebes oder der vorgeschriebenen Zusammensetzung der Betriebsvertretung die Entsendung von zwei Betriebsvertretungsmitgliedern in den Aufsichtsrat in Frage kommen würde.

e) Wie weit haben Betriebsvertretungsmitglieder Anspruch auf Vergütung ihres Lohnausfalles und ihrer Unkosten, auf Freistellung von der Arbeit und Bereitstellung von Geschäftsräumen?

1.—9. siehe Band I, S. 152—155.

10. Zulässigkeit der Zuziehung von mehreren Betriebsvertretungsmitgliedern zu wichtigen Verhandlungen mit dem Arbeitgeber. Im allgemeinen sind Verhandlungen mit dem Arbeitgeber durch den Vorsitzenden des Betriebs-, Arbeiter- oder Angestelltenrates allein zu führen, da dieser die Betriebsvertretung nach dem Betriebsrätegesetz gegenüber dem Arbeitgeber zu vertreten hat. Dementsprechend kann im allgemeinen auch nur er allein Entschädigung des Lohnausfalles verlangen, der während der Arbeitszeit durch notwendige Verhandlungen mit dem Arbeitgeber entstanden ist. Wenn dagegen eine besonders wichtige Verhandlung zu führen ist, wenn es sich beispielsweise um Einigungsverhandlungen zur Vermeidung eines unmittelbar drohenden Streikes handelt, darf der Vorsitzende der Betriebsvertretung nach einer Entscheidung des Gewerbegerichtes Leipzig (s. Nr. 303 der »Leipziger Volkszeitung« vom 30. 12. 1924) auch ein oder mehrere andere Mitglieder der Betriebsvertretung zu den Verhandlungen mit dem Arbeitgeber zuziehen, besonders in solchen Fällen, in denen der Arbeitgeber seinerseits leitende Angestellte zu seiner Unterstützung zuzieht. Der Arbeitgeber muß selbst dann, wenn diese Einigungsverhandlungen ergebnislos verlaufen sind, den zugezogenen Betriebsvertretungsmitgliedern die durch die Verhandlungen versäumte Arbeitszeit bezahlen, wenn die Verhandlungen an sich notwendig erscheinen und wenn der Arbeitgeber nicht von vornherein erklärt hat, er erkenne nur den Vorsitzenden als verhandlungsberechtigt an und werde den übrigen zugezogenen Betriebsvertretungsmitgliedern den Arbeitsausfall nicht vergüten.

11. Anspruch der Betriebsratsmitglieder auf Vergütung des Verdienstausfalles trotz Erfolglosigkeit ihrer Tätigkeit während der Arbeitszeit. Wenn Betriebsvertretungsmitglieder in dringlichen Fällen zur Erhaltung des Arbeits- und Wirtschaftsfriedens während der Arbeitszeit Verhandlungen mit dem Arbeitgeber, der Belegschaft oder der Gewerkschaft führen, so haben sie nach einer Entscheidung des Gewerbeamtes Leipzig vom 19. Dezember 1923 (s. Neue Zeitschrift für Arbeitsrecht, 1925, Heft 1, S. 57) Anspruch auf Vergütung des Verdienstausfalles durch den Arbeitgeber, und zwar auch dann, wenn ihre Tätigkeit infolge des Widerstandes der Belegschaft oder der Gewerkschaft erfolglos bleibt.

12. **Keinen Anspruch auf Vergütung des Verdienstausfalles haben Betriebsvertretungsmitglieder** nach einer Entscheidung der Amtshauptmannschaft Oelsnitz i. V. vom 1. Oktober 1923, wenn sie die Arbeit zwecks Wahrnehmung eines Termines versäumt haben, obwohl ihre Ladung zum Termine telephonisch rechtzeitig widerrufen worden ist.

13. **Die Versäumnis der Arbeit wegen Vertretung eines Arbeitnehmers vor dem Schlichtungsausschuß oder Arbeitsgericht** ohne Urlaub des Arbeitgebers berechtigt den Arbeitgeber nach einem Urteile des Landgerichtes Dortmund vom 20. 11. 1924 Nr. II 1, S. 460/24, im allgemeinen nicht zur fristlosen Entlassung. Dagegen ist der Arbeitgeber auch umgekehrt im allgemeinen nicht verpflichtet, die durch die Vertretung eines Arbeitnehmers durch den Vorsitzenden der Betriebsvertretung versäumte Arbeitszeit zu bezahlen, sofern der Vorsitzende der Betriebsvertretung nicht ausdrücklich vom Gericht oder vom Arbeitgeber zu der fraglichen Sitzung des Schlichtungsausschusses oder Gerichtes geladen worden war.

14. **Die Zuziehung eines weiteren Betriebsvertretungsmitgliedes außer dem Vorsitzenden** zur Vertretung der Betriebsvertretung vor dem Schlichtungsausschuß oder Arbeitsgericht ist nach einer Entscheidung des Rates der Stadt Leipzig vom 26. 10. 1923 im allgemeinen nicht als notwendig anzusehen, so daß das zugezogene weitere Betriebsvertretungsmitglied gegenüber dem Arbeitgeber einen Anspruch auf Bezahlung der versäumten Arbeitszeit nur hat, wenn der Arbeitgeber sich ausdrücklich mit der Terminwahrnehmung durch mehrere Betriebsvertretungsmitglieder einverstanden erklärt hat.

15. **Die durch Bericht über die gewerkschaftlichen Lohnverhandlungen versäumte Arbeitszeit** braucht der Arbeitgeber den Betriebsvertretungsmitgliedern nach einem Urteil des Gewerbegerichts Hamburg vom 11. November 1924, Nr. 273/1924 (s. Neue Zeitschrift für Arbeitsrecht 1925, Spalte 118) nicht zu vergüten, da solche Berichte nicht zu dem Aufgabengebiet der Betriebsräte gehören, wenn es auch vielfach üblich ist, daß die Betriebsräte darüber in Beriebsratsitzungen oder Betriebsversammlungen berichten. Versammlungen, in denen solche Berichte erstattet werden sollen, dürfen daher nur außerhalb der Arbeitszeit stattfinden, sofern der Arbeitgeber die Berichterstattung nicht während der Arbeitszeit ausdrücklich gestattet.

16. **Arbeitsversäumnis durch Protokollanfertigung gewährt keinen Vergütungsanspruch nach § 85 des Betriebsrätegesetzes.** Nach einem Urteil des Gewerbegerichtes Gelsenkirchen vom 28. Oktober 1924 haben Betriebsratsmitglieder die Sitzungsprotokolle grundsätzlich außerhalb der Arbeitszeit anzufertigen. Benutzen sie zur Protokollanfertigung die Arbeitszeit, so braucht der Arbeitgeber den Verdienstausfall nicht zu vergüten, sofern er die betreffenden

Betriebsvertretungsmitglieder nicht allgemein von der Arbeit freigestellt oder ihnen die Protokollanfertigung während der Arbeitszeit gestattet hat.

17. **Ein Recht zur Teilnahme an Betriebsrätevollversammlungen** steht nach einer mit der herrschenden Meinung allerdings in Widerspruch stehenden Entscheidung der Bezirkswirtschaftsstelle des Rates der Stadt Chemnitz vom 20. September 1923 (s. Merkblätter des Deutschen Eisenbahner-Verbandes VI, Nr. 1, S. 6) sämtlichen Betriebsvertretungsmitgliedern mit der Maßgabe zu, daß sie an solchen Vollversammlungen der Betriebsräte auch während der Arbeitszeit teilnehmen und sogar Bezahlung der dadurch versäumten Arbeitszeit vom Arbeitgeber verlangen können.

18. **Teilnahme von Betriebsratsmitgliedern an Reichskonferenzen.** Nach einem Urteile des Gewerbegerichtes Wilhelmsburg vom 12. 12. 1924 ist der Arbeitgeber nicht verpflichtet, Betriebsratsmitglieder zur Teilnahme an einer Reichskonferenz von Betriebsräten zu beurlauben, und zwar auch dann nicht, wenn dieselben auf Bezahlung verzichten. Auch bedeutet die Arbeitsversäumnis wegen Teilnahme an einer solchen Konferenz keine notwendige Arbeitsversäumnis im Sinne des Betriebsrätegesetzes. Der Arbeitgeber ist also auf keinen Fall zur Entschädigung des Betriebsratsmitgliedes für die Ausfallzeit infolge der Teilnahme verpflichtet und ist zur fristlosen Entlassung berechtigt, wenn das Betriebsratsmitglied trotz Urlaubsverweigerung an der Reichskonferenz teilnimmt und aus diesem Anlaß von der Arbeit fernbleibt.

19. **Urlaub zur Teilnahme an einer Reichskonferenz** darf der Arbeitgeber im Gegensatz zu der von uns unter der vorhergehenden Nummer angeführten Entscheidung des Gewerbegerichtes Wilhelmsburg nach einem Urteile des Arbeitsgerichtes Delmenhorst vom 22. 12. 1924 Nr. 76/1924 nicht verweigern, wenn das Betriebsvertretungsmitglied für die Urlaubszeit auf die Lohnzahlung verzichtet. Dieses Urteil des Arbeitsgerichtes Delmenhorst dürfte rechtlich kaum haltbar sein, weil die Betriebsvertretungsmitglieder nach den ausdrücklichen Bestimmungen des Betriebsrätegesetzes und nach der herrschenden Meinung lediglich berufen sind, die Interessen des einzelnen Betriebes zu wahren.

20. **Kürzung der Sprechstunden des Betriebsrates bei ungünstiger Wirtschaftslage.** Da Betriebsvertretungen Sprechstunden während der Arbeitszeit nur mit Zustimmung des Arbeitgebers abhalten können, und da eine solche Zustimmung nach der herrschenden Meinung (vgl. beispielsweise den Spruch des Schlichtungsausschusses Essen vom 17. September 1921 und des Schlichtungsausschusses Groß-Berlin vom 7. September 1920) im freien Ermessen des Arbeitgebers steht, von ihm auch jederzeit widerrufen werden kann, ist der Arbeitgeber nach einem Urteile des Berggewerbe-

gerichtes Dortmund, Kammer 3 vom 27. März 1924 berechtigt, bei ungünstiger Wirtschaftslage die zur Abhaltung von Sprechstunden während der Arbeitszeit erteilte Zustimmung entweder ganz zurückzunehmen oder sie dahin einzuschränken, daß die Sprechstunden auf eine kürzere Zeit beschränkt werden.

21. Trotz zeitweiser Freistellung von der Arbeit darf ein Betriebsvertretungsmitglied nach einem Urteile des Berggewerbegerichtes Aachen vom 17. 11. 1924 von der Arbeit nicht fernbleiben, wenn keine notwendigen Betriebsratsgeschäfte zu erledigen sind. Jedenfalls ist der Arbeitgeber nach diesem Urteile berechtigt, die Bezahlung der vom Betriebsratsmitglied grundlos versäumten Arbeitszeit auch dann zu verweigern, wenn er dem Betriebsratsmitglied an sich nicht gestattet hatte, zur Erledigung der Betriebsratsgeschäfte bis zu zwei Stunden oder bis zu irgendeiner anderen Zeit täglich von der Arbeit fernzubleiben.

22. Vor dem Verlassen der Arbeitsstelle braucht ein Betriebsvertretungsmitglied, wenn es dringende Betriebsratsangelegenheiten während der Arbeitszeit außerhalb der Arbeitstätte zu erledigen hat, nach einem Beschluß des Arbeitsgerichtes Nordhausen vom 20. Februar 1925 (Arbeiterrecht und Arbeiterversicherung, Nr. 4, S. 29) auch eine vom Arbeitgeber etwa verlangte schriftliche Genehmigung des Betriebsleiters nicht einzuholen. Es muß aber vor dem Verlassen der Arbeitstätte sowohl den Meister als auch den Betriebsleiter bzw. deren Stellvertreter davon in Kenntnis setzen, in welcher anderen Betriebsabteilung es eine dringende Betriebsratangelegenheit erledigen will. Andere selbständige Betriebsabteilungen darf das Betriebsvertretungsmitglied zwar im allgemeinen betreten. Ist jedoch das Betreten der betreffenden Abteilung zur Sicherung der Fabrikationsgeheimnisse Personen ohne besonderen Ausweis untersagt, so muß auch das Betriebsvertretungsmitglied sich einen solchen Ausweis vor dem Betreten dieses Raumes beschaffen. Der Arbeitgeber darf allerdings nach Ansicht des Arbeitsgerichts Nordhausen die Ausstellung eines solchen Ausweises nicht verweigern.

23. Kein Recht der von der Arbeit freigestellten Betriebsratsmitglieder, das Betriebsgelände ohne besondere Erlaubnis des Arbeitgebers während der Arbeitszeit zu verlassen. Gemäß Urteil des Gewerbegerichtes Berlin vom 12. März 1925, Nr. 194/1925, K 7 gibt die Freistellung eines Betriebsratsmitgliedes von der Arbeit diesen nicht etwa auch das Recht, jederzeit nach Belieben ohne besondere Erlaubnis des Arbeitgebers das Betriebsgelände während der Arbeitszeit zu verlassen. Jedes, auch das freigestellte Betriebsratmitglied bedarf vielmehr der ausdrücklichen Erlaubnis des Arbeitgebers, wenn es während der Arbeitszeit das Betriebsgelände verlassen will, und zwar auch dann, wenn es außerhalb des Betriebes Betriebsratangelegenheiten erledigen will. Verläßt ein Betriebsratmitglied ohne diese notwendige Erlaubnis das Betriebsgelände während der Arbeitszeit, so kann es wegen unbefugten Verlassens der Arbeit fristlos entlassen werden, es sei denn, daß es dringende und unaufschiebbare Betriebsratsangelegenheiten zu erledigen hatte und den Arbeitgeber rechtzeitig vor dem Verlassen des Betriebsgeländes verständigt hat.

24. Sitzungen der Betriebsvertretung während der Arbeitszeit gelten nach einem Urteile des Gewerbegerichtes Waldenburg vom 21. 11. 1924 Nr. 65/24 als vom Arbeitgeber genehmigt, wenn derselbe der Abhaltung der Sitzung während der Arbeitszeit nicht widersprochen hat, obwohl ihm hiervon vorher Mitteilung gemacht worden war, oder obwohl er zu der Sitzung eingeladen worden war. Auf Grund dieser stillschweigenden Genehmigung muß der Arbeitgeber nach der gleichen Entscheidung auch die während der Sitzung versäumte Arbeitszeit den Sitzungsteilnehmern vergüten.

25. Die Kosten einer Betriebsversammlung braucht der Arbeitgeber nicht zu tragen, wenn die Betriebsversammlung nur notwendig geworden ist, weil in einer voraufgegangenen Betriebsversammlung die Tagesordnung lediglich deshalb nicht erledigt worden ist, weil zwischendurch über Angelegenheiten verhandelt worden ist, für die die Betriebsversammlung und Betriebsvertretung nicht zuständig waren. (Urteil des Arbeitsgerichtes Hamburg vom 11. 11. 1924.)

26. Keine Kostenpflicht des Arbeitgebers für Betriebsversammlungen, in denen betriebsfremde Angelegenheiten verhandelt worden sind. Nach einem Urteile des Gewerbegerichtes Durlach vom 21. 7. 1924 (»Badische Rechtspraxis« 1924, S. 101) braucht der Arbeitgeber nicht für die Kosten der Beschaffung eines Lokales für eine Betriebsversammlung aufzukommen, in welcher über betriebsfremde Angelegenheiten, z. B. über politische Wahlen, verhandelt wird.

27. Pflicht des Arbeitgebers zur Stellung von Betriebsversammlungsräumen. Der Arbeitgeber hat nach einer Entscheidung des Gewerbegerichtes Durlach vom 21. 7. 1924 (»Badische Rechtspraxis« 1924, S. 101) für ordnungsmäßig einberufene Betriebsversammlungen, in denen Betriebsangelegenheiten erörtert werden sollen, entweder ausreichende Räume innerhalb oder außerhalb der Fabrik zur Verfügung zu stellen oder die Kosten zu tragen, die dadurch entstanden sind, daß die Betriebsvertretung wegen nicht rechtzeitiger Gestellung von Räumen durch den Arbeitgeber entsprechende Räume mieten mußte.

28. Ersatz der Portoauslagen können Betriebsvertretungen vom Arbeitgeber nach einem Beschluß des Gewerbegerichtes der Stadt Dresden vom 27. Oktober 1924 (Schlichtungswesen 1925, Heft 5, S. 71) auch dann verlangen, wenn die Portoauslagen an sich unnütz waren, weil die Betriebsvertretung sich irrtümlich mit ihren Schreiben bzw. Beschwerden an eine unzuständige Stelle gewandt hat.

f) Wie weit genießen Betriebsvertretungsmitglieder Sonderschutz bei Einzelkündigungen?

1.—3. siehe Band I, S. 155—156.

4. **Kein Kündigungseinspruchsrecht gemäß § 84 des Betriebsrätegesetzes** haben nach einem ohne Datum im Merkblatt des Deutschen Eisenbahner-Verbandes V, Nr. 11, Spalte 101, veröffentlichten Urteile des Gewerbegerichts Karlsruhe, Mitglieder einer Betriebsvertretung, denen vom Arbeitgeber mit oder ohne Zustimmung der Betriebsvertretung gekündigt worden ist. Nach diesem Urteil ist die Kündigung vielmehr entweder rechtswirksam und dem Einspruchsrecht nicht unterworfen, weil ein wichtiger, die fristlose Entlassung rechtfertigender Grund vorlag, oder die Betriebsvertretung bzw. das Arbeitsgericht zugestimmt hat, oder sie ist nichtig, weil diese Voraussetzungen nicht vorliegen.

5. **Der Kündigungsschutz der Betriebsvertretungsmitglieder beginnt** nach einem Urteile des Gewerbegerichtes Gruben vom 14. 11. 1924 (s. Gewerbe- und Kaufmannsgericht 30/7 S. 353), welches allerdings mit der herrschenden Meinung in Widerspruch steht, in den Fällen, in denen innerhalb der für die Einreichung der Wahlvorschlagslisten gesetzten Frist nur eine Vorschlagsliste eingereicht wird, nicht erst mit der Bekanntgabe des Wahlergebnisses, sondern bereits mit Ablauf der Einreichungsfrist für die Vorschlagslisten.

6. **Der Schutz der Betriebsvertretungsmitglieder endet** gemäß einem in der neuen Zeitschrift für Arbeitsrecht 1925, Heft 4, S. 249, veröffentlichten Urteil des Kammergerichtes vom 20. Januar 1925, Nr. 8, U 9970/24, nicht schon dann, wenn die Betriebsstillegung und die Entlassung der gesamten Belegschaft zu einem bestimmten Zeitpunkte in Aussicht gestellt oder vorgesehen ist, sondern erst mit der tatsächlichen Stillegung des Betriebs und der damit verbundenen Entlassung der gesamten Belegschaft. Auch endigt das Betriebsratsamt nicht automatisch mit dem Ablauf der Wahlt periode, sondern die Betriebsvertretungsmitglieder bleiben im allgemeinen solange im Amte, bis die neue Betriebsvertretung ordnungsmäßig gewählt ist und ihr Amt angetreten hat bzw. bis die Zei- abgelaufen ist, innerhalb deren nach Ablauf der Wahlperiode eine neue Betriebsvertretung unter normalen Verhältnissen hätte gewählt sein können. Nach Ansicht des Kammergerichtes ist daher auch die befristete Kündigung eines Betriebsvertretungsmitgliedes ohne Zustimmung der Betriebsvertretung bzw. ohne Ersatzzustimmung des Arbeitsgerichtes erst möglich, wenn das Betriebsvertretungsamt abgelaufen ist. Während der Dauer des Betriebsrats-

amtes kann nach Ansicht des Kammergerichtes nicht etwa ohne Zustimmung der Betriebsvertretung dem Betriebsvertretungsmitgliede zu einem Zeitpunkte rechtsgültig gekündigt werden, in welchem voraussichtlich das Betriebsratsamt wegen Stillegung des Betriebes oder wegen Ablaufes der Wahlperiode und durchgeführter Neuwahl abgelaufen sein wird.

g) Wann und wie ist die Zustimmung zur Kündigung oder Versetzung eines Betriebsvertretungsmitgliedes zu erteilen?

1.—11. siehe Band I, S. 156—160.

12. Wegen Verringerung der Leistungsfähigkeit eines Betriebsvertretungsmitgliedes durch Betriebsunfall kann der Arbeitgeber nach einem im Merkblatt des Deutschen Eisenbahner-Verbandes Nr. 9, Spalte 85 veröffentlichten Urteil des Gewerbegerichts Stettin vom 21. Mai 1924 nicht verlangen, daß die Betriebsvertretung oder das Arbeitsgericht zur Kündigung eines Betriebsvertretungsmitgliedes die Zustimmung erteilt.

13. Die Zustimmung zur Versetzung eines Betriebsvertretungsmitgliedes aus dem Angestellten- in das Arbeiterverhältnis darf nach einem im Kölner Tageblatt Nr. 96 vom 26. 2. 1925 veröffentlichten Urteile des Arbeitsgerichtes Köln vom Betriebs- bzw. Gruppenrat nicht verweigert werden, muß jedenfalls ersatzweise vom Arbeitsgericht auf Antrag des Arbeitgebers erteilt werden, wenn die Versetzung aus dem Angestellten- in das Arbeiterverhältnis wegen wesentlicher Betriebseinschränkungen sachlich gerechtfertigt ist. Wenn also beispielsweise die Belegschaft einer Betriebsabteilung von 80 auf 8 Arbeiter reduziert wird, so muß der Angestelltenrat bzw. das Arbeitsgericht die Zustimmung dazu geben, daß der Meister der Abteilung als Vorarbeiter in das Arbeiterverhältnis, natürlich unter Einhaltung der Kündigungsfrist, überführt wird, obwohl der Meister damit sein Amt als Angestellten- und Betriebsratsmitglied verliert.

14. Keine Zuziehung des zu kündigenden Betriebsratmitgliedes zu der Zustimmungsverhandlung. Nach einem in der Zeitschrift »Die freie Gewerkschaft 3, 51« veröffentlichten Urteile des Gewerbegerichtes Hamburg ist die von der Betriebsvertretung zur Kündigung eines Betriebsratsmitgliedes erteilte Zustimmung auch dann gültig, wenn das Mitglied, dem gekündigt werden soll, zu der entscheidenden Betriebsratsitzung nicht eingeladen worden ist. Nach Ansicht des Gewerbegerichtes Hamburg ist die Einladung deshalb nicht notwendig, weil das betreffende Betriebsratsmitglied ja ohnehin nicht mitstimmen kann, weil es selbst an der Entscheidung persönlich interessiert ist.

15. Gültigkeit der Zustimmungserklärung zur Kündigung eines Betriebsvertretungsmitgliedes ist von der Beachtung der Formvorschriften des Betriebsrätegesetzes abhängig. Nach einem Urteile des Landgerichtes Schwerin vom 5. Mai 1924, Nr. 20, 40/24/27, und des Oberlandesgerichtes Rostock vom 29. September 1924, Nr. Re 361/5581/7 ist die Kündigung eines Betriebsvertretungsmitgliedes wegen fehlender Zustimmung der Betriebsvertretung rechtsunwirksam, wenn der Arbeitgeber oder die Betriebsleitung lediglich die Betriebsvertretung zusammengerufen und ihr die Absicht der Kündigung des betreffenden Betriebsvertretungsmitgliedes bekanntgegeben hat, ohne die Betriebsvertretung zu veranlassen, einen Beschluß über die Erteilung oder Versagung der Zustimmung zu fassen. Eine Zustimmungserklärung liegt nach der Urteilsbegründung in gültiger Form nur vor, wenn die Betriebsvertretung in einer ordnungsmäßig einberufenen und beschlußfähigen Sitzung formgültig über die Frage der Zustimmung abgestimmt hat.

16. Die Zustimmung zur Kündigung eines sowohl dem Betriebs- als auch dem Arbeiter- oder Angestelltenrate angehörenden Betriebsvertretungsmitgliedes muß nach einem Urteile des Oberlandesgerichtes Braunschweig vom 30. 5. 1924 Nr. I V 28/24 sowohl vom Betriebs- als auch vom Gruppenrat erteilt werden. Nach der herrschenden Ansicht und einer wohlbegründeten Abhandlung von Landmann im Arbeitsrecht 1925, Heft 1, Spalte 40, genügt aber die Zustimmungserklärung des Vorsitzenden des Betriebs- und Arbeiter- bzw. Angestelltenrates gegenüber dem Arbeitgeber, wenn der Vorsitz des Betriebs- und Gruppenrates bei demselben Arbeitnehmer liegt.

17. Mangels ordnungsmäßiger Zustimmung der Betriebsvertretung ist die Kündigung eines Betriebsvertretungsmitgliedes nach einem Urteile des Kaufmannsgerichtes Frankfurt a. M. vom 5. Dezember 1924, Nr. K 1102/24 beim Fehlen eines wichtigen Kündigungsgrundes unwirksam, wenn zu der Sitzung, in welcher die Betriebsvertretung die Zustimmungserklärung beschlossen hat, nicht alle Mitglieder der Betriebsvertretung eingeladen worden sind, oder wenn auch nur das Betriebsvertretungsmitglied, dem gekündigt worden ist, zu der Sitzung nicht eingeladen wurde.

18. Die Zustimmungserklärung des Vorsitzenden der Betriebsvertretung genügt nach einem Urteil des Landgerichtes Altona vom 11. September 1924 (Hanseatische Gerichtszeitung, Abt. Arbeitsr. 2, 15, S. 82) als Zustimmung zur Kündigung eines Betriebsvertretungsmitgliedes im Sinne des § 96 des Betriebsrätegesetzes auch dann, wenn bei der Beschlußfassung des Gruppenrates wesentliche Formvorschriften nicht beachtet worden sind, wenn also beispielsweise zu der Sitzung, in der die Zustimmung zur Kündigung des Betriebsvertretungsmitgliedes beschlossen worden ist, nicht alle Mitglieder der Betriebsvertretung ordnungsmäßig eingeladen waren.

19. Zur Prüfung der angegebenen Entlassungsgründe vor Erteilung der Ersatzzustimmung zur Kündigung eines Betriebsratsmitgliedes ist das Arbeitsgericht nach einem in Nr. 16 der Gewerkschaftszeitung S. 228 vom 18. 4. 1925 veröffentlichten, rechtlich aber kaum haltbaren Beschlusse des Gewerbegerichtes Ulm vom 9. 12. 1924 Nr. 105/1924 nicht verpflichtet. Das Arbeitsgericht kann vielmehr nach diesem Beschlusse die Zustimmung zur Kündigung eines Betriebsvertretungsmitgliedes schon dann und schon deshalb erteilen, weil von Arbeitnehmerseite nicht behauptet oder nachgewiesen wird, daß die Kündigung als Tendenzmaßnahme des Arbeitgebers gedacht ist oder sich auswirken würde.

20. Rückwirkung der Zustimmung zur Kündigung eines Betriebsvertretungsmitgliedes? In Übereinstimmung mit der herrschenden Meinung entschied das Kaufmannsgericht Krefeld mit Urteil vom 25. August 1924, Nr. D 57/24, daß die vom Arbeitsgericht auf Antrag des Arbeitgebers zur Kündigung eines Betriebsvertretungsmitgliedes erteilte Ersatzzustimmung auf den Zeitpunkt des bereits erfolgten Kündigungsausspruches zurückwirkt.

Im Gegensatz hierzu schloß sich das Landgericht Hamburg mit Urteil vom 26. März 1924 (s. Hanseatische Gerichtszeitung, Arbeitsrecht, 1, Nr. 33, S. 134) der von der Minderheit vertretenen Auffassung an, daß die Zustimmung zur Kündigung eines Betriebsvertretungsmitgliedes, gleichgültig, ob sie von der Betriebsvertretung oder vom Arbeitsgericht erteilt worden ist, keine rückwirkende Kraft hat.

21. Die Zustimmung der Betriebsvertretung bzw. des Arbeitsgerichtes zur Kündigung eines Betriebsvertretungsmitgliedes wirkt zurück auf den Tag, an welchem die Kündigung bereits früher ausgesprochen worden ist, nach den Urteilen des Gewerbegerichtes Köln vom 27. 11. 1924 Nr. G G 5422/24 und des Landgerichtes Köln vom 13. 2. 1925 Nr. 13, S. 171/24. Das gegenteilige Urteil des Kammergerichtes vom 12. 4. 1924 wird in der Begründung des Urteils des Landgerichtes Köln eingehend widerlegt.

22. Die Ersatzzustimmung des Arbeitsgerichtes zur Kündigung eines Betriebsvertretungsmitgliedes wirkt nach einem Urteile des Gewerbegerichtes Kiel vom 8. 1. 1925 auf den Tag zurück, an dem die Zustimmung von der Betriebsvertretung hätte erteilt werden können.

23. Gegen die rückwirkende Kraft der Zustimmung zur Kündigung eines Betriebsvertretungsmitgliedes spricht sich im Gegensatz zu den bei Goerrig »Das Arbeitsrecht in der Praxis«, Bd. I, S. 158, veröffentlichten Urteilen eine Entscheidung des Landgerichts Leipzig vom 17. Juni 1924 aus (s. Merkblatt des Deutschen Eisenbahner-Verbandes V, Nr. 12, S. 110).

24. Keine rückwirkende Kraft besitzt nach einem Urteil des Landgerichts Hamburg vom 26. März 1924 (Hanseatische Gerichtszeitung, Abt. Arbeitsrecht I, Nr. 33, S. 134) die nachträglich von der Betriebsvertretung oder vom Arbeitsgericht zu der bereits ausgesprochenen Kündigung eines Betriebsvertretungsmitgliedes erteilte Zustimmung. Nach diesem Urteil gilt vielmehr die Kündigung als erst im Zeitpunkte der Zustimmung gültig ausgesprochen. (Vgl. jedoch die gegenteiligen, bei Goerrig »Das Arbeitsrecht in der Praxis«, Bd. I, S. 158, veröffentlichten Entscheidungen.)

25. Die Ersatzzustimmung des Arbeitsgerichtes zur Kündigung eines Betriebsvertretungsmitgliedes wirkt zurück auf den Tag des bereits früher erfolgten Ausspruches der Kündigung gemäß einem Urteil des Landgerichtes I Berlin vom 12. Februar 1925, Nr. 23, S. 201/24. Dieses Urteil ist besonders deshalb bedeutungsvoll, weil es sich bewußt in Gegensatz stellt zu dem Urteil des Kammergerichts vom 12. April 1924, demzufolge bekanntlich die Ersatzzustimmung des Arbeitsgerichtes zur Kündigung eines Betriebsvertretungsmitgliedes keine rückwirkende Kraft haben soll.

26. Keine Rückwirkung besitzt die Ersatzzustimmung des Arbeitsgerichtes zur Kündigung eines Betriebsvertretungsmitgliedes gemäß einem Urteil des Oberlandesgerichts Braunschweig vom 30. Mai 1924, Nr. I, V 28/24, welches allerdings mit der herrschenden Meinung in Widerspruch steht.

27. Die Ersatzzustimmung zur Kündigung eines Betriebsvertretungsmitgliedes kann der Arbeitgeber nach einem Urteil des Gewerbegerichts Königsberg vom 22. Juli 1924 (Merkblatt des Deutschen Eisenbahner-Verbandes V, Spalte 95) erst verlangen, nachdem er vergeblich die Betriebsvertretung um Erteilung der Zustimmung zur Kündigung gebeten hatte. Der Arbeitgeber kann sich also nicht etwa schon deshalb sofort mit dem Antrag auf Ersatzzustimmung an das Arbeitsgericht wenden, weil er vermutete, daß die Betriebsvertretung die Zustimmung doch verweigern würde.

28. Auch zur befristeten Kündigung eines Betriebsvertretungsmitgliedes ist keine Zustimmung der Betriebsvertretung erforderlich, wenn die befristete Kündigung erfolgt, weil oder unmittelbar nachdem der Arbeitnehmer einen wichtigen, zur fristlosen Entlassung berechtigenden Grund gegeben hat (Urteil des Gewerbegerichts Hamburg vom 17. Februar 1924, s. Hanseatische Gerichtszeitung, Abt. Arbeitsrecht I, Nr. 23, S. 95).

h) Wie weit ist fristlose Entlassung von Betriebsvertretungsmitgliedern zulässig?

1.—7. siehe Band I, S. 160—163.

8. Die Streikhetze von Betriebsvertretungsmitgliedern stellt nicht nur eine grobe Verletzung der Betriebsvertretungspflichten, sondern nach einem Urteil der Ferienzivilkammer des Landgerichts Elberfeld vom 4. September 1924, Nr. 28/24, auch eine Verletzung der Pflichten aus dem Arbeitsvertrage und deshalb einen wichtigen, zur fristlosen Entlassung berechtigenden Grund dar.

9. **Fristlose Entlassung von Betriebsvertretungsmitgliedern gemäß § 124a der Gewerbeordnung** ist nach einem Urteile des Gewerbegerichtes Bautzen vom 8. 10. 1924 nur dann zulässig, wenn das Betriebsvertretungsmitglied auf Grund eines festen Vertrages mehr als 4 Wochen oder mit einer längeren als 14tägigen vertraglichen Kündigungsfrist beschäftigt ist. Der § 124a der Gewerbeordnung ist dagegen gegenüber Betriebsvertretungsmitgliedern nicht schon deshalb unbeschränkt anwendbar, weil die Kündigung und Entlassung von Betriebsvertretungsmitgliedern durch das Betriebsrätegesetz erschwert ist.

10. **Berechtigt grobe Pflichtverletzung der Betriebsvertretungsmitglieder zur Entlassung?** Im Gegensatz zu der herrschenden Meinung entschied das Gewerbegericht Stuttgart mit Urteil vom 20. 11. 1924, daß Amtspflichtverletzungen der Betriebsvertretungsmitglieder ausschließlich durch die Absetzung oder Auflösung der Betriebsvertretung bestraft werden können, daß dagegen solche Amtspflichtverletzungen weder dem Arbeitgeber das Recht zur fristlosen Entlassung noch das Recht geben, von der Betriebsvertretung oder vom Arbeitsgericht die Zustimmung zur befristeten Kündigung solcher Betriebsvertretungsmitglieder eben wegen der Pflichtverletzung zu verlangen.

Demgegenüber entschied ein Urteil des Gewerbegerichtes Schödmar vom 8. 10. 24, daß grobe Pflichtverletzungen der Betriebsvertretungsmitglieder, die eine Absetzung gemäß § 39 des Betriebsrätegesetzes rechtfertigen, den Arbeitgeber gleichzeitig zur fristlosen Entlassung berechtigen, da die Betriebsratpflichten gleichzeitig Verpflichtungen aus dem Arbeitsvertrage darstellen.

11. **Beleidigungen der Betriebsleitung durch Betriebsvertretungsmitglieder berechtigen zur fristlosen Entlassung.** Nach einem in der Freien Gewerkschaft, Nr. 5 vom 28. Januar 1925, veröffentlichten Urteile des Gewerbegerichtes Altona geht das Recht der Betriebsvertretungsmitglieder zur Wahrnehmung der Interessen der Belegschaft gegenüber dem Arbeitgeber und der Betriebsleitung nicht so weit, daß sie bei der Einlegung ihrer Beschwerden und bei der Geltendmachung der Forderungen und Wünsche der Belegschaft den Arbeitgeber oder Mitglieder der Betriebsleitung beleidigen dürfen. Tun sie dies doch, so ist der Arbeitgeber zur fristlosen Entlassung gemäß § 123, Absatz 5 der Gewerbeordnung berechtigt, ohne daß er der Zustimmung der Betriebsvertretung zur fristlosen Kündigung bedarf.

12. **Verstoß gegen die Betriebsratspflichten** stellt nicht gleichzeitig einen Verstoß gegen die Arbeitsvertragspflichten dar. In der viel umstrittenen Frage, ob und unter welchen Voraussetzungen die

Pflichten der Betriebsvertretungsmitglieder gleichzeitig Pflichten aus dem Arbeits- oder Dienstvertrage darstellen und unter welchen Voraussetzungen dementsprechend ein Verstoß gegen die Betriebsratspflichten einen ev. zur fristlosen Entlassung berechtigenden oder zum Schadenersatz verpflichtenden Verstoß gegen die Arbeitsvertragspflichten darstellt, ist ein Urteil des Reichsgerichtes vom 10. 1. 1925, Nr. IV 312/24, von Bedeutung, in welchem das Reichsgericht sich auf den Standpunkt stellt, daß ein Verstoß gegen die Betriebsratspflichten nicht ohne weiteres einen Verstoß gegen die Arbeitsvertragspflichten darstellt, daß vielmehr die Pflichten aus dem Betriebsrätegesetz im allgemeinen gesetzliche, nicht im Arbeitsvertrag als solchem begründete Pflichten darstellen.

13. **Zur Einreichung der Einspruchsklage für ein fristlos entlassenes Betriebsvertretungsmitglied berechtigt** ist gemäß einem in der neuen Zeitschrift für Arbeitsrecht, Nr. 4/1925, S. 247, veröffentlichten Urteil des Gewerbegerichts Berlin vom 5. Februar 1925 nicht der Betriebsrat, sondern nur der Gruppenrat, dem das angeblich zu Unrecht fristlos entlassene Betriebsvertretungsmitglied angehört. Wird die Einspruchsklage trotzdem vom Betriebsrat eingereicht und geht innerhalb der für die Einreichung der Klage gesetzten fünftägigen Frist keine entsprechende Einspruchsklage oder Übernahmeerklärung des Gruppenrates ein, so muß nach diesem Urteil des Gewerbegerichtes Berlin die Einspruchsklage wegen mangelnder Aktivlegitimation abgewiesen werden.

14. **Fristlose Entlassung von Betriebsvertretungsmitgliedern wegen grober Beleidigung** ist nach einem Urteile des Berggewerbegerichtes Dortmund, Kammer Essen II, vom 9. Dezember 1924 zulässig, wenn das Betriebsratsmitglied, wenn auch außerhalb des Betriebes öffentlich beleidigende Äußerungen über seinen Arbeitgeber oder seine Betriebsleitung macht, beispielsweise in einer öffentlichen Gemeinderatssitzung erklärt, die Belegschaft habe kein Vertrauen mehr zu der Betriebsleitung, weil diese im Vorjahre die Arbeiterschaft um das Kartoffelgeld betrogen habe.

15. **Wegen Beleidigung eines Vorsitzenden durch die verleumderische Behauptung ehrenrühriger Tatsachen** können Betriebsratsmitglieder nach einem Urteile des Gewerbegerichtes Berlin vom 28. Februar 1925 fristlos entlassen werden.

16. **Wegen Verletzung der Form- oder Anstandspflichten** bei energischer Vertretung der Belegschaftsinteressen können Betriebsvertretungsmitglieder und insbesondere Betriebsvertretungsvorsitzende nach einem Urteile des Gewerbegerichtes Emmerich vom 10. September 1924 nicht fristlos entlassen werden.

17. **Die Verteilung kommunistischer Flugblätter durch Betriebsvertretungsmitglieder** bedeutet nach einem in der deutschen Arbeitgeberzeitung Nr. 16 vom 19. 4. 1925 veröffentlichten und in eingehender Begründung von Scheven als rechtsirrig bezeichneten

Beschlusse des Arbeitsgerichtes Kiel keinen groben Verstoß gegen die Betriebsratspflichten und berechtigt infolgedessen weder zur fristlosen Entlassung noch zur Absetzung der betreffenden Betriebsratmitglieder. Nach der Begründung dieses Beschlusses steht dem Arbeitgeber wegen solcher Verstöße der Betriebsratsmitglieder gegen die Betriebsdisziplin und wegen solcher Gefährdung der Betriebsruhe nur das Recht zur Verhängung einer Ordnungsstrafe auf Grund der Arbeitsordnung zu.

18. Fristlose Entlassung von Betriebsratsmitgliedern wegen Verteilung kommunistischer Flugblätter. Auch das Gewerbegericht Köln stellte sich in einem in der Kölnischen Zeitung, Nr. 318/1925 veröffentlichten Urteil auf den Standpunkt, daß Betriebsratsmitglieder fristlos entlassen werden können, weil sie trotz ausdrücklichen Verbotes innerhalb des Betriebs in der Arbeitszeit oder in den Pausen oder auch vor der Arbeitszeit Flugblätter kommunistischen Inhalts verteilt haben.

19. Fristlose Entlassung wegen Angehörigkeit eines Betriebsvertretungsmitgliedes zu einem ungesetzlichen Aktions- oder Überwachungsausschuß. Der Schlichtungsausschuß Groß-Berlin hat unter der Nr. A 11 921/23 entschieden, daß die Zugehörigkeit des Mitgliedes einer Betriebsvertretung zu einem ungesetzlichen Aktions- oder Überwachungsausschuß einen wichtigen und ausreichenden Grund zur fristlosen Entlassung darstellt.

20. Keine fristlose Entlassung von Betriebsvertretungsmitgliedern wegen Aufforderung zur Verweigerung tariflich vorgesehener Überarbeit? Entgegen der herrschenden Auffassung entschied ein rechtlich allerdings kaum haltbares Urteil des Gewerbegerichtes Dresden, Nr. VIII, C 1/463, daß Betriebsvertretungsmitglieder nicht schon deshalb fristlos entlassen werden können, weil sie in irrtümlicher Auslegung der Tarif- oder Vertragsbestimmungen ihre Mitarbeiter aufgefordert haben, die Leistung tariflich zulässiger oder vorgesehener Überarbeit zu verweigern.

21. Fristlose Entlassung von Betriebsratsmitgliedern wegen unbefugter Benutzung von Passierscheinen. Nach einem Urteil des Gewerbegerichtes Berlin vom 10. Dezember 1924, Nr. 1618/1924, K 8 sind Betriebsratsmitglieder nicht berechtigt, auf Grund eines Passierscheins, den sie zum Besuche des Arztes erhalten haben, das Werksgelände zu anderen Zwecken zu verlassen. Nach der Urteilsbegründung darf auf Grund eines zum Besuche des Arztes ausgestellten Passierscheines das Werk nicht verlassen werden, wenn der Arbeitnehmer von dem Arztbesuch Abstand nehmen will. Benutzt ein Betriebsvertretungsmitglied gleichwohl einen solchen Passierschein zu einem anderen Zwecke, so verläßt es die Arbeit nach der Urteilsbegründung »unbefugt« und kann fristlos entlassen werden.

Weitere Entscheidungen siehe unter Nr. XIII.

i) Welchen Sonderschutz genießen Betriebsvertretungsmitglieder bei Arbeitsstreckung und Betriebsstillegung?

1.—3. siehe Band I, S. 163—164.

4. **Personalverminderungen** gelten nach einem Urteil des Kaufmannsgerichts Glogau vom 23. September 1924 (s. Bankbeamtenzeitung 1924, Nr. 10) nicht als Betriebsstillegungen im Sinne der §§ 96 f. des Betriebsrätegesetzes, gestatten also nicht die zustimmungsfreie Kündigung von Betriebsvertretungsmitgliedern.

5. **Auch bei teilweiser Betriebsstillegung** ist nach einem in der Zeitschrift »Das Schlichtungswesen«, Heft 4/1925, S. 67, abgedruckten Entscheidung des Gewerbegerichtes Wismar vom 19. Juni 1924 gemäß § 96, Absatz 2 des Betriebsrätegesetzes die befristete Kündigung eines Betriebsvertretungsmitgliedes ohne Zustimmung der Betriebsvertretung bzw. Ersatzzustimmung des Arbeitsgerichtes zulässig und rechtsgültig.

6. **Umorganisation eines Betriebes bedeutet keine Betriebsstillegung** nach einem Urteil des Kammergerichtes vom 20. Januar 1925, Nr. 8, U 9970/24 (Neue Zeitschrift für Arbeitsrecht 1925, Heft 4, S. 248), wenn sie darin besteht, daß die Tätigkeit, die bisher von der einen Arbeitnehmergruppe erledigt worden ist, einer anderen Arbeitnehmergruppe übertragen wird. Es kann daher nicht etwa wegen teilweiser Betriebsstillegung einem Betriebsvertretungsmitglied ohne Zustimmung der Betriebsvertretung befristet gekündigt werden, weil die von ihm bisher ausgeübte Tätigkeit infolge einer Änderung der Betriebsorganisation von einem anderen Arbeitnehmer oder einer anderen Arbeitnehmergruppe verrichtet werden soll.

7. **Bei Wiederaufnahme eines stillgelegten Betriebes** müssen nach einem umstrittenen Urteile des Landgerichtes Dortmund vom 26. Februar 1925, Nr. II, 1 S 517/24 die gelegentlich der Betriebsstillegung entlassenen Betriebsvertretungsmitglieder zuerst wieder eingestellt werden, damit sie dem Betriebe erhalten bleiben, sofern für sie geeignete Beschäftigungsmöglichkeit vorliegt.

8. **Austausch an einen Arbeitsplatz in einer anderen Betriebsabteilung** bei teilweiser Betriebsstillegung, d. h. bei Stillegung einer einzelnen selbständigen Betriebsabteilung kann ein Betriebsvertretungsmitglied, welches in der stillgelegten Betriebsabteilung beschäftigt war, nach einem Urteile des Gewerbegerichtes Wismar vom 19. Juni 1924 (Schlichtungswesen 1925, Nr. 4, S. 68) nicht verlangen. Die befristete Kündigung eines Betriebsvertretungsmitgliedes ohne Zustimmung der Betriebsvertretung ist infolgedessen nach diesem Urteil auch dann rechtsgültig, wenn das Betriebsvertretungsmitglied behauptet und nachweisen kann, daß es dem Arbeitgeber möglich gewesen wäre, es in eine andere selbständige Betriebs-

abteilung nach vorheriger Entlassung eines anderen Arbeitnehmers zu übernehmen.

Weitere Entscheidungen siehe unter Nr. XI.

k) Welchen Sonderschutz genießen Betriebsvertretungsmitglieder bei Arbeitskämpfen?

1.—2. siehe Band I, S. 164—165.

3. **Bei Aussperrungen genießen Betriebsratsmitglieder keinen Kündigungsschutz** gemäß einer in Übereinstimmung mit der herrschenden Meinung ergangenen Entscheidung des Gewerbegerichtes Cassel vom 23. Januar 1924, da im Falle der Aussperrung eine Betriebsstillegung im Sinne der §§ 96 und 97 des Betriebsrätegesetzes vorliegt. Auf den gleichen Standpunkt haben sich die Urteile des Gewerbegerichtes Berlin vom 5. Mai 1924 und des Landgerichtes Königsberg vom 4. Juli 1924 gestellt. (Schlichtungswesen 1924, S. 173 und 215.)

4. **Auch bei teilweisen Aussperrungen** ist die Kündigung und Entlassung der in der betreffenden Betriebsabteilung beschäftigten Betriebsvertretungsmitglieder nach den Urteilen des Landgerichtes I Berlin vom 31. 3. 1924 und 4. 7. 1924 Nr. 23, S. 45/24 und 23, S. 92/24, ohne Zustimmung der Betriebsvertretung und ohne Ersatzzustimmung des Arbeitsgerichtes zulässig, wenn die mit der Aussperrung verbundene völlige oder teilweise Betriebsstillegung nicht ausschließlich zu dem Zwecke erfolgt, den Betrieb sofort nach der Entlassung der mißliebigen Betriebsvertretungsmitglieder zu den alten Bedingungen wieder aufzunehmen. Voraussetzung ist nur, daß die Aussperrung deshalb erfolgt, weil der Arbeitgeber sich durch den Kampf mit der Arbeiterschaft gezwungen sieht, seinen Betrieb entweder auf eine nicht ganz unerhebliche Zeit völlig einzustellen oder ihn erst nach wirtschaftlicher Umstellung bzw. nach Änderung der Lohn- und Arbeitsbedingungen wieder aufzunehmen.

5. **Auch freigestellte Betriebsratsmitglieder können bei Aussperrungen** gemäß einem Urteil des Gewerbegerichtes Berlin vom 5. Mai 1924, Nr. 718 bis 726/24 unter den gleichen Voraussetzungen wie sonstige Arbeitnehmer der gleichen Betriebsabteilung entlassen oder ohne Lohn beurlaubt werden, ohne daß der Arbeitgeber hierzu der Zustimmung der Betriebsvertretung oder der Ersatzzustimmung des Arbeitsgerichtes bedarf, da nach der Urteilsbegründung auch die durch Aussperrung hervorgerufene völlige oder teilweise Betriebsstillegung als Stillegung im Sinne des § 96, Absatz 2, Ziffer 2 des Betriebsrätegesetzes angesehen wird.

6. **Zustimmungsfreie Entlassung von Betriebsvertretungsmitgliedern auch bei Teilaussperrungen.** Das Landgericht Dessau hat mit Urteil vom 25. Juli, Nr. 2a, S. 51/24, entschieden, daß auch bei teilweiser Betriebsstillegung, und zwar auch dann, wenn diese durch

Aussperrung herbeigeführt wird, Betriebsvertretungsmitglieder ohne Zustimmung der Betriebsvertretung und ohne Ersatzzustimmung des Arbeitsgerichtes unter denselben Voraussetzungen wie die übrigen Arbeitnehmer des Betriebes entlassen werden können. Das Landgericht Dessau begründet dieses Urteilsergebnis damit, daß § 96, Absatz 2, Ziffer 2, des Betriebsrätegesetzes auch bei teilweiser Betriebstillegung anwendbar ist, und zwar ohne Rücksicht darauf, aus welchen Gründen die Stillegung erfolgt und gleichgültig, ob etwa angenommen werden kann, daß erst durch die kampfweise Entlassung der Teilbelegschaft die teilweise Betriebsstillegung herbeigeführt wird.

7. **Zur Kündigung erkrankter Betriebsvertretungsmitglieder während einer Aussperrung bedarf der Arbeitgeber** nach einem Urteil des Gewerbegerichts Hamburg vom 28. November 1923 und des Landgerichts Hamburg vom 4. April 1924 (Hanseatische Gerichtszeitung, Abt. Arbeitsrecht I, Nr. 34, S. 137) der Zustimmung der Betriebsvertretung, sofern die Kündigung noch während der Krankheit des Betriebsvertretungsmitgliedes erfolgt. Wird das Betriebsvertretungsmitglied vor Beendigung der Aussperrung wieder arbeitsfähig, so bedarf der Arbeitgeber auch dann nach den vorerwähnten Urteilen zur Kündigung dieses Betriebsvertretungsmitgliedes der Zustimmung der Betriebsvertretung, sofern in dem Zeitpunkt der Wiedergesundung des Betriebsvertretungsmitgliedes die Wiedereröffnung bereits in Aussicht genommen ist. Dies gilt aber dann nicht, wenn das erkrankte Betriebsvertretungsmitglied durch sein Verhalten gezeigt hat, daß es sich mit der übrigen Belegschaft solidarisch erklärt und damit mit dieser zusammen einen wichtigen Grund zur fristlosen Entlassung und zur Aussperrung gibt.

Weitere Entscheidungen siehe unter Nr. XI und XXII.

l) Wie weit genießen Wahlkandidaten und Ergänzungsmitglieder Kündigungssonderschutz?

1.—2. siehe Band I, S. 165—166.

m) Wann und mit welcher Wirkung ist Absetzung von Betriebsvertretungsmitgliedern möglich?

1.—8. siehe Band I, S. 166—169.

9. **Gewerkschaftliche Agitation eines Betriebsratsmitgliedes während der Arbeitszeit,** die etwa darin besteht, daß Betriebsratsmitglieder während der Arbeitszeit versuchen, Belegschaftsangehörige zu bewegen, ihrer Organisation beizutreten, stellt nach einem in der Gewerkschaftszeitung, Nr. 14, S. 199, veröffentlichten Beschluß des Amtsgerichts Breslau vom 6. Februar 1925, Nr. X a 1, 108/25, eine grobe Pflichtverletzung im Sinne der §§ 39 und 66,

Ziffer 6, des Betriebsrätegesetzes und des Artikels 159 der Reichsverfassung dar und berechtigt zur Absetzung auf Antrag des Arbeitgebers oder eines Viertels der Belegschaft.

10. **Grobe Pflichtverletzung liegt nicht vor** nach einem wohl anfechtbaren Beschluß des Gewerbegerichts Mannheim vom 25. Febr. 1925, wenn das Mitglied einer Betriebsvertretung infolge des Drängens der Belegschaft auf Grund der Nichteinhaltung einer Zusage durch den Arbeitgeber in eine erhebliche Erregung versetzt worden ist und in dieser Erregung sich ungebührlich gegenüber Mitgliedern der Betriebsleitung benimmt (s. Schlichtungswesen 1925, Nr. 3, S. 47).

11. **Politische Betätigung der Betriebsvertretungen berechtigt zur Absetzung bzw. Auflösung.** Nach einem Urteile des Gewerbegerichtes Stuttgart vom 20. 11. 1924 können Betriebsvertretungsmitglieder ihres Amtes enthoben und ganze Betriebsvertretungen aufgelöst werden, wenn sie ihre Betriebsvertretungspflichten dadurch verletzen, daß sie sich politisch betätigen, insbesondere offiziell als Betriebsvertretung eine Resolution fassen, in der sie die Freilassung von politischen Gefangenen und die Niederschlagung politischer Strafverfahren verlangen.

12. **Selbständige Anordnung der Arbeitsruhe durch Betriebsratsmitglieder** stellt nach einem Beschluß des Gewerbegerichtes München vom 30. März 1925 (Schlichtungswesen 1925, Heft 4, S. 68) auch dann eine grobe, die Absetzung gemäß § 39 des Betriebsrätegesetzes rechtfertigende Pflichtverletzung dar, wenn das Betriebsvertretungsmitglied angibt oder auch nachweisen kann, daß es in gutem Glauben die Anordnung der Arbeitsruhe aus Anlaß eines politischen oder sonstigen Ereignisses für erlaubt gehalten hat.

13. **Eine Wiederwahl abgesetzter Betriebsvertretungsmitglieder** ist gemäß Urteil des Gewerbegerichts Breslau vom 14. April 1924 (s. Zeitschrift für die Metallindustrie 1924, Heft 8) nicht schon nach Ablauf der ursprünglichen Wahlzeit, sondern erst nach Ablauf eines Jahres nach der Absetzung zulässig, sofern in dem Absetzungsbeschluß nichts Gegenteiliges gesagt ist.

14. **Die Verletzung von Pflichten aus dem Arbeitsvertrage,** die nicht gleichzeitig nach der Art der Verletzung einen Verstoß gegen besondere Betriebsratspflichten bedeutet, stellt nach einem Beschluß des Gewerbegerichts Königsberg vom 21. Oktober 1924 keinen Grund dar, der die Absetzung des betreffenden Betriebsvertretungsmitgliedes gemäß § 39 des Betriebsrätegesetzes rechtfertigt.

15. **Gewerkschaftspolitische Tätigkeit eines Betriebsvertretungsmitgliedes außerhalb der Arbeitszeit und Arbeitsstätte** bedeutet nach einem Urteil des Arbeitsgerichtes Bayreuth vom 16. März 1925, A 1925 auch dann keine grobe Pflichtverletzung und rechtfertigt infolgedessen auch dann nicht die Absetzung vom Betriebsratsamt,

wenn das Betriebsvertretungsmitglied als Funktionär der Gewerkschaft versucht hat, einen nicht organisierten oder einen anders organisierten Mitarbeiter für seine Gewerkschaft zu gewinnen.

16. **Androhung von Sabotageakten berechtigt zur Absetzung von Betriebsvertretungsmitgliedern.** Drohen Betriebsvertretungsmitglieder zur Durchdrückung ihrer Forderungen mit der Stillegung von Betriebsabteilungen, Betriebseinrichtungen oder mit irgendwelcher passiven Resistenz oder mit Sabotageakten, so verstoßen sie gegen ihre Pflichten aus den §§ 1, 66, 69 und 78 des Betriebsrätegesetzes und können auf Antrag des Arbeitgebers wegen Androhung erheblicher Betriebseingriffe nach einer Entscheidung des Arbeitsgerichtes Hamburg vom 8. November 1924 gemäß § 39 des Betriebsrätegesetzes ihres Amtes enthoben werden.

17. **Die Absetzung von Betriebsratsmitgliedern wegen Beleidigung des Arbeitgebers** ist nach einem Beschlusse des Gewerbegerichtes der Amtshauptmannschaft Kammenz (Gewerbe- und Kaufmannsgericht 1925, Nr. 9, S. 429) grundsätzlich unzulässig, da eine Beleidigung des Arbeitgebers keine grobe Verletzung der besonderen Betriebsratspflichten, sondern höchstens eine Verletzung der Pflichten aus dem Arbeitsvertrage darstelle, welche gegebenenfalls ein Recht zur fristlosen Entlassung oder zur Belegung mit einer Ordnungsstrafe gewähre.

n) Ist nach Beendigung eines Arbeitskampfes eine Neuwahl der Betriebsvertretung notwendig?

1.—4. siehe Band I, S. 169—170.

5. **Streikentlassung beendigt das Betriebsratsamt endgültig.** Auch nach einem in Nr. 28 der Leipziger Neuesten Nachrichten vom 28. 1. 1925 veröffentlichten Urteile des Landgerichtes I Berlin bringt die Entlassung der Belegschaft einschließlich der Betriebsvertretung das Amt der Betriebsvertretungsmitglieder zum Erlöschen, und es lebt dieses Amt auch durch Wiedereinstellung nach Beilegung des Arbeitskampfes nicht wieder auf. Es ist vielmehr eine Neuwahl erforderlich.

6. **Das Betriebsratsamt lebt wieder auf** nach einem Urteil des Gewerbegerichts Königsberg vom 29. April 1924, wenn nach Streikbeendigung die streikentlassenen Betriebsvertretungsmitglieder restlos wieder eingestellt werden, nachdem zwischen dem Arbeitgeber und der Streikleitung die Wiedereinstellung der gesamten Belegschaft vereinbart worden war. (Vgl. jedoch die bei Goerrig »Das Arbeitsrecht in der Praxis«, Bd. I, S. 169 veröffentlichten gegenteiligen Entscheidungen.)

7. **Das durch Streikentlassung abgelaufene Amt der Betriebsvertretung lebt wieder auf** nach einem allerdings umstrittenen Urteile des Kammergerichtes vom 13. Februar 1925 (RABl. 1925, Nr. 16,

S. 168), wenn nach einem Arbeitskampfe zwischen den Tarifparteien die sogenannte Friedensklausel mit Maßregelungsverbot und Wiedereinstellungsklausel vereinbart wird, und wenn »für eine solche Wiederherstellung des Betriebsrates eine ausdrückliche oder stillschweigende tatsächliche Inkraftsetzung der bezüglichen tariflichen Abmachungen durch die betreffenden Arbeitgeber und Arbeitnehmer vorliegt.«

8. Kein Wiederaufleben des durch Streik erloschenen Betriebsratsamtes. Auch nach einem Urteil des Landgerichtes I Berlin vom 20. November 1924, Nr. 23, S. 160/24 lebt das durch die Streikentlassung erloschene Amt der Betriebsratsmitglieder nicht schon durch die Wiedereinstellung der gesamten Belegschaft wieder auf. Es ist vielmehr grundsätzlich eine Neuwahl der Betriebsvertretung erforderlich. Die streikentlassenen und wieder eingestellten früheren Betriebsratsmitglieder genießen nach der gleichen Entscheidung auch nicht etwa bis zur Durchführung der Neuwahl einer Betriebsvertretung den Kündigungssonderschutz der §§ 96 f. des Betriebsrätegesetzes.

Dagegen lebt nach einem Urteil des Gewerbegerichts Königsberg vom 29. April 1924 das durch Streikentlassung aufgehobene Betriebsratsamt auch ohne Neuwahl schon dann wieder auf, wenn zwischen dem Arbeitgeber und der Streikleitung vereinbart wird, daß die gesamte Belegschaft wieder eingestellt wird und daß die Dienst- und Arbeitsverträge als nicht unterbrochen betrachtet werden.

9. Kein Wiederaufleben der Betriebsvertretungseigenschaft nach Wiedereinstellung nach Streikbeendigung. Im Widerspruch zu der unter Nr. XVIII Bn 6 angeführten Entscheidung des Gewerbegerichtes Königsberg hat das Gewerbegericht Bremen mit Urteil vom 26. Juni die Ansicht Flatows, nach der die durch Streikentlassung erloschene Mitgliedschaft im Betriebsrat wieder aufleben soll, wenn zur Streikbeilegung die Wiedereinstellung unter Ausschluß von Maßregelungen vereinbart wird, als zum mindesten sehr zweifelhaft bezeichnet. Nach Ansicht des Gewerbegerichtes Bremen kann jedenfalls ohne Neuwahl die durch Streikentlassung erloschene Mitgliedschaft im Betriebsrat dann nicht wieder aufleben, wenn die bestreikte Firma sich nicht ausdrücklich verpflichtet hat, sämtliche infolge des Streiks entlassene Arbeitnehmer wieder einzustellen, sondern lediglich auf Grund freien Entschlusses die Arbeitnehmerschaft ganz oder teilweise wieder einstellt.

o) Wie weit ist Verzicht auf den Kündigungssonderschutz möglich?

1.—2. siehe Band I, S. 170.

3. Keinen Verzicht auf die Schutzbestimmungen des Betriebsrätegesetzes, also insbesondere auf den Schutz der §§ 84 und 96 des Betriebsrätegesetzes, erblickt ein Urteil des Landgerichts Hamburg vom 26 März 1924 (Hanseatische Gerichtszeitung, Abt. Arbeitsrecht I, Nr. 33, S. 134) in der widerspruchslosen Entgegennahme der Kündigung seitens des Arbeitgebers. Trotz der widerspruchslosen Annahme der Kündigung kann der Arbeitnehmer vielmehr die Schutzrechte der §§ 84 ff. des Betriebsrätegesetzes noch innerhalb der fünftägigen Einspruchsfrist durch Einspruch beim Gruppenrat und die Rechte aus den §§ 96 f. des Betriebsrätegesetzes sogar noch bis kurz nach der tatsächlichen Entlassung geltend machen.

p) Wer darf an Betriebsversammlungen teilnehmen?

1. **Die Gewerkschaft ist in der Auswahl der zu Betriebsratssitzungen zu entsendenden Beauftragten im Sinne des § 31 des Betriebsrätegesetzes ungebunden.** Gemäß Urteil des Gewerbegerichtes Nürnberg vom 12. Februar 1924, Nr. II, 102/24 sind die Gewerkschaften bei der Auswahl der zu Betriebsratssitzungen und Betriebsversammlungen gemäß § 31 des Betriebsrätegesetzes zu entsendenden Beauftragten völlig frei. Wenn also der Betriebsrat beschlossen hat, gemäß § 31 des Betriebsrätegesetzes zu seinen Sitzungen die Beauftragten der in Frage kommenden Arbeitnehmerverbände zuzuziehen, so können die betreffenden Verbände nicht nur Gewerkschaftsangestellte sondern beispielsweise auch Sekretäre einer besonderen Betriebsrätezentrale zu den Sitzungen als Beauftragte entsenden.

q) Wie weit macht sich der Arbeitgeber durch Nichtbestellung eines Wahlvorstandes schadenersatzpflichtig?

1. **Für die Schadenersatzpflicht des Arbeitgebers wegen Nichtbestellung eines Wahlvorstandes** hat sich ein Urteil des Gewerbegerichts Berlin vom 19. September 1924 für die Fälle ausgesprochen, in welchen Arbeitnehmern wegen des Fehlens einer Betriebsvertretung die Einlegung des Kündigungseinspruches unmöglich ist.

r) Wann sind Betriebsratsmitglieder wegen Verstoßes gegen Betriebsratspflichten schadenersatzpflichtig?

1. **Schadenersatzpflicht des Arbeiterrates wegen Anordnung der Maifeier?** Nach einem Urteile des Reichsgerichts vom 10. 1. 1925, Nr. IV 312/24, stellt es an sich eine unerlaubte Handlung im Sinne der §§ 823, Absatz 2, und 826 BGB., d. h. einen Verstoß gegen die zum Schutze der Betriebe erlassenen Bestimmungen des B triebsrätegesetzes und gegen die guten Sitten dar, wenn ein Arbeiterrat oder eine Betriebsvertretung in Betrieben gegen den

Willen des Arbeitgebers die Belegschaft zur Einstellung der Arbeit am 1. Mai auffordert und veranlaßt. Gleichwohl hat das Reichsgericht in dem vorliegenden Falle die Klage des Arbeitgebers gegen den Arbeiterrat auf Ersatz des durch die Maifeier entstandenen Schadens und Verdienstausfalles abgewiesen mit der Begründung, daß der Arbeiterrat in gutem Glauben gehandelt habe, als er die Belegschaft zur Maifeier aufgefordert habe.

2. **Der Vorsitzende der Betriebsvertretung haftet** nach einem Urteil des Amtsgerichts Peis-Kretscham vom 18. März 1924 (Merkblatt des Deutschen Eisenbahner-Verbandes V, Nr. 8, Spalte 74) den Arbeitnehmern des Betriebes gegenüber für den Schaden, der diesen aus einer den Bestimmungen des Betriebsrätegesetzes zuwiderlaufenden Handhabung und Erledigung der Betriebsratsgeschäfte erwächst.

s) Welche Besonderheiten gelten bezüglich der Arbeitsbedingungen von Betriebsvertretungsmitgliedern?

1. **Auch Betriebsvertretungsmitglieder können auf Grund der Arbeitsordnung bestraft werden.** Gemäß Urteil des Berggewerbegerichtes Dortmund, Kammer 3, Unna, vom 17. September 1924 genießen Betriebsvertretungsmitglieder bezüglich der Strafvorschriften der Arbeitsordnung keinerlei Sonderschutz. Sie können vielmehr auf Grund der Bestimmungen der Arbeitsordnung unter den gleichen Voraussetzungen wie die übrigen Arbeitnehmer des Betriebes mit Ordnungsstrafen belegt werden und können insbesondere Beleidigungen, die nach der Arbeitsordnung strafbar sind, nicht damit entschuldigen, daß sie als Betriebsvertretungsmitglieder Immunität genießen.

XIX. Arbeitgeber- und Arbeitnehmervereinigungen.

A. Einschlägige Gesetzesbestimmungen.

1.—3. siehe die unter Nr. XVII 1—3 angeführten Gesetze.
4. Verordnung über Tarifverträge, Arbeiter- und Angestelltenausschüsse und Schlichtung von Arbeitsstreitigkeiten vom 23. Dezember 1918 (RGBl. S. 1457).
5. Betriebsrätegesetz vom 4. Februar 1920 (RGBl. S. 147).

B. Die wichtigsten Einzelfragen.

a) Wie weit kann auf Einhaltung der Verbandssatzung geklagt werden?

1. siehe Band I, S. 171.

2. **Durch Tarifverträge entstehen für die Mitglieder eines Arbeitgeber- oder Arbeitnehmerverbandes unmittelbare Rechte und Pflichten gegenüber dem Verbande** nach einem in der Jur. Wochenschrift 1924/1056 veröffentlichten Urteil des Landgerichts I Berlin vom 1. Mai 1924 nur insoweit, als die Bestimmungen des Tarifvertrages Inhalt eines Einzelarbeitsvertrages sein können. Es werden also mit anderen Worten mangels abweichender ausdrücklicher Vereinbarung nur die sog. normativen und nicht auch die obligatorischen Bestimmungen eines Tarifvertrages Bestandteil der die Verbandsmitglieder verpflichtenden Verbandssatzungen.

3. **Der Abschluß von Sondertarifen durch Verbandsmitglieder ist unzulässig** nach einem Urteil des Kammergerichts vom 13. Mai 1924 (Jur. Wochenschrift 54, 3, S. 272), wenn die Verbandsatzung den Mitgliedern eines Arbeitgeberverbandes den Abschluß von Sonder- oder Haustarifen verbietet.

4. **Ein Klagerecht auf verwirkte Verbandsstrafen** steht Arbeitgeber- oder Arbeitnehmerverbänden gegenüber ihren Mitgliedern nach den Urteilen des Oberlandesgerichtes Stuttgart vom 28. April und 12. Mai 1925, Nr. K 137/25 und U 136/25 nicht zu, so daß beispielsweise Arbeitgeberverbände nicht gegenüber ihren Mitgliedern auf Zahlung von Verbandsstrafen klagen können, die durch Zahlung zu hoher Löhne oder durch verbotene Einstellungen verwirkt worden sind. Das Oberlandesgericht Stuttgart stützt diese Entscheidungen darauf, daß nach seiner Ansicht der einem solchen Klagerecht entgegenstehende Absatz 2 des § 152 der Gewerbeordnung durch den Artikel 159 der neuen Reichsverfassung nicht aufgehoben worden ist.

Weitere Entscheidungen siehe unter Nr. XVII.

b) Ist fristloser Austritt aus Arbeitgeber- und Arbeitnehmer-Vereinigungen zulässig?

1. siehe Band I, S. 171.

c) Wie weit haftet eine Arbeitgeber- oder Arbeitnehmervereinigung für Handlungen ihrer Organe?

1. siehe Band I, S. 172.

d) Wer ist zur Vertretung einer Arbeitgeber- oder Arbeitnehmervereinigung berechtigt?

1. siehe Band I, S. 172.

e) Wieweit kann ein Arbeitgeberverband seine Tariffähigkeit aufheben?

1. siehe Band I, S. 173.

2. **Ein Arbeitgeberverband ist auch dann tariffähig** und kann auch dann nach einer Entscheidung des Schlichters für Westfalen vom 5. September 1924 (Gewerbe- und Kaufmannsgericht XXX, Spalte 164, Nr. 36) durch einen Schiedsspruch und seine Verbindlichkeitserklärung an einen durch den Schiedsspruch festgesetzten Tarifvertrag gebunden werden, wenn die Satzung des Arbeitgeberverbandes vorsieht, daß ein Tarifvertrag nur unter Zustimmung einer qualifizierten Mehrheit der Mitglieder abgeschlossen werden kann. Nach der Begründung der Entscheidung hängt die Möglichkeit der Verbindlichkeitserklärung eines Schiedsspruches gegen einen Arbeitgeberverband eben nur von der Tariffähigkeit und nicht auch von der Tarifbereitwilligkeit ab. Die Tariffähigkeit ist aber schon dann gegeben, wenn der Arbeitgeberverband satzungsgemäß unter anderem auch zum Abschluß von Tarifverträgen mit den Arbeitnehmern bzw. zur gemeinsamen Regelung der Lohn- und Arbeitsbedingungen berufen ist, und zwar ohne Rücksicht darauf, wie im Einzelfalle über die Abschlußfragen abgestimmt werden soll.

3. **Arbeitgeberverbände sind schon dann tariffähig,** können also auch schon dann durch Schiedssprüche und ihre Verbindlichkeitserklärung an bestimmte Tarifbedingungen gebunden werden, wenn ihre Satzung lediglich besagt, daß sie die gemeinsamen Interessen in allen Arbeiter- und Angestelltenfragen zu wahren haben. (Entscheidung des Schlichters für Westfalen vom 5. September 1924, s. Schlichtungswesen 1924, S. 172.)

Weitere Entscheidungen siehe unter Nr. XXI Ba.

XX. Arbeitsordnung und Betriebsvereinbarung.

A. Einschlägige Gesetzesbestimmungen.

1. Gewerbeordnung für das Deutsche Reich vom 26. Juli 1900 (RGBl. S. 871 ff.) insbesondere deren §§ 134a—k und 147 und 148.
2. Betriebsrätegesetz vom 4. Februar 1920 (RGBl. S. 147), insbesondere dessen §§ 66, 75, 78 und 80.
3. Verordnung über die Regelung der Arbeitszeit gewerblicher Arbeiter vom 23. November und 17. Dezember 1918 (RGBl. S. 1334 und 1436).
4. Verordnung über die Regelung der Arbeitszeit der Angestellten vom 18. März 1919 (RGBl. S. 315).
5. Verordnung über die Arbeitszeit vom 21. Dezember 1923 (RGBl. S. 1249).

B. Die wichtigsten Einzelfragen.

a) Wann und in welcher Weise ist eine Arbeitsordnung zu erlassen?

1.—2. siehe Band I, S. 174—175.

3. **Ein Schlichtungsverfahren zur Festsetzung des Inhaltes einer Arbeits- oder Dienstordnung** kann nach einer Entscheidung des Schlichtungsausschusses Halle vom 1. 12. 1924 im Gegensatz zu der wohl als herrschend anzusehenden Meinung auch dann auf Antrag der Arbeitnehmerseite eingeleitet und durchgeführt werden, wenn der Arbeitgeber einen Entwurf für die Arbeitsordnung oder Dienstvorschriften nicht vorgelegt hat oder auch nicht vorlegen will.

b) Was gilt bei Konkurrenz zwischen Bestimmungen eines Tarifvertrages, einer Arbeitsordnung und einer Betriebsvereinbarung?

1. siehe Band I, S. 175.

c) Ist der Arbeitgeber zur selbständigen Straffestsetzung auf Grund der Arbeitsordnung berechtigt?

1. siehe Band I, S. 175—176.

2. **Die Betriebsvertretung ist zur Mitwirkung bei der Festsetzung von Einzelstrafen auf Grund der Arbeitsordnung berechtigt** gemäß einer Entscheidung des Kammergerichtes vom 11. 10. 1924. Demgegenüber vertritt jedoch die herrschende Meinung den Standpunkt, daß nur der Strafrahmen der Arbeitsordnung selbst mit der Betriebsvertretung zusammen festgesetzt werden muß, daß aber der Arbeitgeber im Rahmen der Strafbestimmungen der Arbeitsordnung die Einzelstrafen selbständig mit der Wirkung festsetzen kann, daß dem bestraften Arbeitnehmer das Recht zusteht, beim Gewerbegerichte feststellen zu lassen, ob die Strafe zu Recht festgesetzt worden ist oder nicht. Der bestrafte Arbeitnehmer hat zwar auch ein Recht, sich bei der Betriebsvertretung über die Bestrafung zu beschweren und die Betriebsvertretung kann auch versuchen, im Wege der Verhandlung mit der Betriebsleitung eine Änderung oder Aufhebung der Strafe zu erwirken. Die Wirksamkeit der Strafe ist aber unabhängig von der Zustimmung oder dem Widerspruche der Betriebsvertretung.

Weitere Entscheidungen siehe unter den Nr. IV, XVIII und XXI.

d) Wie weit gilt der Inhalt der Arbeitsordnungen und Betriebsvereinbarungen im einzelnen Dienstverhältnis?

1. **Rechtswirkung der Betriebsvereinbarungen im einzelnen Dienstverhältnis.** Nach einem Urteile des Gewerbegerichtes Hamburg vom 16. 5. 1924, das mit der herrschenden Meinung in Einklang steht, hat eine Vereinbarung der Betriebsvertretung mit der Betriebsleitung über die Arbeits- und Lohnbedingungen für die Belegschaft keine unmittelbare und keine unabdingbare Wirkung. Solche Betriebsvereinbarungen gelten vielmehr im einzelnen Dienstverhältnis nur insoweit, als sie ausdrücklich oder stillschweigend zum Inhalte der Einzeldienstverträge gemacht worden sind. Auch können Bestimmungen einer Betriebsvereinbarung, wenn sie bereits in den Einzeldienstverträgen gegolten haben, jederzeit durch abweichende Einzelvereinbarungen mit Wirkung für die Einzeldienstverhältnisse außer Kraft gesetzt oder abgeändert werden.

2. **Die Aushändigung der Arbeitsordnung** an den Arbeitnehmer bei der Einstellung ist lediglich durch die Strafvorschriften der Gewerbeordnung gesichert, stellt aber nach einer Entscheidung des Gewerbegerichtes Ückermünde vom 14. 10. 1924 keine Vorbedingung für die Rechtsverbindlichkeit der Bestimmungen der Arbeitsordnung im Verhältnis zwischen Arbeitgeber und

Arbeitnehmern dar. Die Arbeitsordnung gilt vielmehr schon dann im einzelnen Dienstverhältnis, wenn sie ordnungsmäßig erlassen und durch Aushang allgemein zur Kenntnis der Arbeitnehmer gebracht ist.

e) Unter welchen Voraussetzungen ist der Rücktritt von Betriebsvereinbarungen zulässig?

1. Rücktritt von Betriebsvereinbarungen. Nach einem Urteile des Landgerichtes Kiel vom 16. 1. 1925 kann sowohl der Arbeitgeber als auch die Betriebsvertretung jederzeit fristlos unter Bekanntgabe an die Gegenseite einseitig von Vereinbarungen zwischen Arbeitgeber und Betriebsvertretung zurücktreten, sofern diese Vereinbarungen nach ihrem Inhalte oder nach ihrem Zustandekommen nicht als Tarifverträge oder als Betriebsvereinbarungen im Sinne der §§ 75 Abs. 2 und 80 des Betriebsrätegesetzes angesehen werden können.

XXI. Tarifverträge.

A. Einschlägige Gesetzesbestimmungen.

1. Verordnung über Tarifverträge, Arbeiter- und Angestelltenausschüsse und Schlichtung von Arbeitsstreitigkeiten vom 23. Dezember 1918 (RGBl. S. 1456).
2. Bekanntmachung über die Übertragung der dem Reichsarbeitsministerium hinsichtlich der allgemeinen Verbindlichkeit von Tarifverträgen obliegenden Aufgaben auf das Reichsamt für Arbeitsvermittlung vom 1. Juni 1922 (Reichsarbeitsblatt 1922 Nr. 11, S. 292).
3. Bestimmungen des Reichsarbeitsministers über die Veröffentlichung der auf die allgemeine Verbindlichkeit von Tarifverträgen bezüglichen Bekanntmachungen im Reichsarbeitsblatt (Reichsarbeitsblatt 1920, Nr. 1, S. 9.)
4. Verordnung über das Schlichtungswesen vom 30. Oktober 1923 (RGBl. S. 1043).
5. Betriebsrätegesetz vom 4. Februar 1920 (RGBl. S. 147).

B. Die wichtigsten Einzelfragen.

a) Wer ist tariffähig und wie weit kann man die Tariffähigkeit beseitigen?

1. siehe Band I, S. 177.

2. Keine Tariffähigkeit besitzen Arbeitnehmervereinigungen nach einem im Reichsarbeitsblatt, amtlicher Teil Nr. 13/25, S. 138, veröffentlichten Bescheide des Reichsarbeitsministers vom 6. März 1925 — der allerdings umstritten ist —, wenn sie in der Weise gebildet worden sind, daß die Belegschaft eines Betriebes sich zu einer Vereinigung zusammengeschlossen und zwecks Verhandlung mit dem Arbeitgeber über den Tarifabschluß mehrere Vertrauensleute gewählt hat.

3. Trotz Austrittes aus dem Arbeitgeberverband bleibt der ausgetretene Arbeitgeber nach einer Abhandlung des Gewerbegerichtsdirektors Gente, Ludwigshafen (Neue Zeitschrift für Arbeitsrecht 1925, Spalte 85 ff.) an die Tarifnormen für die bis zum Austritt abgeschlossenen und nach dem Austritt fortdauernden

Arbeitsverträge gebunden. (Vgl. Goerrig, »Das Arbeitsrecht in der Praxis«, Band I XXI, B m 1, S. 187.)

4. **Durch Auflösung einer Arbeitgebervereinigung werden die Mitglieder tariffrei** nach einer Abhandlung von Gente, Ludwigshafen, in der Neuen Zeitschrift für Arbeitsrecht 1925, Spalte 85 ff. Voraussetzung ist jedoch, daß der Tarifvertrag nicht für allgemein verbindlich erklärt ist. Lag eine Allgemeinverbindlichkeitserklärung vor, so besteht die Tarifbindung fort bis zur Aufhebung der Allgemeinverbindlichkeit.

Weitere Entscheidungen siehe unter Nr. XIX.

b) Welche Formvorschriften gelten beim Abschluß von Tarifvereinbarungen?

1.—3. siehe Band I, S. 177—178.

4. **Die Verlängerung eines befristeten oder durch Kündigung zum Ablauf gebrachten Tarifvertrages** bedarf nach einem Urteile des Landgerichtes Berlin vom 9. Oktober 1924 ebenso wie der Neuabschluß eines Tarifvertrages der Schriftform unter beiderseitiger Unterzeichnung des Verlängerungsvertrages bzw. unter gegenseitigem Austausch von Bestätigungsschreiben. Stillschweigende oder nicht schriftliche Verlängerung eines Tarifvertrages ist zwar als Vertragsvereinbarung zwischen den Tarifparteien selbst möglich und rechtswirksam. Es bleibt jedoch auf Grund einer solchen stillschweigenden oder mündlichen Verlängerung die tarifliche Unabdingbarkeit nicht in Kraft. Die Bedingungen eines nur stillschweigend oder mündlich verlängerten Tarifvertrages gelten infolgedessen innerhalb des Einzeldienstverhältnisses nur insoweit, als die Tarifbedingungen stillschweigend oder ausdrücklich zum Inhalte der Einzeldienstverträge gemacht worden sind, und soweit nicht in den Einzelfällen von vorneherein oder nachträglich etwas Gegenteiliges vereinbart worden ist.

5. **Besondere Tarifbestimmungen betreffend die Akkordsätze.** Die Akkordberechnung und die Akkordlöhne bleiben nach einem Urteile des Gewerbegerichtes Köln (Stichworte des Arbeitsrechtes, Nr. 10, vom 15. Mai 1925) unverändert in Kraft, wenn durch neue Lohn- oder Tarifverhandlungen die Stundenlohnsätze erhöht worden sind. Infolgedessen können in solchen Fällen Akkordarbeiter nicht eine entsprechende Erhöhung ihrer Akkordsätze als selbstverständlich vereinbaren, wenn bei den Tarifverhandlungen von einer solchen Erhöhung nicht die Rede gewesen ist.

c) Wie weit sind Tarifvereinbarungen abdingbar?

1.—4. siehe Band I, S. 178—180.

5. **Untertarifliche Entlöhnung in Wirtschaftskrisen** ist auch nach einem Urteile des Amtsgerichtes Hannover-Münden vom

3. 12. 1924 zulässig, wenn eine Firma infolge ungünstiger wirtschaftlicher Verhältnisse gezwungen ist, entweder den Betrieb stillzulegen oder den Arbeitnehmern anzubieten, vorübergehend unter Tarif weiter zu arbeiten. Eine solche Vereinbarung verstößt nach der Urteilsbegründung deshalb nicht gegen die tarifliche Unabdingbarkeit, weil es eine Vereinbarung zugunsten des einzelnen Arbeitnehmers und der gesamten Betriebsbelegschaft bedeutet, wenn durch vorübergehende Verringerung der Löhne die Arbeitnehmer vor Entlassung geschützt werden. (Vgl. die bereits unter Nr. XXI B c 1—3 veröffentlichten Urteile der Gewerbegerichte Oberlahnstein, Düren und Koblenz.)

6. **Für die Abdingbarkeit von Tarifverträgen in Zeiten von Wirtschaftskrisen** hat sich in Übereinstimmung mit den bei Goerrig, »Das Arbeitsrecht in der Praxis«, Bd. 1, S. 178, veröffentlichten Urteilen eine Entscheidung des Landgerichts Bautzen vom 19. Februar 1925, Nr. D g 111/24 (Mitteilungen des Deutschen Industrieschutzverbandes Nr. 82, 1925) mit der Begründung ausgesprochen, daß es eine Vereinbarung zugunsten der Arbeitnehmer und deshalb eine an sich zulässige und rechtsgültige Abmachung darstellt, wenn zwischen Arbeitnehmern und Arbeitgebern zur Vermeidung von Entlassungen in Zeiten von Wirtschaftskrisen die vorübergehende Zahlung geringerer als der an sich tariflich zustehenden Löhne vereinbart wird.

7. **Unabdingbarkeit von Tarifverträgen auch in Zeiten von Wirtschaftskrisen** nimmt im Gegensatz zu den bereits angeführten Urteilen eine Entscheidung des Gewerbegerichtes Zschopau vom 26. März 1925, Nr. GG 3 und 10/1925 auch für solche Fälle an, in denen zwischen dem Arbeitgeber und den einzelnen Arbeitnehmern zur Vermeidung der Entlassung eine vorübergehende Verringerung der Löhne oder Gehälter vereinbart worden ist. Solche Vereinbarungen hält daher das Gewerbegericht Zschopau für nichtig, mit der Maßgabe, daß die Arbeitnehmer trotz dieser Vereinbarung die Zahlung der vollen Tariflöhne oder Tarifgehälter verlangen können.

8. **Übertariflich entlohnte Arbeitnehmer,** d. h. Arbeitnehmer, die höhere Löhne oder Gehälter bezogen, als sie nach dem für sie geltenden Tarifvertrage an sich verlangen konnten, können nach einem Urteile des Gewerbegerichtes Zweibrücken vom 24. März 1925 bei einer Tariferhöhung nicht verlangen, daß auch ihnen zu dem bisher bezogenen Lohne eine neue Zulage bewilligt wird, sofern der bisher bezogene Lohn die neuen Tarifsätze erreicht oder gar noch übersteigt. Es liegt vielmehr mangels gegenteiliger ausdrücklicher Vereinbarung im freien Ermessen des Arbeitgebers, ob er den bereits übertariflich entlohnt gewesenen Arbeitnehmern eine Lohnerhöhung freiwillig aus Anlaß einer allgemeinen Tariferhöhung bewilligen will oder nicht.

9. **Zulässigkeit einer Kürzung der Akkordlöhne nach Ablauf eines Lohnabkommens trotz entgegenstehender Bestimmungen eines Manteltarifes.** Nach einem Urteil des Gewerbegerichtes Stuttgart

ist der Arbeitgeber nach dem Außerkrafttreten eines tariflichen Lohnabkommens auch dann nach Ankündigung mit der für das Einzeldienstverhältnis geltenden Kündigungsfrist berechtigt, die Akkordpreise herunterzusetzen, wenn Bestimmungen eines in Kraft gebliebenen Manteltarifes besagen, daß »festgesetzte Akkordpreise nur dann herabgesetzt werden dürfen, wenn dies durch Änderung der Arbeitsmethode, durch technische Verbesserungen oder wesentliche Änderungen der Stückzahl von gleichzeitig anzufertigenden Teilen begründet ist, oder wenn ein offenbar grober Fehler in der Kalkulation vorliegt«.

Nach der Urteilsbegründung ist der Arbeitgeber nach dem Außerkrafttreten eines Lohnabkommens und nach Aufkündigung der Wirkung dieses Lohnabkommens für das einzelne Dienstverhältnis berechtigt, jeden beliebigen Lohn mit dem Arbeitnehmer zu vereinbaren oder nach Ankündigung mit der für den Einzeldienstvertrag geltenden Kündigungsfrist einseitig festzusetzen. Damit wird nach der wohl zutreffenden Ansicht des Gewerbegerichtes Stuttgart eine Bestimmung des Manteltarifes, welche die Herabsetzung von Akkordlöhnen betrifft, gegenstandslos, da eine solche Mantelbestimmung nur Sinn und Zweck hat, wenn der Arbeitgeber an tarifliche Mindestlöhne gebunden ist, nicht aber auch dann, wenn mit dem Außerkrafttreten eines Lohnabkommens auch die Gebundenheit des Arbeitgebers an tarifliche Mindestlöhne in Wegfall gekommen ist.

10. Trotz der tariflichen Unabdingbarkeit kann der Arbeitgeber nach einem ohne Datum in der Holzarbeiterzeitung 1925, S. 31, veröffentlichten Urteil des Gewerbegerichts Miltenberg verlangen, daß in Zeiten einer Wirtschaftskrise der Arbeitnehmer sich vorübergehend mit einer geringeren als der tariflich vorgesehenen Lohn- oder Gehaltszahlung einverstanden erklärt, wenn nur durch einen solchen Verzicht die Weiterbeschäftigung des Arbeitnehmers oder die Aufrechterhaltung des Betriebes ermöglicht werden kann. Weigert sich der Arbeitnehmer trotz des Vorliegens berechtigter Gründe, in eine angemessene Ermäßigung der Löhne oder Gehälter einzuwilligen, so bedeutet es nach diesem Urteil keine unbillige Härte, wenn der Arbeitgeber die Kündigung ausspricht. Der Arbeitgeber muß in diesem Falle nur bis zum Ablauf der Kündigungsfrist die vollen Tariflöhne und Tarifgehälter auszahlen.

d) Wie weit kann auf Tarifgehalt verzichtet werden?

1. siehe Band I, S. 180.

2. Stillschweigender Verzicht auf Tariflöhne. Nehmen Arbeitnehmer geringere als die tariflich vorgesehenen Zahlungen ohne Widerspruch und trotz Kenntnis ihres höheren Anspruches an, so verzichten sie damit gemäß Urteil des Gewerbegerichtes Zeitz vom 3. Juli 1924 (s. Gewerbe- und Kaufmannsgericht 2/1924,

Spalte 47) rechtswirksam auf die Differenz zwischen den gezahlten Löhnen und den Tariflöhnen.

3. Ein rechtswirksamer Verzicht auf den Tariflohn für die rückliegende Zeit liegt trotz der tariflichen Unabdingbarkeit nach einem Urteile des Gewerbegerichtes Meißen vom 13. 11. 1924 Nr. G G 71/24 vor, wenn Arbeitnehmer bei der Lohnzahlung trotz Kenntnis ihres höheren Tarifanspruches geringere Beträge widerspruchslos annehmen und sogar durch Unterschrift ausdrücklich auf alle weiteren Lohnansprüche verzichten. Ein solcher Verzicht kann nach der Urteilsbegründung nur mit Wirkung für die Zukunft, nicht jedoch auch mit Rückwirkung auf die bereits erfolgten Lohnzahlungen widerrufen werden.

4. Die Wirksamkeit eines Verzichtes auf den Tariflohn für die rückliegende Zeit stellt u. a. auch ein Urteil des Landgerichts Magdeburg vom 13. November 1924, Nr. 267/24 (s. »Wirtschaft und Wissen«, Organ des Zentralverbandes der Angestellten, vom 15. Februar 1925) fest. (Vgl. Goerrig, »Das Arbeitsrecht in der Praxis«, XXI, Bd. 1, S. 180.)

5. Nur einen beschränkten Anspruch auf Nachzahlung der Tarifdifferenz haben nach einem Urteil des Gewerbegerichtes Durlach vom 25. Oktober 1925 solche Arbeitnehmer, die wegen Unkenntnis ihres höheren Tarifanspruches sich mit einer geringeren Entlohnung längere Zeit hindurch zufrieden gegeben haben. Nach diesem Urteil kann zwar der Arbeitnehmer die in der stillschweigenden Annahme des geringeren Betrages liegende Verzichterklärung wegen Irrtums anfechten, wenn er nicht gewußt hat, daß ihm ein höherer Lohnanspruch zustand. Er kann jedoch nur die Nachzahlung für eine verhältnismäßig unerhebliche Zeit verlangen und muß auf die Differenz für den übrigen Teil der zurückliegenden Zeit verzichten, weil er selbst nach der Urteilsbegründung eine gewisse Schuld an der untertariflichen Entlohnung mitträgt. Diese Mitschuld erblickt das Gewerbegericht Durlach darin, daß der Arbeitnehmer sich nicht an geeigneter Stelle über die ihm zustehenden Tarifansprüche vergewissert hat. (S. Goerrig, »Das Arbeitsrecht in der Praxis«, Bd. 1, S. 180.)

6. Nachträgliche Forderung von Tariflöhnen oder Tarifgehältern trotz vorherigen ausdrücklichen oder stillschweigenden Verzichtes hält ein Urteil des Gewerbegerichtes Treuen vom 2. April 1925, Nr. IV/1924 für unzulässig, da solche Forderungen nach der Urteilsbegründung gegen die guten Sitten verstoßen und auch auf die tarifliche Unabdingbarkeit nicht gestützt werden können.

7. Trotz unrichtiger Eingruppierung können Arbeitnehmer nach einem Urteile des Kaufmannsgerichtes Eberswalde vom 25. Oktober 1924 für die rückliegende Zeit eine Nachzahlung der Differenz zwischen dem höheren Gruppenlohn oder Gruppengehalt und dem wirklich gezahlten Betrage nicht verlangen, wenn sie trotz Kenntnis ihres Anspruches auf höhere Eingruppierung sich mit der Eingruppierung in eine niedrigere Gruppe ausdrücklich oder stillschweigend einverstanden erklärt haben, oder wenn sie trotz Kenntnis ihres höheren Anspruches sich stillschweigend mit der Zahlung eines geringeren Lohn- oder Gehaltsbetrages bei den einzelnen Lohnzahlungen zufrieden gegeben haben. (Schlichtungswesen 1925, S. 74.)

8. **Der für die rückliegende Zeit ausgesprochene Verzicht auf Teile des Tariflohnes oder Tarifgehaltes ist rechtsgültig** auch nach einem in den Blättern für Arbeitsrecht 1925, Nr. 7, veröffentlichten Urteile des Landgerichtes Gießen vom 25. September 1924.

e) Wie weit besitzen Tarifvereinbarungen rückwirkende Kraft?

1.—2. siehe Band I, S. 180—181.

3. **Gegen die Rückwirkung von nachträglichen Tariferhöhungen auf bereits ausgeschiedene Arbeitnehmer** spricht sich im Gegensatze zu den Entscheidungen des Reichsgerichts vom 13. Dezember 1923 und verschiedenen anderen Entscheidungen ein in der Hanseatischen Gerichtszeitung, Abt. Arbeitsrecht, Nr. 21 veröffentlichtes Urteil des Gewerbegerichts Wilhelmsburg vom 26. September 1923 mit der Begründung aus, daß der Tarifvertrag nur auf solche Arbeitsverträge eine Rechtswirkung ausübt, die zur Zeit des Tarifabschlusses bestehen oder die nachträglich im Tarifbereiche abgeschlossen werden, nicht jedoch auch auf solche Arbeitsverträge, die bereits vor dem Tarifabschlusse oder der Tarifänderung aufgehoben worden sind (s. Goerrig, »Das Arbeitsrecht in der Praxis«, Bd. 1, S. 180).

f) Wie weit gelten noch Bestimmungen eines bereits außer Kraft getretenen Tarifvertrages?

1.—4. siehe Band I, S. 181—183.

5. **Keine Nachwirkung der Tarifverträge über das Inkrafttreten eines neuen Tarifvertrages hinaus.** Nach einem in der Wirtschaftlichen Rundschau für Industrie, Handel und Handwerk Nordbayerns Nr. 12/1925, S. 81, veröffentlichten Urteil des Kaufmannsgerichts Fürth Nr. 32/1924 hört grundsätzlich die Nachwirkung eines abgelaufenen Tarifvertrages mit dem Inkrafttreten des neuen, zwischen den gleichen Parteien vereinbarten Tarifvertrages auf. Infolgedessen können die tarifbeteiligten Arbeitnehmer sich auf eine längere vertragliche Kündigungsfrist auf Grund des alten Tarifvertrages selbst dann nach dem Inkrafttreten des neuen Tarifvertrages nicht mehr berufen, wenn der neue Tarifvertrag über die für die Einzeldienstverhältnisse geltenden Kündigungsfristen überhaupt nichts besagt. Es gelten vielmehr in diesem Falle grundsätzlich die gesetzlichen Kündigungsfristen, es

sei denn, daß die Parteien nachweislich, wenn auch nur mündlich, die Fortdauer der bisherigen längeren tariflichen Kündigungsfristen für die Einzeldienstverhältnisse gewollt haben. Liegt die letztere Voraussetzung vor, so gelten aber die alten Kündigungsfristen des Tarifvertrages nicht mehr unabdingbar, können vielmehr jederzeit durch Vereinbarung zwischen dem Arbeitgeber und den einzelnen Arbeitnehmern ausdrücklich oder stillschweigend oder auch durch eine Kündigung des Dienstverhältnisses aufgehoben und durch die gesetzlichen bzw. andere vertraglichen Kündigungsfristen ersetzt werden. Da jedoch in aller Regel Schwierigkeiten und Streitigkeiten entstehen, wenn in einem neuen Tarifvertrage Fragen ungeregelt bleiben, für die der frühere Tarifvertrag bestimmte Bestimmungen vorsah, empfiehlt es sich dringend, in die neuen Tarifverträge vorsorglich die Klausel aufzunehmen, daß mit dem Inkrafttreten des neuen Tarifvertrages alle entgegenstehenden Bestimmungen des früheren Tarifvertrages ihre Wirkung einschließlich der Nachwirkung im einzelnen Dienstverhältnis ausdrücklich verlieren und durch die einschlägigen gesetzlichen Normalbestimmungen in Verbindung mit den Bestimmungen des neuen Tarifvertrages ersetzt werden.

6. Keine Nachwirkung der Tarifverträge. Während die vorherrschende Meinung sich auf den Standpunkt stellt, daß Tarifbestimmungen nach dem Außerkrafttreten des Tarifvertrages selbst in den einzelnen tarifbeeinflußten Arbeitsverträgen bis zum Inkrafttreten eines neuen Tarifvertrages fortwirken, sofern diese Nachwirkung nicht ausdrücklich für das einzelne Arbeitsverhältnis mit der für dieses geltenden Kündigungsfrist aufgekündigt worden ist, entschied das Gewerbegericht Forst mit Urteil vom 27. 11. 1924, daß mit dem Ablauf des Tarifvertrages auch die Einwirkung des Tarifvertrages auf die einzelnen Arbeitsverhältnisse restlos erlischt. Das Gewerbegericht Forst begründet diese Entscheidung mit der Erwägung, daß nach dem Sinne des Tarifvertrages die Tarifbestimmungen nur für die Dauer der Geltung des Tarifvertrages selbst wirksam sein sollen.

7. Für die Nachwirkung abgelaufener Tarifverträge in den Einzeldienstverträgen bis zum Inkrafttreten eines neuen Tarifvertrages oder bis zur Aufkündigung dieser Nachwirkung durch den Arbeitgeber oder Arbeitnehmer mit der für das Einzeldienstverhältnis geltenden Kündigungsfrist hat sich in Übereinstimmung mit der herrschenden Meinung auch ein Urteil des Gewerbegerichtes Mannheim vom 26. August 1924 ausgesprochen.

8. Die Nachwirkung der Tarifverträge nach ihrem Außerkrafttreten, d. h. die Fortwirkung der Tarifbedingungen als Arbeitsbedingungen innerhalb der einzelnen vorher tarifbeeinflußten Dienst- oder Arbeitsverträge besteht nach einem Urteile des Landgerichtes Essen, Nr. 6 S 17/23, vom 6. November 1923 (Neue Zeitschrift für Arbeitsrecht, März 1925, Sp. 177) für solche Fälle fort, in welchen der Arbeitgeber oder Arbeitnehmer es gelegentlich des Außerkrafttretens eines Tarifvertrages und des Überganges zu einer tariflosen Zeit unterlassen hat, die Nachwirkung der Tarifbedingungen als Arbeitsbedingungen ausdrücklich aufzukündigen. Den gegenteiligen Standpunkte vertritt ein Urteil des Landgerichtes Dessau vom 4. Februar 1925, Nr. 2a, S. 246/24/11, nach welchem die Tarifbedingungen mit dem Außerkrafttreten des Tarifvertrages selbst auch ihre Nachwirkung innerhalb der Einzeldienstverträge verlieren.

g) Welcher Tarifvertrag geht vor?

1. siehe Band I, S. 183.

2. Konkurrenz zwischen Industrietarif und allgemein verbindlichem Fachtarif. Nach einem Urteile des Gewerbegerichtes Berlin vom 10. 12. 1924 findet ein für allgemein verbindlich erklärter Fachtarif auf die in einem gemischten Betriebe beschäftigten Facharbeiter auch dann keine Anwendung, wenn der für den gemischten Betrieb geltende Tarifvertrag vorübergehend für die betreffenden Facharbeiter Lohnsätze nicht enthält. In diesem Falle können die betreffenden Facharbeiter bis zur Ausfüllung der Lücke des Industrietarifes lediglich eine angemessene Bezahlung unter Anpassung an die Löhne gleichartiger oder ähnlicher unter den Industrietarif fallender Arbeiter verlangen.

h) Wann kann ein Tarifvertrag vorzeitig gekündigt werden?

1. siehe Band I, S. 183.

i) Für welche Arbeitgeber und Arbeitnehmer gilt ein Tarifvertrag?

1.—2. siehe Band I, S. 183—185.

3. Keine Tarifgebundenheit berufsfremder Verbandsmitglieder. Tritt ein Arbeitgeber einem tariffähigen Verbande als Mitglied bei, obwohl sein Betrieb nicht zu der Betriebsart gehört, für die der Arbeitgeberverband errichtet ist, so ist der vom Verbande abgeschlossene Tarifvertrag trotz der Verbandszugehörigkeit für einen solchen Arbeitgeber nach einem Urteil des Landgerichtes Hamburg vom 5. 3. 1924 nicht verbindlich.

4. Voraussetzung für den Anspruch auf Tarifgehalt ist nach den Urteilen des Landgerichts Köln vom 24. Oktober 1924 (Zeitung des Polierbundes, 31. Jahrgang, Nr. 1, S. 3) und des Gewerbegerichts Hamburg (ohne Datum in der Hanseatischen Gerichtszeitung, Abt. Arbeitsrecht I, Nr. 27, S. 111) weder die Bezeichnung noch die Anstellung des Arbeitnehmers im Monatsgehalte. Es steht vielmehr das Tarifgehalt den an sich unter den Tarifvertrag fallenden Arbeitnehmern schon dann zu, wenn sie die Tätigkeit von Angestellten regelmäßig und für längere Zeit ausüben, wie sie im Tarifvertrag als Vorbedingung für die Anwendbarkeit des Tarifvertrags auf die Angestellten vorgesehen ist.

5. **Der räumliche Geltungsbereich der Tarifverträge** ist nach einem Urteile des Kaufmannsgerichtes Mannheim vom 9. 1. 1925 (Gewerbe- und Kaufmannsgericht 30, 7, S. 362) auf das Gebiet beschränkt, in welchem nicht nur der Arbeitgeber seine Hauptniederlassung oder eine Zweigniederlassung besitzt, sondern auch der Arbeitnehmer seine Tätigkeit ausübt. Dauernd außerhalb des Tarifgebietes tätige Monteure, Reisende usw. fallen daher nur dann unter den am Sitze des Arbeitgebers geltenden Tarifvertrag, wenn sie ausdrücklich unter Zugrundelegung dieses Tarifvertrages eingestellt oder beschäftigt sind. Dagegen gilt der am Sitz des Arbeitgebers bestehende Tarifvertrag auch kraft Gesetzes für solche Monteure, Reisende oder ähnliche Arbeitnehmer, die nur vorübergehend auswärts tätig sind.

6. **Anspruch auf Tarifgehalt nach Beendigung der Lehrzeit.** Es ist vielfach üblich, daß nach Beendigung der Lehrzeit den früheren technischen oder kaufmännischen Lehrlingen Gelegenheit gegeben wird, bis zur Erlangung einer neuen Stelle gegen das bisherige Lehrlingsgehalt oder gegen eine geringere als die tarifliche Vergütung im Betriebe tätig zu bleiben. Solche Vereinbarungen sind nach einer in der Rheinischen Zeitung Nr. 8 vom 10. 1. 25 veröffentlichten Entscheidung des Kaufmannsgerichtes Köln nichtig, sofern für den Betrieb ein Tarifvertrag gilt. Nach der Urteilsbegründung haben die früheren Lehrlinge bei Weiterbeschäftigung nach Beendigung der Lehrzeit Anspruch auf die Tarifgehälter für Handwerker bzw. Angestellte.

k) Welche Wirkung hat die Übernahme eines fremden Tarifvertrages?

1. siehe Band I, S. 185.

l) Wie weit können die Arbeitsbedingungen für Lehrlinge tariflich geregelt werden?

1.—4. siehe Band I, S. 185—187.

5. **Der Lehrvertrag gilt als Arbeitsvertrag.** In der viel umstrittenen Frage, ob der Lehrvertrag als Arbeitsvertrag im Sinne des Tarif- und Schlichtungsrechtes anzusehen ist und ob infolgedessen die Lohn- und Lehrbedingungen für Lehrlinge tariflich oder durch Verbindlichkeitserklärung unandingbar festgesetzt werden können, stellte sich das Gewerbegericht Hamburg mit Urteil Nr. GG 2018/24 vom 1. September 1924 (Neue Zeitschrift für Arbeitsrecht 1925,

Spalte 113) auf den Standpunkt, daß diese Frage zu bejahen ist, so daß also auch zugunsten der Lehrlinge die Unabdingbarkeit der Tarifverträge und Verbindlichkeitserklärung von Schiedssprüchen gilt. (Vgl. Goerrig, »Das Arbeitsrecht in der Praxis«, Band I, XI, B 1, 1 bis 4, S. 185 ff.)

6. **Lehrverträge gelten nicht als Arbeitsverträge im Sinne des Tarif- und Schlichtungsrechtes** nach einer besonders eingehend und sorgfältig begründeten Entscheidung der 10. Zivilkammer des Landgerichtes Leipzig vom 27. Oktober 1924. Infolgedessen können die Lehrlingsbezüge und die Ausbildungsbedingungen nicht unabdingbar durch Tarifverträge und nicht zwangsweise durch Schiedssprüche und Verbindlichkeitserklärungen geregelt werden.

7. **Lehrverträge gelten nicht als Arbeitsverträge.** In der noch immer nicht geklärten und einer gesetzlichen Regelung dringend bedürfenden Frage, ob Lehrverträge als Arbeitsverträge im Sinne des Tarif- und Schlichtungsrechtes angesehen werden können oder nicht und ob dementsprechend die Lohn- und Ausbildungsbedingungen für Lehrlinge unabdingbar durch Tarifverträge und Verbindlichkeitserklärungen festgelegt werden dürfen, stellten sich neuerdings die Urteile des Gewerbegerichtes Barth und des Landgerichtes Greifswald vom 22. November 1924 und 18. Februar 1925, Nr. LS 402/1924 in Übereinstimmung mit den Urteilen des Landgerichtes Darmstadt (Juristische Wochenschrift 1922, S. 1725) und des Oberlandesgerichtes Naumburg (Juristische Wochenschrift 1925, S. 281) auf den Standpunkt, daß Lehrverträge nach ihrem Zwecke auch bei Fabriklehrlingen nicht als Arbeitsverträge im Sinne des Tarif- und Schlichtungsrechtes angesehen werden können, weil Inhalt und Zweck eines Lehrvertrages grundsätzlich das Lernen und nicht die Arbeitsleistung des Lehrlings ist. Die vorerwähnten Urteile begründen ihren Standpunkt außerdem mit der Erwägung, daß die Unabdingbarkeit der Tarifverträge und insbesondere der Zwangstarifverträge nur bei Arbeitsverträgen mit verhältnismäßig kurzen Kündigungsfristen, nicht jedoch auch bei den auf lange Sicht abgeschlossenen Lehrverträgen angängig und tragbar seien. In den Lehrlingsvergütungen erblicken die beiden Urteile nicht eine Vergütung für die Arbeitsleistung der Lehrlinge, sondern eine Unterhaltungs- und Erziehungsbeihilfe, durch welche es den Lehrlingen und ihren Eltern ermöglicht werden soll, eine geordnete Lehrzeit unter den schwierigen Zeitverhältnissen durchzuhalten.

m) Wie weit befreit der Austritt aus einem Arbeitgeberverbande von den Tarifverpflichtungen?

1. siehe Band I, S. 187—188.

n) Welche Rechtsfolgen hat ein Tarifbruch?

1. siehe Band I, S. 188.

o) Wann sind Tarifabschlüsse nichtig oder anfechtbar?

1. **Gültigkeit eines unter Streikandrohung zustande gekommenen Tarifvertrages.** Unter Aufhebung eines entgegenstehenden Urteils des Gewerbegerichts Köln entschied das Landgericht Köln mit Urteil vom 4. 7. 24, daß ein Tarifvertrag nach § 123 des BGB. wegen »widerrechtlicher Drohung« nicht schon deshalb angefochten werden kann, weil die Arbeitnehmer oder der Arbeitgeberverband zur Erzwingung des Tarifabschlusses in einem für den Arbeitgeber ungünstigen Zeitpunkte mit einem Streik unter Vertragsbruch, d. h. mit einer Arbeitsniederlegung ohne Einhaltung der Kündigungsfrist gedroht haben.

2. **Wegen widerrechtlicher Drohung sind die Tarifverträge anfechtbar,** wenn die Arbeitnehmer zur Erzwingung des Lohnabkommens damit gedroht haben, daß sie im Falle der Verweigerung des Abschlusses durch den Arbeitgeber passive Resistenz üben würden (Urteil des Gewerbegerichtes Bremen vom 14. 2. 1924.) — Vgl. das gleichlautende Urteil des Gewerbegerichtes Köln und das entgegenstehende Urteil des Landgerichtes Köln unter der vorhergehenden Nummer.

3. **Nichtigkeit von Tarifverträgen wegen Verstoßes gegen die guten Sitten.** Ein Urteil des Kaufmannsgerichtes Dresden, welches ohne Datum in Nr. 26 der Internationalen Hotel-Revue vom 9. Oktober 1924 veröffentlicht wird, kommt zu dem Ergebnis, daß Tarifverträge, die Tariflöhne festlegen, die nach Ansicht des Gerichtes das Existenzminimum nicht decken, nach § 138 des Bürgerlichen Gesetzbuches wegen Verstoßes gegen die guten Sitten nichtig sind, obwohl sie an sich formgültig mit einer tariffähigen Arbeitnehmervereinigung abgeschlossen sind. Dieses Urteil dürfte jedenfalls rechtlich kaum haltbar sein, zumal man praktisch in die größten Schwierigkeiten kommen würde, wenn die Gerichte berechtigt wären, Abmachungen mit Arbeitnehmerverbänden darauf zu prüfen, ob und wie weit sie ausreichende Löhne bringen.

p) Wie weit besteht tarifliche Friedepflicht?

1. **Nur beschränkte Friedewirkung auf Grund eines Rahmentarifes nach dem Außerkrafttreten des Lohntarifes.** Wenn zwischen Tarifparteien ein besonderes Rahmenabkommen und ein getrennter Lohntarif vereinbart war, und nur der Lohntarif außer Kraft getreten ist, so verstoßen Gewerkschaften nach einem Urteile des Kammergerichtes vom 27. Februar 1925 (Gewerbe- und Kaufmannsgericht 1925, Nr. 9, S. 436) nicht gegen die tarifliche Friedenspflicht in einer sie zum Schadenersatz verpflichtenden Weise, wenn sie zur Erzwingung eines neuen Lohnabkommens ihre Mitglieder auffordern, Überarbeit zu verweigern und in beschränktem Umfange passive Resistenz zu üben.

XXII. Arbeitskämpfe.

A. Einschlägige Gesetzesbestimmungen.

1. Artikel 159 der Reichsverfassung vom 11. August 1919 (RGBl. S. 1383).
2. Verordnung über das Schlichtungswesen vom 30. Oktober 1923 (RGBl. I, S. 1043).
3. Verordnung über Tarifverträge, Arbeiter- und Angestelltenausschüsse und Schlichtung von Arbeitsstreitigkeiten vom 23. Dezember 1918 (RGBl. S. 1456).
4. Betriebsrätegesetz vom 4. Februar 1920 (RGBl. S. 147).
5. Verordnung betr. Maßnahmen gegenüber Betriebsabbrüchen und Betriebsstillegungen vom 8. November 1920 (RGBl. S. 1901).
6. Verordnung über Betriebsstillegung und Arbeitsstreckung vom 15. Oktober 1923 (RGBl. S. 983).
7. Arbeitsnachweisgesetz vom 22. Juli 1922 (RGBl. S. 657).
8. Gesetz über die Beschäftigung Schwerbeschädigter vom 12. Januar 1923 (RGBl. S. 57).

B. Die wichtigsten Einzelfragen.

a) Wie weit berechtigen Arbeitskämpfe zu Entlassungen?

1.—4. siehe Band I, S. 189—191.

5. Fristlose Entlassung wegen Vorbereitung und Verabredung gewaltsamer Betriebsstillegungen. Arbeitnehmer, welche an Verabredungen und Vorbereitungen gewaltsamer Betriebsstillegungen teilnehmen, berechtigen den Arbeitgeber auch dann, wenn sie Betriebsvertretungsmitglieder oder Schwerbeschädigte sind, nach einem Urteil des Berggewerbegerichtes Dortmund vom 20. 8. 24 zur fristlosen Entlassung.

6. Auch die von der Organisation angeordnete Arbeitsniederlegung berechtigt zur fristlosen Entlassung. Im Gegensatz zu der bekannten Entscheidung des Landgerichtes Frankfurt, derzufolge die von der Organisation angeordnete Arbeitsniederlegung nur eine Erfüllung staatsbürgerlicher Pflichten darstellt und infolgedessen dem Arbeitgeber keinen wichtigen, zur fristlosen Entlassung berechtigenden Grund gibt, entschied das Landgericht Cottbus mit

Urteil vom 28. März 1924, Nr. 2, S. 49/24/20, daß die Arbeitsverweigerung in Arbeitskämpfen immer und ohne Rücksicht darauf, ob es sich um einen wilden oder organisierten Streik handelt, den Arbeitgeber zur fristlosen Entlassung berechtigt.

7. **Das Fernbleiben von der Arbeit während eines Streiks** gilt nach einem Urteile des Amtsgerichtes Vacha vom 28. 9. 1923 nur dann nicht als unentschuldigtes, zur fristlosen Entlassung berechtigendes Fernbleiben von der Arbeit im Sinne einer Arbeitsordnung, wenn der betreffende Arbeitnehmer nachweislich alles getan hat, was in seinen Kräften stand, und was ihm nach Lage der Verhältnisse zugemutet werden konnte, um den Streikbeschluß zu verhindern oder doch seinerseits die Arbeit unter Verletzung der Rücksichten auf die durch die Kameradschaft gebotene Solidarität für seine Person aufzunehmen.

8. **Betriebsstillegung wegen eines Teilstreiks berechtigt zur fristlosen Entlassung,** nicht jedoch zur Einstellung der Lohn- und Gehaltszahlungen an Schwerbeschädigte bei Aufrechterhaltung des Dienstvertrages. Im Gegensatz zu dem Urteile des Reichsgerichtes vom 6. Februar 1923 (s. Jur. Wochenschrift 1923, S. 831, Nr. 8, und Reichsgerichtsentscheidungen, Bd. 106, S. 272) vertritt das Landgericht Leipzig im Urteil vom 24. Juli 1924, Nr. 4, D g 128/24 den Standpunkt, daß eine Betriebsstillegung wegen eines Teilstreiks zwar zur fristlosen Entlassung der arbeitswilligen Schwerbeschädigten gemäß § 124 a der Gewerbeordnung, nicht jedoch zur Einstellung der Lohn- und Gehaltszahlungen an arbeitswillige Schwerbeschädigte wegen Unmöglichkeit der Leistung berechtigt, sofern der Dienst- oder Arbeitsvertrag aufrechterhalten wird. Mit Rücksicht auf diese Entscheidung des Landgerichtes Leipzig empfiehlt es sich in Fällen, in denen ein Teilstreik die Betriebsstillegung erforderlich macht, den arbeitswilligen Schwerbeschädigten vorsichtshalber fristlos zu kündigen und ihnen die Wiedereinstellung nach Beilegung des Arbeitskampfes in Aussicht zu stellen.

9. **Streikbeteiligung berechtigt auch dann zur fristlosen Entlassung,** wenn nach der Arbeitsordnung nur zweitägiges unentschuldigtes Fehlen einen wichtigen Kündigungsgrund darstellt. Im Gegensatz zu einer Entscheidung des Gewerbegerichtes Gelsenkirchen vom 12. Februar 1924 entschied das Landgericht Essen mit Urteil vom 10. Oktober 1924, daß die Beteiligung an einem Streik, d. h. die Arbeitsniederlegung in einem Streik in jedem Falle einen Vertragsbruch darstellt und deshalb unter allen Umständen zur fristlosen Entlassung, und zwar auch dann berechtigt, wenn die Arbeitsordnung des betreffenden Betriebes die Bestimmung enthält, daß bei unentschuldigtem Fehlen Arbeitnehmer erst nach zweitägigem Ausbleiben ohne ausreichende Entschuldigung fristlos entlessen werden können.

10. **Entlassung von Betriebsvertretungsmitgliedern bei Aussperrungen.** Sperrt der Arbeitgeber die gesamte Belegschaft oder die

Arbeitnehmer bestimmter Betriebsabteilungen aus, so genießen Betriebsvertretungsmitglieder nach den Entscheidungen des Gewerbegerichtes Bremen vom 2. Juni 1924 (siehe Hanseatische Gerichtszeitung, Arbeitsrecht 1, 29, S. 117) und nach einem Urteil des Landgerichtes Stettin vom 14. Mai 1924 (siehe Gewerbe- und Kaufmannsgericht 30, 2, S. 39), in welchem das Landgericht Stettin den gegenteiligen, im Urteil vom 7. März 1923 eingenommenen Standpunkt aufhebt, keinerlei Kündigungssonderschutz. Sie können vielmehr alsdann unter denselben Voraussetzungen und ohne Zustimmung der Betriebsvertretung wie die übrigen Arbeitnehmer der betreffenden Betriebsabteilung gekündigt und entlassen werden (siehe auch die Entscheidungen unter den Nr. XI, XIII und XVIII).

b) Wie weit haben Arbeitswillige bei Arbeitskämpfen Anspruch auf Lohn?

1.—4. siehe Band I, S. 191—192.

5. Keine Pflicht des Arbeitgebers zur Bezahlung Arbeitswilliger bei Teilstreiks. Das Landgericht Halberstadt hat am 3. 7. 24 entschieden, daß der Arbeitgeber auf Grund der heute bestehenden und durch die moderne Gesetzgebung bedingten sozialen Arbeits- und Betriebsgemeinschaft nicht zur Lohnzahlung an die Arbeitswilligen verpflichtet ist, wenn die Arbeit infolge eines Teilstreiks nicht mehr produktiv fortgesetzt werden kann.

6. Keinen Lohnanspruch bei Teilstreiks haben Arbeitswillige auch nach einem in Übereinstimmung mit dem Reichsgerichtsurteile vom 6. Februar 1923 ergangenen Urteile der 1. Zivilkammer des Landgerichtes Halberstadt vom 3. Juli 1924, da dem Arbeitgeber mit Rücksicht auf die nach der neuzeitlichen Gesetzgebung bestehende und angenommene Betriebs- und Arbeitsgemeinschaft und die Solidarität der Arbeitnehmer nicht zugemutet werden kann, die Löhne und Gehälter an Arbeitnehmer weiter zu zahlen, die infolge des Teilstreiks produktiv nicht mehr beschäftigt werden können.

c) Wie weit sind Streikentlassene wieder einzustellen?

1.—3. siehe Band I, S. 192—193.

4. Kein Wiedereinstellungsanspruch von Betriebsvertretungsmitgliedern nach Entlassung in Arbeitskämpfen. Im Gegensatz zu einem Urteil des Gewerbegerichts Augsburg vom 16. 1. 1924 hat das Landgericht Augsburg mit besonders guter und ausführlicher Begründung in einem in Nr. 769 b der Rhein.-Westfälischen Zeitung vom 12. Oktober 1924 mitgeteilten Urteil entschieden, daß Betriebsvertretungsmitglieder nach Entlassung in Arbeitskämpfen grundsätzlich keinen Anspruch auf Wiedereinstellung haben, soweit die fristlose oder die befristete Entlassung zu Recht erfolgt war und die Wiedereinstellung nicht ausdrücklich bei der Streikbeilegung zugesagt worden ist.

Nach der gleichen Entscheidung können Betriebsvertretungsmitglieder oder sonstige Arbeitnehmer selbst dann nicht auf Wiedereinstellung klagen oder Schadenersatz begehren, wenn die Wiedereinstellung nach gültiger Entlassung nachweislich nur deshalb versagt ist, weil sie einer bestimmten Organisation angehören oder sich gewerkschaftlich in besonderem Maße betätigt haben. Nach Ansicht des Landgerichts Augsburg geben die §§ 84 Abs. 1 und 96 f. des Betriebsrätegesetzes in Verbindung mit den Verfassungsbestimmungen über den Schutz der Organisationsfreiheit nur einen gewissen Schutz gegen Entlassungen, nicht jedoch ein Recht auf Verschonung vor dem Ausschluß bei Wiedereinstellungen.

Nach dieser Entscheidung ist es also durchaus zulässig, bei Beilegung von Arbeitskämpfen von der Zusage der Wiedereinstellung solche aus wichtigem Grunde fristlos entlassene Arbeitnehmer oder Betriebsvertretungsmitglieder auszuschließen, die sich als Gewerkschaftsangehörige oder Gewerkschaftsfunktionäre besonders nachteilig zuungunsten des Betriebes betätigt haben, oder die eine Hauptschuld am Ausbruch des Arbeitskampfes tragen.

5. Keine Verbindlichkeitserklärung von Schiedssprüchen, betreffend die Wiedereinstellung Streikentlassener. Nach den Urteilen des Landesgerichtes Halle und des Oberlandesgerichtes Naumburg vom 25. Mai 1924 (»Neue Zeitschrift für Arbeitsrecht« IV, S. 568ff. und »Schlichtungswesen«, 6. Jahrg., Nr. 11, S. 186) kann nur der normative, nicht aber auch der schuldrechtliche Teil eines Schiedsspruches für verbindlich erklärt werden. Wenn daher in einem zur Beilegung eines Arbeitskampfes gefällten Schiedsspruche den Arbeitgebern die Verpflichtung auferlegt wird, die streikentlassenen Arbeitnehmer wieder einzustellen und keine Maßregelungen vorzunehmen, so kann dieser Teil des Schiedsspruches nicht für verbindlich erklärt werden. Würde die Verbindlichkeitserklärung trotzdem auf diesen Teil des Schiedsspruches ausgedehnt, so könnten die einzelnen Arbeitnehmer nach den Begründungen der vorerwähnten Urteile ein Klagerecht auf Wiedereinstellung bzw. Weiterbeschäftigung aus solcher Verbindlichkeitserklärung nicht ableiten.

6. Die Verletzung eines Maßregelungsverbotes verstößt gegen die guten Sitten und macht den Arbeitgeber schadenersatzpflichtig. Während das Landgericht III Berlin mit Urteil vom 4. April 1922 den Standpunkt vertreten hatte, daß der nicht wieder eingestellte Arbeitnehmer aus der Zuwiderhandlung des Arbeitgebers gegen ein vertragliches Maßregelungsverbot Ansprüche irgendwelcher Art nicht ableiten kann, weil ein zwischen dem Arbeitgeber und der Gewerkschaft bzw. Streikleitung vereinbartes Maßregelungsverbot dem Arbeitnehmer keinen vertraglichen Anspruch auf Wiedereinstellung verleihe, und weil die Verletzung eines Maßregelungsverbotes auch keine unerlaubte Handlung darstelle, entschied das Landgericht I Berlin mit Urteil vom 14. Juni 1923 (s. Gewerbe- und Kaufmannsgericht 28, 197), daß zwar ein vertragliches Recht auf Wiedereinstellung dem einzelnen Arbeitnehmer aus einem Maßregelungsverbote nicht erwächst, daß aber anderseits eine Verletzung des Maßregelungsverbotes durch den Arbeitgeber gegen die guten Sitten verstößt und den Arbeitgeber schadenersatzpflichtig macht. Voraussetzung für die Schadenersatzpflicht des Arbeitgebers ist jedoch, daß der Arbeitgeber die Verweigerung der Wiedereinstellung nicht auf sachliche Betriebsgründe, insbesondere auf die Unmöglichkeit der sofortigen Wiedereinstellung aller Arbeitnehmer nach den Streikschäden stützen kann.

7. Wiedereinstellungsklauseln in Streikbeilegungsvereinbarungen haben gemäß Urteil des Gewerbegerichtes Hamburg vom 11. 6. 1924 Nr. G U 173/24 keine normative Wirkung. Auf Grund der Wiedereinstellungsklausel in einer Vereinbarung zur Streikbeilegung zwischen dem Arbeitgeber und der Gewerkschaft bzw. in einem für verbindlich erklärten Schiedsspruche wird infolgedessen das Arbeitsverhältnis, welches durch die Streikentlassung aufgehoben worden ist, nicht automatisch erneuert, so daß auch in der Verweigerung der Wiedereinstellung keine fristlose Kündigung liegt. Nach diesem Urteil, welches der herrschenden Meinung entspricht, kann lediglich die an der Vereinbarung zur Streikbeilegung beteiligte Gewerkschaft auf Einhaltung der Maßregelungs- und Wiedereinstellungsklausel klagen.

8. Kein Klagerecht des einzelnen Arbeitnehmers auf Grund von Wiedereinstellungsklauseln in Schiedssprüchen. Auch das Gewerbegericht München stellte sich mit Urteil vom 3. 7. 1924 (s. Gewerbe- und Kaufmannsgericht, Heft 30, S. 43) auf den Standpunkt, daß der einzelne Arbeitnehmer kein Klagerecht aus der Bestimmung eines Schiedsspruches ableiten kann, durch welche dem Arbeitgeber aufgegeben wird, von Maßregelungen Abstand zu nehmen und streikentlassene Arbeitnehmer wieder einzustellen.

9. Kein Klagerecht einzelner Arbeitnehmer auf Grund von Maßregelungsverboten in Streikbeilegungsvereinbarungen. Im Gegensatz zu dem Urteil des Landgerichts I Berlin vom 14. Juni 1923 und dem in der Kartenauskunftei des Arbeitsrechtes vertretenen Standpunkt entschied das Gewerbegericht Hamburg mit Urteil vom 2. März 1925 (s. Hamburger Echo vom 25. März 1925, Nr. 84), daß einzelne Arbeiter gegen einen einzelnen Arbeitgeber nicht auf Schadenersatz mit der Begründung klagen können, daß der Arbeitgeber ein gelegentlich der Beilegung eines Arbeitskampfes zwischen den Gewerkschaften und dem Arbeitgeberverbande vereinbartes Maßregelungsverbot durch Nichtwiedereinstellung der betreffenden Arbeitnehmer verletzt habe. Nach

Ansicht des Gewerbegerichtes Hamburg erwächst aus Maßregelungsklauseln, die zwischen Gewerkschaften und Arbeitgeberverbänden vereinbart sind, höchstens den beteiligten Gewerkschaften ein Klagerecht auf Einhaltung der Maßregelungsklausel gegenüber der Arbeitgeberorganisation.

10. Unmittelbare Klageansprüche der Arbeitnehmer aus Wiedereinstellungsklauseln. Wenn in Vereinbarungen zur Beilegung von Arbeitskämpfen eine sogenannte Maßregelungs- oder Wiedereinstellungsklausel enthalten ist, können die beteiligten Arbeitnehmer nach einem eingehend begründeten Urteile des Landgerichtes Dortmund vom 26. Februar 1925, Nr. II, 1, S. 512/24 (Schlichtungswesen 1925, Nr. 5, S. 89) nach den Grundsätzen von Treu und Glauben unmittelbar aus solchen Wiedereinstellungsklauseln klagbare Rechte auf Wiedereinstellung ableiten, auch wenn die Vereinbarungen nur von Verband zu Verband getroffen worden sind, oder wenn die Bestimmungen in einem für verbindlich erklärten Schiedsspruche enthalten sind. Dieses Urteil ist besonders deshalb beachtlich, weil es sich eingehend mit den zahlreichen, in gegenteiligem Sinne ergangenen Entscheidungen auseinandersetzt.

11. Trotz Anerkennung der Maßregelungsklausel in Streikbeilegungsvereinbarungen oder Schiedssprüchen können auch nach einem Urteile des Kammergerichtes Berlin vom 6. Februar 1925, Nr. 8 U 10339/24, solche Arbeitnehmer nach Streikbeendigung von der Wiedereinstellung ausgeschlossen oder fristlos entlassen werden, die sich strafbare Handlungen während des Arbeitskampfes, beispielsweise eine Nötigung im Sinne der Mitteilung unter Nr. XXII B d 4 haben zuschulden kommen lassen.

12. Trotz des Vorliegens einer Maßregelungsklausel darf der Arbeitgeber nach einem in der Arbeitsrechtlichen Beilage der Mitteilungen der Vereinigung der Deutschen Arbeitgeberverbände 1925/8 veröffentlichten Urteil des Landgerichts III Berlin, 9. Zivilkammer vom 2. Oktober 1924, Nr. 27 (18 V, 363/23/46) die Wiedereinstellung solcher Arbeitnehmer ablehnen bzw. solche Arbeitnehmer fristlos entlassen, die anläßlich des beigelegten Streiks strafbare Handlungen begangen haben. Immerhin ist es ratsam, in allen Maßregelungsklauseln den Vorbehalt aufzunehmen, daß der Arbeitgeber nicht nur bei den Wiedereinstellungen zunächst diejenigen unberücksichtigt lassen darf, für die eine produktive Arbeitsmöglichkeit noch nicht vorhanden ist, sondern daß er auch die Wiedereinstellung derjenigen Arbeitnehmer ablehnen darf, die sich strafbare Handlungen haben zuschulden kommen lassen bzw. daß er solche Arbeitnehmer auch noch nach der Streikbeilegung fristlos entlassen darf, sofern vorher Entlassungen noch nicht ausgesprochen sind.

13. Bedeutung der Wiedereinstellungsklausel in Vereinbarungen zur Streikbeilegung. Wird durch eine Vereinbarung zwischen einem Arbeitgeber oder einem Arbeitgeberverband einerseits und einem

Arbeitnehmerverband anderseits ein Streik unter der Bedingung beigelegt, daß der Arbeitgeber die aus Anlaß des Streiks entlassenen Arbeitnehmer wieder einzustellen hat, so kann der einzelne Arbeitnehmer auf Grund einer solchen Vereinbarung gemäß Urteil des Gewerbegerichtes Hamburg vom 21. 1. 24 nicht auf Wiedereinstellung klagen. Die Vereinbarung gibt vielmehr höchstens den beteiligten Arbeitnehmerverbänden ein Klagerecht auf Einhaltung der Vereinbarung.

d) Ist Streikpostenstehen zulässig?

1.—2. siehe Band I, S. 193—194.

3. **Ein Verbot der Ausstellung von Streikposten durch einstweilige Verfügung** des zuständigen Amtsgerichts ist auch nach einer in der Speditions- und Schiffahrtszeitung Nr. 13/1925, S. 301, veröffentlichten Entscheidung des Amtsgerichts Berlin-Mitte, Abteilung 175, vom 14. Februar 1925, Nr. 175, G 11/1925/1 zulässig.

4. **Widerrechtliche und strafbare Nötigung** liegt nach einem im »Schlichtungswesen« 1925, Nr. 4, S. 72, veröffentlichten Urteil des Kammergerichtes vom 6. Februar 1925, Nr. 8 U 10339/24, vor, wenn Streikposten und Mitglieder der Streikleitung durch Kettenbildung und durch möglichst enges Nebeneinanderstehen den Arbeitswilligen den Zutritt zur Betriebs- oder Arbeitsstätte unmöglich machen und die Arbeitswilligen mehr oder weniger beispielsweise durch Einfordern ihrer Ausweise zwingen, von der Arbeit fernzubleiben.

e) Wer haftet für Streikschäden?

1.—2. siehe Band I, S. 194—195.

3. **Haftung von Betriebsratsmitgliedern und streikenden Arbeitern für Streikschäden.** Nach einem in den Leipziger Neuesten Nachrichten, Nr. 32, vom 1. 2. 1925 veröffentlichten Urteile des Landgerichtes Plauen haben Arbeitnehmer, die unter Vertragsbruch, d. h. ohne Einhaltung der Kündigungsfrist in den Streik getreten sind, dem Arbeitgeber den Schaden zu ersetzen, der durch den Vertragsbruch und insbesondere dadurch entstanden ist, daß die betreffenden Arbeitnehmer sich gesträubt haben, vor dem Eintritt in den Streik angefangene Arbeiten zur Verhütung des Verderbens fertigzustellen. Nach dem gleichen Urteil sind zum Schadenersatz auch diejenigen Betriebsratsmitglieder verpflichtet, die ihre Mitarbeiter dazu aufgefordert haben, die Arbeit unter Kontraktbruch und unter Verweigerung der Leistung von Notstandsarbeiten einzustellen.

4. **Schadenersatz für den durch den Streik und die Verweigerung der Notstandsarbeiten unter Vertragsbruch entstandenen Schaden**

hat die Streikleitung auch nach einem in Bestätigung des von uns bereits angeführten Urteils des Landgerichts Hagen ergangenen, in Nr. 278, 1925, der Kölnischen Zeitung veröffentlichten Urteil des Oberlandesgerichts Hamm zu leisten. (S. auch das bei Goerrig, »Das Arbeitsrecht in der Praxis«, Bd. 1, S. 194, angeführte Urteil des Gewerbegerichts Hattingen und des Landgerichts II Berlin.)

5. **Wegen Streikentfachung schadenersatzpflichtig** sind gemäß einem Urteil des Landgerichtes Aachen vom 2 Februar 1925 (Deutsche Bergwerkszeitung, Nr. 107/1925) solche Arbeitnehmer und insbesondere solche Betriebsratsmitglieder, die mit wesentlich falschen Behauptungen ihre Mitarbeiter aufhetzen, in einen wilden Streik einzutreten.

6. **Gezwungen Streikende haften nicht für Streikschäden** nach einer Entscheidung des Oberlandesgerichtes Breslau vom 29. 3. 1924, wenn sie sich dem Streik nur deshalb angeschlossen und die Verrichtung der Notstandsarbeiten nur aus dem Grunde unterlassen haben, weil sie von ihren Mitarbeitern hierzu nachdrücklich angehalten wurden und ihnen nicht zugemutet werden konnte, sich durch Verweigerung des Anschlusses an den Streik den Anfeindungen der streikenden Belegschaftsmehrheit auszusetzen.

7. **Wegen Absperrung der Arbeitswilligen von der Arbeitstätte** machen sich Mitglieder einer Streikleitung nach einem Urteile des Landgerichtes Elberfeld vom 23. Dezember 1924, Nr. 3 56/24, dem bestreikten Arbeitgeber gegenüber schadenersatzpflichtig, wenn sie die Streikposten anweisen, niemanden ohne einen von ihnen ausgestellten Erlaubnisschein in den bestreikten Betrieb hereinzulassen, und wenn sie auf diese Weise die Arbeitswilligen mehr oder weniger zwingen, entweder von der Arbeitsstelle fernzubleiben oder sich von der Streikleitung Erlaubnisscheine ausstellen zu lassen. Das Landgericht Elberfeld leitet die Schadenersatzverpflichtung aus den §§ 826 und 830 des BGB. ab.

8. **Nur beschränkte Haftung der Gewerkschaftsleitung oder eines Gewerkschaftsangestellten für Schäden, die durch Streikpostenstehen entstanden sind.** Nach einem Urteile des Landgerichtes Görlitz vom 13. Januar 1925, Nr. 6, S. 204/24, haften Gewerkschaftsleitungen oder Gewerkschaftsangestellte wie Streikleitungen überhaupt nur ausnahmsweise dann für die durch Streikpostenausstellen bzw. durch das Verhalten der Streikposten entstandenen Schäden, wenn sie die Streikposten nachweislich angewiesen haben, den bestreikten Arbeitgeber durch strafbare oder gegen die guten Sitten verstoßende Maßnahmen zu benachteiligen.

9. **Für Schäden aus Eisenbahnerstreiks haften die Eisenbahnbeamten** persönlich nach einem Urteile des Kammergerichtes vom 8. 11. 1924 (s. arbeitsrechtliche Mitteilungen der Vereinigung der deutschen Arbeitgeberverbände 1925, Nr. 3, S. 17) soweit sie in hervorragendem Maße als Mitglieder der Streikleitung an der Vorbereitung und Durchführung eines Eisenbahnerstreiks mit-

gewirkt haben, obwohl ihnen als Eisenbahnbeamte die Beteiligung an einem Streik nicht erlaubt war. In der Tätigkeit der Streikleitung erblickt das Reichsgericht einen gemäß § 826 des BGB. zum Schadenersatz verpflichtenden Verstoß gegen die guten Sitten.

10. Haftung des Bestreikten für Streikschäden. Nach einem Urteile des Reichsgerichtes vom 16. Februar 1925, Nr. 1, 255/24, welches zu ähnlichen Ergebnissen kommt, wie ein Urteil des Reichsgerichtes vom 31. Januar 1923, Nr. 1, 168/22, kann die Arbeitsniederlegung im Verhältnis zwischen dem Bestreikten und seinem Vertragskontrahenten nicht als höhere Gewalt angesehen werden, da es sich bei der Arbeitsniederlegung durch die Arbeitnehmer im allgemeinen um einen inneren Betriebsvorgang handelt, während unter höherer Gewalt nur ein von außen her auf den Betrieb einwirkendes, mit menschlichen Hilfsmitteln nicht abwendbares Ergebnis verstanden wird. Infolgedessen befreit die Arbeitsniederlegung durch seine Arbeitnehmer den Arbeitgeber nur dann von seinen Vertragspflichten gegenüber seinen Auftraggebern, Bestellern und Lieferanten, wenn ausdrücklich vereinbart ist, daß der Streik von der Lieferungs- oder Abnahmepflicht ganz oder vorübergehend befreit. Eine Ausnahme bilden nach Ansicht des Reichsgerichtes nur unter Umständen Generalstreiks sämtlicher Arbeitnehmer auf Grund politischer Ereignisse oder als Gegenwehr gegen Einwirkungen feindlicher Besatzungsmächte, falls darin für die Arbeitnehmerschaft des einzelnen Betriebes ein von außen kommender Zwang zur Arbeitsniederlegung liegt.

f) Statistik der Arbeitskämpfe.

1. siehe Band I, S. 195—196.

g) Wer ist zur Leistung von Notstands- und Streikarbeiten verpflichtet?

1. Verpflichtung zur Verrichtung von Streikarbeit. Nach einem im »Kölner Tageblatt«, Nr. 556, vom 19. Dezember 1924, veröffentlichten Urteile des Gewerbegerichtes Köln sind die am Streik nicht beteiligten Arbeitnehmer verpflichtet, auch betriebsnotwendige Streikarbeit zu leisten. Verweigern sie die Leistung solcher Arbeit, so stellt dies eine beharrliche Arbeitsverweigerung dar, die den Arbeitgeber zur fristlosen Entlassung berechtigt.

2. Bedingtes Recht zur fristlosen Entlassung wegen Verweigerung von Streikarbeit. Nach einem in der Zeitschrift »Der Werkmeister«, Nr. 51, vom 19. Dezember 1924, veröffentlichten Urteile des Gewerbegerichtes Köln kann der Arbeitgeber auf Grund des durch den Dienstvertrag bedingten Treueverhältnisses bei Arbeitskämpfen verlangen, daß der Arbeitnehmer die für den gewöhnlichen Dienst infolge des Streiks nicht benutzbare Arbeitskraft zur Verfügung stellt, um betriebsnotwendige andere Arbeiten zu verrichten, und zwar ohne Rücksicht darauf, ob diese Arbeiten bisher von dem Streikenden verrichtet wurden. In dem fraglichen Falle hat jedoch das Gewerbegericht Köln dem Arbeitgeber das Recht zur fristlosen Entlassung wegen Verweigerung solcher Arbeiten abgesprochen mit der Begründung, daß die betreffenden Arbeitnehmer mangels einschlägiger ihnen bekannt gewesener Urteile nicht das Bewußtsein von der Unrechtmäßigkeit ihrer Weigerung gehabt hätten. Mit Rücksicht auf diesen Standpunkt des Gewerbegerichtes Köln empfiehlt es sich vorsorglich, Arbeitnehmer, die sich weigern, in Streikfällen Notstandsarbeiten zu verrichten, ausdrücklich darauf aufmerksam zu machen, daß nach dem vorerwähnten Urteile die Verweigerung solcher Arbeiten zur fristlosen Entlassung berechtigt.

3. Verweigerung von Notstandsarbeiten berechtigt zur fristlosen Entlassung. Wenn Arbeitnehmer, insbesondere Werkmeister, sich bei Arbeitskämpfen weigern, Notstandsarbeiten zu verrichten, die nachweislich notwendig sind, um ein Verderben von Rohstoffen, Halbfabrikaten oder Fertigfabrikaten zu verhüten, so ist der Arbeitgeber nach einem Urteile des Amtsgerichtes Neudamm vom 26. 11. 1924 zur fristlosen Entlassung gemäß § 133 bzw. 123 der Gewerbeordnung oder nach den entsprechenden Bestimmungen der §§ 626 BGB. und 70 des Handelsgesetzbuches berechtigt.

4. Verweigerung von Notstandsarbeiten als wichtiger Kündigungsgrund. Angestellte, die sich bei einem wilden Streik der Arbeiter weigern, auf Anfordern des Arbeitgebers Notstandsarbeiten zu verrichten, um das Verderben wertvoller Waren zu verhindern, machen sich eines Vertrauensbruches schuldig und können gemäß Urteil des Amtsgerichtes Neustadt i. M. vom 16. 1. 1925 fristlos entlassen werden.

5. Fristlose Entlassung wegen Verweigerung von Streikarbeit ist nach einem Urteile des Kreisgewerbegerichtes Waldenburg vom 19. Dezember 1924, Nr. 6/24 (Schlichtungswesen 1925, Nr. 5, S. 87) zulässig, wenn es sich um Arbeiten handelt, die nach den ausdrücklichen Vertragsbestimmungen oder nach den Grundsätzen von Treu und Glauben von dem betreffenden Arbeitnehmer zu leisten sind.

6. Fristlose Entlassung von Angestellten wegen Verweigerung von Streikarbeiten ist nach einem Urteile des Landgerichtes Dortmund vom 1. Dezember 1924, Nr. II, 1, S. 498/24 auch dann zulässig, wenn der Dienst- oder Anstellungsvertrag über die Verpflichtung der Angestellten zur Leistung von Notstands- oder Streikarbeiten nichts besagt, und wenn der Angestellte sich weigert, auch Notstandsarbeiten zu verrichten, die zwar sonst nicht zu seinen Dienstobliegenheiten gehören, die aber betriebsnotwendig sind und nach Treu und Glauben verlangt werden können.

7. Die Verweigerung von Notstandsarbeiten durch Angestellte bei Arbeitskämpfen gibt dem Arbeitgeber auch nach einem in der Zeitschrift »Recht und Rechtspraxis«, Nr. 2, vom 30. Januar 1925 veröffentlichten Urteil des Berggewerbegerichts Dortmund, Kammer Wattenscheid, einen wichtigen, die fristlose Entlassung rechtfertigenden Kündigungsgrund.

8. **Die Verpflichtung der Werkmeister zur Leistung von Notstandsarbeiten beim Streik der Arbeiter** geht nach einem im Gewerbe- und Kaufmannsgericht 30, 7, S. 354, veröffentlichten Urteile des Landgerichtes Elberfeld vom 14. 10. 1924 nicht so weit, daß die Werkmeister bei einem Streik der Arbeiter des Betriebes die gesamte Arbeit nach und nach fertigstellen müssen, die sonst von allen Arbeitern gemeinsam hätte geleistet werden müssen. Die Werkmeister brauchen als Streikarbeit zur Verhütung berechtigter fristloser Entlassung nach den Grundsätzen von Treu und Glauben nach Ansicht des Landgerichtes Elberfeld vielmehr nur die dringendsten Notstandsarbeiten zu verrichten und diejenigen Arbeiten zu vollenden, die sehr dringend sind und in verhältnismäßig kurzer Zeit erledigt werden können.

9. **Keinen wichtigen Grund erblicken in der Verweigerung von Notstandsarbeiten bei Arbeitskämpfen** die Urteile des Kaufmannsgerichtes Leipzig vom 17. März 1924 (Gewerbe- und Kaufmannsgericht 1924, Spalte 205) des Berggewerbegerichtes Dortmund vom 20. Dezember 1923 und des Landgerichtes Elberfeld vom 14. Oktober 1924 (Deutsche Werkmeisterzeitung 1924, S. 582). (Vgl. jedoch die bei Goerrig: »Das Arbeitsrecht in der Praxis«, XII B g 1—8 veröffentlichten gegenteiligen Entscheidungen.)

10. **Fristlose Entlassung von Werkmeistern wegen Verweigerung von Notstandsarbeiten.** Ein im Gewerbe- und Kaufmannsgericht, Jahrgang 29, Heft 9, S. 201, veröffentlichtes Urteil des Gewerbegerichtes Krefeld vom 6. Januar 1924 vertritt die wohl zutreffende Ansicht, daß Werkmeister fristlos entlassen werden können, wenn sie sich bei Streiks und ähnlichen Gelegenheiten weigern, betriebswichtige Notstandsarbeiten zu verrichten. In der Urteilsbegründung betont das Gewerbegericht Krefeld, daß der gehobenen Stellung der Werkmeister im Betriebe auch höhere Pflichten im Vergleich zur Arbeiterschaft gegenüberstehen. Zu diesen erweiterten Pflichten rechnet das Gewerbegericht Krefeld insbesondere auch die Verrichtung von Notstandsarbeiten, »soweit solche nur ihren Fähigkeiten und Kräften entsprechen, mag auch für den einzelnen eine Arbeit in Frage kommen, deren er sich seit langem entwöhnt hat, oder zu deren Verrichtung in normalen Zeiten er sich mit mehr oder weniger Berechtigung für zu vornehm gehalten hat«.

h) Wie weit sind Zuzugswarnungen und ähnliche Kampfmittel erlaubt?

1. **Zuzugswarnungen seitens der Gewerkschaften** sind nach einem Urteile des Oberlandesgerichtes Naumburg, 2. Zivil-

senat vom 4. 11. 1924 zulässig und verpflichten die vor Zuzug warnende Gewerkschaft nicht zum Schadenersatz, es sei denn, daß die Warnung vor Zuzug in wahrheitswidriger Weise begründet wird, und daß an sich kein Grund zur Warnung vor Zuzug vorlag.

2. Unzulässigkeit einer Arbeitssperre aus rein persönlichen und bewußt unwahren Gründen. Gemäß Urteil des Landgerichtes Hamburg (veröffentlicht ohne Datum in der »freien Gewerkschaft« 3, 53) ist die Arbeitssperre zwar im allgemeinen als Kampfmittel der Arbeitnehmer zulässig. Sie ist dagegen wegen Verstoßes gegen die guten Sitten unzulässig, wenn sie aus rein persönlichen und bewußt unwahren Gründen verhängt wird. In diesem Falle verpflichtet sie die Urheber zum Schadenersatz gemäß § 826 BGB. und macht dem benachteiligten Arbeitgeber die Erwirkung einer einstweiligen Verfügung möglich, in welcher den Urhebern aufgegeben wird, die Arbeitssperre aufzuheben.

3. Koalitionsfreiheit bedingt keine Befreiung von den Strafgesetzen. Wie aus einer Entscheidung des Kammergerichtes vom 9. 5. 1924 (Liszts Zeitschrift für die gesamte Strafrechtswissenschaft 1924, S. 156) hervorgeht, sind Handlungen von Arbeitnehmern oder Gewerkschaftsangestellten, die gegen das Strafgesetz verstoßen, nicht deshalb straffrei, weil durch sie die Arbeits- und Wirtschaftsbedingungen verbessert werden sollen.

4. Auf Unterlassung der Weiterveröffentlichung von Hetz- bzw. Schmähartikeln in der Presse kann der Arbeitgeber nach einem Urteile des Landgerichtes Hagen vom 7. November 1924, Nr. 1, S. 327/24 nicht nur gegen den verfassenden Arbeitnehmer oder Gewerkschaftsvertreter sondern auch gegen den verantwortlich zeichnenden Redakteur und gegebenenfalls auch gegen den Verleger klagen, wenn die veröffentlichten Artikel beleidigende oder unwahre Behauptungen enthalten.

5. Die öffentliche Bekanntmachung der Listen von Arbeitswilligen und Nothelfern durch die Streikleitung ist an sich nach einem Urteile des Landgerichtes I Berlin vom 15. März 1924, Nr. 76, Q 7/24 erlaubt. Sie stellt dagegen einen Verstoß gegen die §§ 823, 824 des Bürgerlichen Gesetzbuches und 185ff. des Strafgesetzbuches dar, wenn die betreffenden Listen mit Zusätzen und Andeutungen versehen werden, in welchen Arbeitswillige und Nothelfer als ehrlose und verächtliche Verräter bezeichnet werden. In letzterem Falle können die so Beleidigten auf Entlassung klagen.

XXIII. Schlichtung von Arbeitsstreitigkeiten.

A. Einschlägige Gesetzesbestimmungen.

1. Verordnung über Tarifverträge, Arbeiter- und Angestelltenausschüsse und Schlichtung von Arbeitsstreitigkeiten vom 23. Dezember 1918 (RGBl. S. 1456).
2. Verordnung über das Schlichtungswesen vom 30. Oktober 1923 (RGBl. S. 1043).
3. Verordnung zur Ausführung der Verordnung über das Schlichtungswesen vom 10. Dezember 1923 (RGBl. S. 1191).
4. Zweite Verordnung zur Ausführung der Verordnung über das Schlichtungswesen vom 29. Dezember 1923 (RGBl. 1924 S. 9).

B. Die wichtigsten Einzelfragen.

a) Für welche Streitigkeiten sind die Schlichtungsausschüsse zuständig?

1. siehe Band I, S. 197.

b) Wann und wie weit sind tarifliche Schlichtungsstellen zuständig?

1.—2. siehe Band I, S. 198.

c) Wie sind die Schlichtungsausschüsse zu besetzen und welche Verfahrensvorschriften sind zu beachten?

1.—2. siehe Band I, S. 198—199.

3. Die Änderung eines Schiedsspruches durch den Schlichtungsausschuß selbst ist nach der herrschenden Meinung nur zulässig, wenn mit Zustimmung beider Parteien ein neues Schlichtungsverfahren ordnungsmäßig eingeleitet und durchgeführt worden ist. Solange diese Voraussetzung nicht erfüllt ist, darf der Schlichtungsausschuß selbst dann den Schiedsspruch nicht abändern, wenn er unmittelbar nach der Verkündung merkt, daß ihm ein Fehler bei der Urteilsfällung unterlaufen ist, weil er den einen oder anderen Gesichtspunkt nicht kannte oder nicht berücksichtigt hatte und hiervon erst nach der Urteilsverkündung durch den Widerspruch der einen oder anderen Partei erfuhr. (Entscheidung des Schlichters in Magdeburg, Schlicht.-Wes. 1925, S. 46 ff.)

4. **Durch teilweise Annahme eines Schiedsspruches,** d. h. dadurch, daß entweder nur ein Teil der am Schlichtungsverfahren beteiligten Parteien den Schiedsspruch annimmt, oder daß die eine Partei nur einen Teil des Schiedsspruches annimmt, kommt nach einem im Schlichtungswesen 1925, Nr. 4, S. 69, veröffentlichten Schiedsspruche des Tarifschiedsgerichtes für das Gastwirtsgewerbe in Stuttgart vom 4. März 1925 eine die beteiligten Parteien verpflichtende rechtsgültige Gesamtvereinbarung nur ausnahmsweise dann zustande, wenn sich alle am Schlichtungsverfahren beteiligten Parteien ausdrücklich mit dieser Beschränkung der Annahme des Schiedsspruches einverstanden erklären.

d) Wie weit besteht für die Mitglieder der Schlichtungsausschüsse Schweigepflicht?

1. siehe Band I, S. 199.

e) Wer kann den Schlichtungsausschuß anrufen?

1. siehe Band I, S. 199.

2. **Kein Schlichtungszwang nach rechtsgültiger Entlassung der Streikenden.** Nach einer Entscheidung des Schlichtungsausschusses Hanau vom 17. März 1925 braucht der Arbeitgeber sich auf ein Schlichtungsverfahren von Amts wegen oder auf Antrag der Gewerkschaften nicht mehr einzulassen, wenn sämtliche, am Streik beteiligt gewesenen Arbeitnehmer rechtsgültig nach vergeblicher Aufforderung zur Wiederaufnahme der Arbeit entlassen und durch neue Arbeitnehmer ersetzt worden sind. In diesem Falle kann der Arbeitgeber nach Ansicht des Schlichtungsausschusses Hanau durch Schiedsspruch und Verbindlichkeitserklärung weder zur Bewilligung der Streikforderung noch zur Wiedereinstellung der Streikentlassenen gezwungen werden.

3. **Die Zulassung zu Tarif- und Schlichtungsverhandlungen können auch Minderheitsgewerkschaften verlangen,** wenn sie nachweisen, daß in den tarifbeteiligten Betrieben ein nicht unwesentlicher Teil der Belegschaften bei ihnen organisiert ist. (Entscheidung des Schlichtungsausschusses Frankfurt a. M. vom 25. November 1924.)

4. **Während der Geltungsdauer eines Tarifvertrages** kann auch auf Antrag einer am Tarifvertrag noch nicht beteiligten Gewerkschaft den unter den Tarif fallenden Betrieben durch Schiedsspruch und Verbindlichkeitserklärung ein neuer Tarifvertrag nicht aufgezwungen werden. (Entscheidung des Schlichtungsausschusses Frankfurt a. M. vom 25. November 1924.)

5. **Parteien des Schlichtungsverfahrens** und insbesondere eines zwangsweise eingeleiteten und durchgeführten Schlichtungsverfahrens können nach einem Bescheide des Reichsarbeitsministers vom 28. Januar 1925 grundsätzlich nur Personen oder Vereinigungen von Personen sein, die auch Parteien eines Tarifvertrages sein können, mit anderen Worten, die tariffähig sind. Nur gegen solche Vereinigungen kann daher auch nach Ansicht des Reichsarbeitsministers ein Schiedsspruch rechtsgültig und rechtswirksam für verbindlich erklärt werden.

6. **Die Gewerkschaften sind zur selbständigen Anrufung des Schlichtungsausschusses zur Herbeiführung eines Tarifvertrages legitimiert** gemäß einem Bescheide des preußischen Ministers für Handel und Gewerbe vom 24. März 1925, Nr. III a 419, ohne daß sie ihrerseits eine Vollmacht der beteiligten Arbeitnehmer nachweisen oder auch nur den Nachweis erbringen müßten, daß sie in den betroffenen Betrieben eine genügende Mitgliederzahl haben. Dagegen ist der Schlichtungsausschuß trotz dieser von vorneherein zu vermutenden Aktivlegitimation berechtigt, die Hilfeleistung zwecks Herbeiführung eines Tarifvertrages abzulehnen, wenn sich herausstellt, daß die anrufende Gewerkschaft in den in Frage kommenden Betrieben nur eine geringfügige Bedeutung besitzt.

7. **Schlichtungsverfahren und Verbindlichkeitserklärung auch bei Ablehnung der Vermittlung durch eine Partei.** Nach einem Schiedsspruch des Schlichtungsausschusses Plauen i. V. vom 29. Juli 1924 (Schlichtungswesen, Jahrgang 6, Heft 11, S. 194) kann sich ein Arbeitgeber oder ein tariffähiger Arbeitgeberverband nicht dadurch einem Schlichtungsverfahren und einer nachfolgenden Verbindlichkeitserklärung entziehen, daß er grundsätzlich jede Vermittlung und den Abschluß jedes Tarifvertrages ablehnt. Der Schiedsspruch ist besonders deshalb bedeutsam, weil er sich eingehend auseinandersetzt mit der einschlägigen Literatur und insbesondere mit einem den gegenteiligen Standpunkt einnehmenden Aufsatz des Regierungsrates im Reichsarbeitsministerium Richter in der Zeitschrift »Der Arbeitgeber«, 14. Jahrgang, Nr. 14, S. 272.

f) Wann ist die Verbindlichkeitserklärung eines Schiedsspruches zulässig?

1.—4. siehe Band I, S. 200—201.

5. **Verbindlichkeitserklärung auch von Schiedssprüchen vereinbarter Schlichtungsstellen.** Nach einer Entscheidung des Badischen Landesschlichters vom 27. 6. 1924 (Badische Rechtspraxis 1924, S. 100) können auch Schiedssprüche vereinbarter Schlichtungsstellen beim Vorliegen der sonstigen für die Verbindlichkeitserklärung vorgesehenen Voraussetzungen für verbindlich erklärt werden.

6. **Die Verbindlichkeitserklärung eines Schiedsspruches ist unzulässig** gemäß einer Entscheidung des Landesschlichters für Baden (s. Badische Rechtspraxis 25, S. 164), wenn der Arbeitgeber zwar erst nach der Schiedsspruchfällung, aber noch vor der Verbindlichkeitserklärung eine wenn auch vom Schiedsspruche abweichende, die Arbeitnehmer befriedigende oder dem Schiedsspruche ähnliche Regelung der Lohn- und Arbeitsverhältnisse freiwillig durchgeführt hat.

g) Wie weit unterliegen Schiedssprüche und Verbindlichkeitserklärungen der Nachprüfung?

1. **Zur Nachprüfung von Schiedssprüchen und Verbindlichkeitserklärungen** sind nach einem Urteile des Landgerichtes Arnsberg vom 24. Februar 1925, Nr. 3, S. 209/24 die Gerichte nur in bezug darauf berechtigt, ob die Schiedssprüche und Verbindlichkeitserklärungen von den betreffenden Stellen im Rahmen ihrer Zuständigkeit und unter Beachtung der vorgesehenen Verfahrensvorschriften abgegeben worden sind. Dagegen können die Gerichte nicht auch auf Antrag der die Gültigkeit bestreitenden Partei nachprüfen, ob die sachlichen Voraussetzungen, von denen die entscheidenden Stellen ausgegangen sind, tatsächlich vorlagen oder nicht.

2. **Zur Nachprüfung für verbindlich erklärter Schiedssprüche sind die Gerichte insoweit berechtigt,** als sie auf Antrag des Arbeitgebers oder des Arbeitnehmers bzw. der Gewerkschaft prüfen können, ob die Entscheidung des Schlichtungsausschusses oder des Demobilmachungskommissars auf gesetzlicher Grundlage beruht und innerhalb der Zuständigkeit des Schlichtungsausschusses und der Demobilmachungsbehörde ergangen ist. (Urteil des Reichsgerichtes vom 10. Oktober 1924, Juristische Wochenschrift 54, 3, S. 225.)

3. **Nur beschränkte Nachprüfung der Schiedssprüche durch die ordentlichen Gerichte** ist im Gegensatz zu dem unter der vorhergehenden Nummer angeführten Reichsgerichtsurteile nach einem Urteil des Landgerichtes Frankfurt vom 24. Juni 1924, Nr. 2, S. 95/24, Schlichtungswesen VI, S. 219, zulässig. Nach diesem Urteile ist das Gericht an die Entscheidung des Schlichtungsausschusses bzw. Arbeitsgerichtes in sachlicher Beziehung gebunden, und es ist nur befugt, zu prüfen, ob der entscheidende Schlichtungsausschuß oder Demobilmachungskommissar bzw. das Arbeitsgericht zuständig war.

h) Wer ist als Vertreter im Schlichtungsverfahren zuzulassen?

1. **Der Syndikus eines aufgelösten Arbeitgeberverbandes** ist nach den Bescheiden des Reichsarbeitsministers vom 28. Januar 1925 und

7. März 1925, Nr. III A 635 und 1511 (Reichsarbeitsblatt, amtlicher Teil Nr. 13/1925, S. 138) nicht berechtigt, die Mitglieder des aufgelösten Arbeitgeberverbandes vor dem Schlichtungsausschusse zu vertreten, wenn diese zwecks Abschlusses eines Zwangstarifes nach Auflösung des Arbeitgeberverbandes einzeln vor den Schlichtungsausschuß geladen sind.

2. Rechtsanwälte und andere Sachwalter fremder Interessen sind nach einem Bescheide des Reichsarbeitsministers vom 7. März 1925 (Reichsarbeitsblatt 5. 13, S. 138) nur ausnahmsweise dann als Vertreter des Arbeitgebers vor dem Schlichtungsausschusse zuzulassen, wenn sie als Geschäftsführer, Betriebsleiter, Prokuristen, Handlungsbevollmächtigte oder Generalbevollmächtigte in einem besonders nahen geschäftlichen Vertrauensverhältnisse zu dem einzelnen, am Schlichtungsverfahren beteiligten Arbeitgeber stehen.

XXIV. Arbeitsgerichte.

A. Einschlägige Gesetzesbestimmungen.

1. Gewerbegerichtsgesetz vom 29. September 1901 (RGBl. S. 353ff.).
2. Gesetz betr. Kaufmannsgerichte vom 6. Juli 1904 (RGBl. S. 266).
3. Zivilprozeßordnung vom 30. Januar 1877 in der Fassung vom 13. Mai 1924 (RGBl. S. 437).

4.—6. Siehe die unter Nr. XXIII 2—4 angeführten Verordnungen.

B. Die wichtigsten Einzelfragen.

a) Welches Gericht ist im Einzelfalle zuständig?

1.—5. siehe Band I, S. 202—203.

6. **Eine vereinbarte Schlichtungsstelle ist als Arbeitsgericht zuständig** in Einzelstreitigkeiten gemäß einer Entscheidung des Schlichtungsausschusses Deggendorf vom 28. März 1924, wenn für den betreffenden Ort ein Gewerbe- oder Kaufmannsgericht fehlt und wenn zur Entscheidung von Einzelstreitigkeiten eine besondere Schlichtungsstelle tariflich vereinbart ist.

7. **Die Wirkung von Schiedsgerichtsklauseln** in Tarifverträgen geht nach einem Urteile des Oberlandesgerichtes Jena vom 11. Oktober 1924 (Recht und Rechtspraxis Nr. 2, S. 8) nicht so weit, daß das Gericht auf Grund dieser Schiedsgerichtsklauseln die Unzuständigkeit des ordentlichen Gerichtes oder des Gewerbe- bzw. Kaufmannsgerichtes auch dann aussprechen müßte, wenn keine der beiden am Verfahren beteiligten Parteien die Unzulässigkeit des Rechtsweges mit Rücksicht auf die Schiedsgerichtsklausel geltend macht.

8. **Zuständig für Lehrlingsstreitigkeiten** ist nach einem Urteile des Gewerbegerichtes Hamburg vom 4. Juni 1922 und des Landgerichtes Hamburg vom 28. Februar 1923 nicht das Innungsschiedsgericht sondern das Gewerbegericht, wenn der Betrieb des betreffenden Arbeitgebers vom handwerksmäßigen zum fabrikmäßigen Betriebe herangewachsen ist, und zwar auch dann, wenn der betreffende Arbeitgeber noch einer Zwangsinnung angehört.

9. **Unzuständigkeit des Gewerbegerichtes für Klagen von Notstandsarbeitern.** Stellt ein Arbeitgeber Notstandsarbeiter für anerkannte Notstandsarbeiten im Sinne der Vorschriften über die

Erwerbslosenfürsorge ein, so ist für Streitigkeiten, die zwischen dem Arbeitgeber und solchen Notstandsarbeitern entstehen, nicht das Gewerbegericht zuständig. Die Notstandsarbeiter haben nur das Recht der Beschwerde an den Verwaltungsausschuß des zuständigen öffentlichen Arbeitsnachweises.

10. **Zuständig für Gehaltsklagen von Handlungsgehilfen im Konkurse** ist gemäß Urteil des Kaufmannsgerichtes Hamburg vom 11. 10. 1924 (s. Hanseatische Gerichtszeitung, Abteilung Arbeitsrecht 2, 7, S. 43) das Kaufmannsgericht, obwohl die Klage des Handlungsgehilfen gegen den Konkursverwalter gerichtet werden muß.

11. **Zuständigkeit für Klagen betreffend die Weiterbeschäftigung von Betriebsratsmitgliedern.** Nach einem Urteil des Reichsgerichtes vom 13. Mai 1924, Nr. 429/23 III (Jur. Wochenschr. 1925, S. 777) ist für Klagen, mit denen die Feststellung begehrt wird, ob der Arbeitgeber verpflichtet ist, ein fristlos entlassenes Betriebsratsmitglied wegen fehlenden wichtigen Kündigungsgrundes weiter zu beschäftigen, nicht das ordentliche Gericht, sondern nur das Gewerbe- oder Kaufmannsgericht zuständig.

12. **Unzuständigkeit der Arbeitsgerichte, Gewerbe- und Kaufmannsgerichte bei Klagen auf Schadenersatz wegen Nichterrichtung einer Betriebsvertretung.** Für Klagen der Arbeitnehmer gegen den Arbeitgeber auf Ersatz des Schadens, der den Arbeitnehmern daraus entstanden ist, daß der Arbeitgeber eine Betriebsvertretung nicht geduldet oder einen Wahlvorstand für die Betriebsratswahl nicht bestellt hat, also beispielsweise auf Ersatz des Schadens, der dadurch entsteht, daß infolge des Fehlens der Betriebsvertretung ein Kündigungseinspruch unmöglich ist, sind nach einem Urteile des Kaufmannsgerichtes Berlin, Nr. 1424/1924 (s. »Der Deutsche«, Nr. 299 vom 20. 12. 1924), nicht die Gewerbe-, Kaufmanns- oder Arbeitsgerichte, sondern lediglich die ordentlichen Gerichte zuständig.

13. **Für Streitigkeiten zwischen Tarifparteien selbst,** also zwischen den tarifbeteiligten Gewerkschaften einerseits und den tarifbeteiligten Arbeitgebern bzw. Arbeitgeberverbänden andererseits ist nach einem Urteile des Oberlandesgerichtes Stettin vom 27. Januar 1925, Nr. 1 U 677/24 der Rechtsweg vor dem ordentlichen Gerichte zulässig. Es kann also beim ordentlichen Gerichte im Wege der Feststellungsklage die Feststellung begehrt werden, ob ein von einer Seite bestrittener Tarifvertrag oder für verbindlich erklärter Schiedsspruch zu Recht besteht oder nicht.

14. **Unwirksamkeit einer Vereinbarung über die Zuständigkeit eines nicht zuständigen Gewerbegerichtes.** Gemäß Entscheidung des Gewerbegerichtes Königsberg (Gewerbe- und Kaufmannsgericht Nr. 3, S. 189 vom 1. 12. 1924) kann ein an sich unzuständiges Gewerbegericht durch Vereinbarung zwischen den Parteien nicht zuständig gemacht werden, soweit die Streitigkeiten zur Zuständig-

keit des ordentlichen Gerichtes gehören oder die Parteien nicht im Bezirke des Gewerbegerichtes wohnen. Nach der Urteilsbegründung dürfen Gewerbe- und Kaufmannsgerichte als Sondergerichte ihre Zuständigkeit unter keinen Umständen auf andere als die ihnen im § 4 des Gewerbegerichtsgesetzes zugewiesenen Sachen ausdehnen, und es würden sich die Vorsitzenden eines Gewerbegerichtes sogar schadenersatzpflichtig machen, wenn sie von sich aus die Zuständigkeit des Gewerbegerichtes über das von der Gemeindeverwaltung oder dem Kreistage und Kreisausschusse bei der Errichtung des Gewerbegerichtes gestellte Maß hinaus ausdehnen würden.

b) Wie sind die Gerichte zu besetzen?

1.—3. siehe Band I, S. 203—204.

4. Ablehnung des Vorsitzenden eines Gewerbe- oder Kaufmannsgerichtes ist gemäß Urteil des Landgerichtes Bochum vom 27. Juni 1924 (Zentralblatt der christlichen Gewerkschaften 1924, Nr. 19, S. 205) möglich, wenn der Vorsitzende ein Rechtsanwalt ist, der eine der am Streitverfahren beteiligten Parteien wiederholt vor dem ordentlichen Gerichte als Prozeßvertreter vertreten hat.

c) Wer ist zur Vertretung vor den Gerichten berechtigt?

1. siehe Band I, S. 204.

2. Auch Rechtsanwälte können als Parteivertreter mit einer Ordnungsstrafe durch das Gewerbe- oder Kaufmannsgericht belegt werden. Nach einem Beschlusse des Oberlandesgerichtes Hamm vom 3. März 1925 (Gewerbe- und Kaufmannsgericht 1925, Nr. 8, S. 405) können durch die Gewerbe- oder Kaufmannsgerichte auch gegen Rechtsanwälte Ordnungsstrafen verhängt werden, welche als Syndikus oder Vertreter einer Partei auftreten, da nach der Beschlußbegründung Rechtsanwälte vor Gewerbe- und Kaufmannsgerichten nicht in ihrer Eigenschaft als Rechtsanwälte sondern nur als Angestellte eines Verbandes oder Arbeitgebers zugelassen sind, so daß sie die Straffreiheit der Rechtsanwälte wie im ordentlichen Verfahren nicht genießen.

3. Nur beschränkte Zulassung von Organisationsvertretern vor den Gewerbe- oder Kaufmannsgerichten. Nach einem Beschlusse des Kreisgewerbegerichtes Waldenburg vom 21. November 1924, Nr. 6/24 (Schlichtungswesen 1925, Nr. 5, S. 87) können als Prozeßvertreter gemäß § 31, Absatz 2, des Gewerbegerichtsgesetzes nur Angestellte oder Mitglieder solcher Organisationen, also insbesondere solcher Gewerkschaften und Arbeitgeberverbände zugelassen werden, denen der streitbefangene Arbeitgeber oder Arbeitnehmer angehört, nicht jedoch auch Angestellte oder Mitglieder befreundeter Organisationen.

d) Welche Verfahrensvorschriften gelten?

1.—4. siehe Band I, S. 205—206.

5. **Entscheidung geringwertiger gewerbegerichtlicher Streitsachen durch Schiedsurteile.** Ebenso wie amtsgerichtliche Streitsachen können auch gewerbegerichtliche Streitsachen durch Schiedsurteile gemäß § 20 der Bekanntmachung zur Entlastung der Gerichte vom 9. 9. 1915 bzw. 1. 6. 1924 entschieden werden, wenn der Streitgegenstand geringer als 50 GM. ist.

6. **Festsetzung von Ordnungsstrafen durch die Gewerbe- und Kaufmannsgerichte.** Nach einem Urteile des Kammergerichtes vom 7. Oktober 1924 ist die Festsetzung von Ordnungsstrafen durch die Gewerbe- und Kaufmannsgerichte nur rechtswirksam, wenn der zur Bestrafung mit einer Ordnungsstrafe führende Vorgang in dem durch die Unterschriften beglaubigten Sitzungsprotokoll getrennt von dem Straffestsetzungsbeschlusse wiedergegeben wird.

7. **Versäumnisurteile der Kaufmanns- und Gewerbegerichte** sind nach einem Urteile des Landgerichtes I Berlin vom 26. November 1924 (Gewerbe- und Kaufmannsgericht Band 30, S. 289) unabhängig von der Höhe der Urteilssumme und ohne Antrag der Parteien für vorläufig vollstreckbar zu erklären.

8. **Keine Verhängung einer Ordnungsstrafe durch das Gewerbe- oder Kaufmannsgericht wegen Abbruch der Verhandlungen.** Nach einem Urteile des Oberlandesgerichtes Hamm vom 3. März 1925 (Gewerbe- und Kaufmannsgericht 1925, Nr. 8, S. 405) stellt es kein ungebührliches Benehmen im Sinne des § 178 des Gerichtsverfassungsgesetzes dar, wenn eine Partei oder ein Parteivertreter aus Widerspruch gegen eine prozeßleitende Anordnung des Vorsitzenden damit droht, daß er die Sitzung verlassen werde, oder wenn er sich tatsächlich unter Protest aus dem Sitzungssaale entfernt bzw. die Weiterverhandlung abbricht. Wegen eines solchen Verhaltens kann infolgedessen eine Ordnungsstrafe durch das Gewerbe- oder Kaufmannsgericht nicht verhängt werden.

9. **Zulässigkeit der Verweisung von Rechtsstreitigkeiten von ordentlichen Gerichten an die Gewerbe- und Kaufmannsgerichte.** Gemäß einer in der Juristischen Wochenschrift 53, 14, 1050 abgedruckten Entscheidung des Kammergerichtes vom 29. März 1924 können auf Antrag des klagenden Arbeitgebers oder Arbeitnehmers gemäß § 505 der Zivilprozeß-Ordnung Streitigkeiten, die bei den ordentlichen Gerichten, also insbesondere bei den Amts- oder Landgerichten anhängig gemacht worden sind, an das zuständige Gewerbe- oder Kaufmannsgericht verwiesen werden, wenn nicht das ordentliche Gericht, sondern das Gewerbegericht oder Kaufmannsgericht zuständig ist. In solchen Fällen braucht also die klagende Partei es auf eine kostenpflichtige Abweisung der Klage wegen Unzuständigkeit des angerufenen Gerichtes nicht ankommen zu lassen, sondern kann zur Ersparung einer neuen Klage und der dadurch bedingten

Zeitverluste die Überweisung an das zuständige Gewerbe- oder Kaufmannsgericht beantragen, falls die Gegenseite oder das Gericht auf die Unzuständigkeit hinweisen sollte. In Fällen, in denen Meinungsverschiedenheiten darüber bestehen, ob das angerufene Gericht zuständig ist oder nicht, empfiehlt es sich, vorsorglich den Eventualantrag der Verweisung an das zuständige Gericht zu stellen.

e) Wie weit sind die Entscheidungen nachprüfbar?

1.—2. siehe Band I, S. 206—207.

3. **Eine Restitutionsklage im Einspruchsverfahren** kann nach einem Urteile des Gewerbegerichtes Berlin vom 13. Oktober 1924, Nr. 1742/24, nach Beendigung des Einspruchsverfahrens und nach Verurteilung des Arbeitgebers zur Weiterbeschäftigung oder zur Zahlung einer Abfindungssumme nicht mehr darauf gestützt werden, daß in den Vorverhandlungen zwischen Betriebsvertretung und Arbeitgeber die Formvorschriften der §§ 84 ff. des Betriebsrätegesetzes nicht ausreichend berücksichtigt worden sind.

4. **Eine Anfechtung rechtskräftiger Entscheidungen der Arbeitsgerichte** im Wege der Feststellungsklage ist nach einem Urteile des Landgerichtes Liegnitz vom 27. November 1924 (Recht und Rechtspraxis Nr. 2, S. 8) unzulässig.

f) Wer trägt die Kosten und wie werden sie berechnet?

1.—2. siehe Band I, S. 207.

XXV. Werkswohnungen.

A. Einschlägige Gesetzesbestimmungen.

1. Gesetz über Mieterschutz und Mieteinigungsämter vom 1. Juni 1923 (RGBl. S. 353).
2. Wohnungsmangelgesetz vom 26. Juli 1923 (RGBl. S. 751).
3. Reichssiedelungsgesetz vom 11. August 1919 (RGBl. S. 1429).
4. Reichsheimstättengesetz vom 10. Mai 1920 (RGBl. S. 962).
5. Kleingarten- und Kleinpachtlandordnung vom 31. Juli 1919 (RGBl. S. 1371).

B. Die wichtigsten Einzelfragen.

a) Unter welchen Voraussetzungen kann die Räumung von Werkswohnungen verlangt werden?

1.—2. siehe Band I, S. 208—209.

3. Nach eigener Kündigung des Arbeitnehmers ist die Zwangsvollstreckung von Räumungsurteilen nicht von der Sicherung eines Ersatzraumes abhängig. Gemäß Urteil des Landgerichtes Düsseldorf vom 6. August 1924 kann die Zwangsvollstreckung bei der Räumung von Werkswohnungen nicht von der Sicherung eines Ersatzraumes abhängig gemacht werden, wenn der Arbeitnehmer das Arbeitsverhältnis von sich aus aufgelöst hat, ohne daß ihm der Arbeitgeber einen wichtigen, zum fristlosen Austritt berechtigenden Grund gegeben hat.

4. Abhängigkeit der Zwangsräumung einer Werkswohnung von der Sicherung einer Ersatzwohnung. Entgegen einer vielfach vertretenen Auffassung, haben das Amtsgericht Förde und das Landgericht Arnsberg in zwei in Nr. 54 der deutschen Bergwerkszeitung vom 5. März 1925 veröffentlichten Entscheidungen den Standpunkt vertreten, daß die Zwangsräumung einer Werkswohnung auch dann von der vorherigen Sicherung einer Ersatzwohnung vom Gericht abhängig gemacht werden kann, wenn das Dienstverhältnis ordnungsmäßig abgelaufen ist und zwischen dem Werkswohnungsinhaber und dem Arbeitgeber ausdrücklich vereinbart war, daß die Wohnung ohne besondere Kündigung sofort bei Beendigung des Dienstvertrages zu räumen sei.

5. **Von der Sicherung eines Ersatzraumes braucht die Zwangsräumung einer Werkswohnung nicht abhängig gemacht zu werden** nach einem Urteile des Landgerichtes Berlin vom 12. 11. 1924 (Eildienst der deutschen Steuerzeitung, 3. Jahrg. Nr. 3, Spalte 67), wenn der Arbeitnehmer dem Arbeitgeber gesetzlich begründeten Anlaß zur Auflösung des Arbeitsverhältnisses gegeben hat, und zwar ohne Rücksicht darauf, ob dieser gesetzlich begründete Anlaß zur Auflösung des Arbeitsverhältnisses gleichzeitig auf ein Verschulden des Arbeitnehmers zurückzuführen ist.

6. **Ohne Gestellung einer Ersatzwohnung und ohne Zahlung einer Entschädigungssumme** kann nach einem Urteile des Landgerichtes Münster (Deutsche Bergwerkszeitung, Nr. 112, vom 14. Mai 1925) die Räumung der von einem Arbeitnehmer benutzten Werkswohnung verlangt werden, wenn der Arbeitnehmer das Dienstverhältnis freiwillig aufgelöst hat, ohne daß ihm der Arbeitgeber einen wichtigen, den fristlosen Austritt rechtfertigenden Grund gegeben hatte.

7. **Der Wegfall der Mieterschutzbestimmungen wegen begründeten Anlasses zur Auflösung des Dienst- oder Arbeitsverhältnisses** tritt nach einem Urteil des Landgerichtes Heilbronn vom 4. November 1924, Nr. 77/24 immer ein, wenn der Arbeitnehmer einen wichtigen, zur fristlosen Entlassung berechtigenden Grund gegeben hat, und zwar ohne Rücksicht darauf, ob der Arbeitgeber aus diesem Grunde die fristlose Entlassung ausgesprochen hat oder nicht. Hat also beispielsweise ein Werkwohnungsinhaber sich eines Diebstahls schuldig gemacht, so kann derselbe auch dann die Mieterschutzbestimmungen nicht für sich in Anspruch nehmen, wenn der Arbeitgeber das Dienstverhältnis entgegenkommenderweise nicht fristlos, sondern unter Einhaltung der Kündigungsfrist aufgelöst hat.

8. **Als angemessene Ersatzwohnung** im Sinne der Mieterschutzbestimmungen, von deren Beschaffung und Sicherstellung die Zwangsräumung einer Werkswohnung abhängig ist, genügt nach einem Urteil des Gewerbegerichts Minden vom 1. Dezember 1924 (Werkmeisterzeitung 1925, S. 21) für einen verheirateten Angestellten nicht ein einzelnes Zimmer. Nach demselben Urteil wird der Arbeitgeber auch durch die Zuweisung eines einzelnen Zimmers einem Angestellten gegenüber nicht von der Verpflichtung zur Zahlung einer Wohnungsentschädigung befreit, die er vertraglich bis zur angemessenen Unterbringung des Angestellten am Beschäftigungsorte zu zahlen hat.

9. **Auch in fertigem Zustande erworbene Häuser gelten als Werkswohnung im Sinne des § 23 des Mieterschutzgesetzes.** Als Werkswohnungen im Sinne des § 23 des Mieterschutzgesetzes, deren Räumung der Arbeitgeber unter erleichterten Umständen verlangen kann, gehören nach einem Urteile des Amtsgerichtes Opladen vom 2. Juli 1924 nicht nur Häuser, die der Arbeitgeber selbst hat erbauen lassen, sondern auch Häuser, die beim Ankauf bereits fertiggestellt waren.

b) Welches Gericht ist für Räumungsklagen zuständig und welche Verfahrensvorschriften gelten?

1.—2. siehe Band I, S. 209—210.

3. Zuständigkeit für Feststellungsklagen nach § 20 des Mieterschutzgesetzes. Streiten bei Räumungsprozessen die Parteien darüber, ob der Arbeitgeber oder der Arbeitnehmer durch sein Verhalten dem Eigentümer oder Inhaber der Werkswohnung einen gesetzlich begründeten Anlaß zur Auflösung des Dienstverhältnisses gegeben hat, so kann auf Antrag der einen oder anderen Partei der Räumungsprozeß bis zur Herbeiführung einer Entscheidung über das Vorliegen eines gesetzlich begründeten Anlasses zur Auflösung des Dienstverhältnisses ausgesetzt werden. Nach einem Urteil des Gewerbegerichtes Plauen vom 2. September 1924, Nr. Gg 310/24 Schlichtungswesen, Jahrgang 6, Heft 11, S. 197) ist eine solche Feststellungsklage seit dem Inkrafttreten des Mieterschutzgesetzes nach § 256 ZPO. nicht nur bei fristloser sondern auch bei befristeter Auflösung des Dienstverhältnisses zulässig. Zuständig für solche Feststellungklagen ist grundsätzlich das für Streitigkeiten aus bestehendem Arbeits- oder Dienstverhältnis zuständige Gericht, von Sonderfällen abgesehen, also das Gewerbe- und Kaufmannsgericht und bei hoch besoldeten leitenden Angestellten das Amts- oder Landgericht.

c) Wann ist polizeiliche Wiedereinweisung in Werkswohnungen zulässig?

1.—2. siehe Band I, S. 210—211.

3. Nur beschränkte polizeiliche Wiedereinweisung in Werkswohnungen. Der preußische Minister des Innern hat in einem in Nr. 1 des Ministerialblattes für die preußische innere Verwaltung vom 7. 1. 25 abgedruckten Erlaß die Polizeibehörden darauf aufmerksam gemacht, daß eine polizeiliche Wiedereinweisung in Werkswohnungen, die auf Grund eines vollstreckbaren Urteiles geräumt werden müssen, nur dann erfolgen darf, wenn nach eingehenden Feststellungen die Unterbringung in anderen Räumen nicht möglich ist, und wenn der zur Räumung verpflichteten Familie durch die Obdachlosigkeit eine unmittelbare Gefahr droht, die sich auf keine andere Weise als durch zwangsweise Wiedereinweisung in die zu räumende Wohnung beseitigen läßt. Auch macht der Minister die Polizeibehörden darauf aufmerksam, daß die Wiedereinweisung nur für eine bestimmt zu bezeichnende kurze Frist und nicht etwa »bis zur Beschaffung eines anderen Unterkommens« ausgesprochen werden darf.

d) Unter welchen Bedingungen werden Zuschüsse für den Bau von Werkswohnungen gewährt?

1.—3. siehe Band I, S. 211—212.

XXVI. Betriebsdiebstähle.

A. Einschlägige Gesetzesbestimmungen.

1—3. Siehe die unter Nr. III 1—3 angeführten Gesetze.
4—7. Siehe die unter Nr. XIII 4—7 angeführten Gesetze.

B. Die wichtigsten Einzelfragen.

a) Wie weit berechtigen Betriebsdiebstähle den Arbeitgeber zur Anfechtung und fristlosen Kündigung von Dienstverträgen?

1. siehe Band I, S. 213.

2. **Der Verdacht eines Diebstahls** rechtfertigt nach einem Urteil des Gewerbegerichts Liegnitz vom 20. Januar 1925, Nr. GG 7/25 eine fristlose Entlassung selbst dann nicht, wenn der Arbeitnehmer bereits früher einmal bei einem Diebstahle ertappt worden war, ohne daß der Arbeitgeber aus diesem Grunde damals die fristlose Entlassung ausgesprochen hatte. Vor allen Dingen kann nach diesem Urteil die fristlose Entlassung wegen Diebstahlsverdachts nicht auf einen anonymen Brief gestützt werden.

3. **Anfechtung des Arbeitsvertrages wegen früherer Eigentumsvergehen eines Arbeitnehmers** ist gemäß Urteil des Gewerbegerichtes Hamburg vom 29. Januar 1925, Nr. 9/25, zulässig, wenn der Arbeitgeber dem Arbeitnehmer bei der Einstellung einen Fragebogen zur Beantwortung vorgelegt hat, in welchem gefragt wurde, ob der Arbeitnehmer bereits wegen Diebstahls oder eines sonstigen Eigentumsvergehens irgendwo entlassen oder bestraft worden ist, wenn der Arbeitnehmer diese Fragen wahrheitswidrig verneint hat, und wenn in dem Fragebogen oder gelegentlich der Einstellung ausdrücklich die Anfechtung des Arbeitsvertrages oder auch die fristlose Entlassung für den Fall wahrheitswidriger Beantwortung vorbehalten worden ist.

b) Wie weit berechtigt Diebstahl oder Diebstahlsverdacht den Arbeitgeber zur Bekanntgabe?

1. siehe Band I, S. 213—214.

c) Wie weit haftet der Arbeitgeber für Betriebsdiebstähle an Sachen seiner Arbeitnehmer?

1. siehe Band I, S. 214.

2. Ausschluß der Haftung für Betriebsdiebstähle durch die Arbeitsordnung. Nach einer wohl begründeten Abhandlung in der Deutschen Bergwerkszeitung, Nr. 81, S. 13, vom 5. April 1923, kann durch eine entsprechende Klausel in der Arbeitsordnung die Haftung des Arbeitgebers für Betriebsdiebstähle an Sachen seiner Arbeitnehmer rechtsgültig ausgeschlossen werden.

3. Keine Haftung des Arbeitgebers für Diebstähle an Sachen der Arbeitnehmer. Mit Urteil Nr. 1669/23 hat die Kammer 11 des Gewerbegerichtes Berlin entschieden, daß der Arbeitgeber auch dann für das Abhandenkommen von Sachen seiner Arbeitnehmer nicht aufzukommen hat, wenn er die Arbeitnehmer angehalten hat, die Sachen in bestimmten Räumen aufzubewahren, und wenn die Aufsicht zu wünschen übrig gelassen hat. Nach der Begründung dieses Urteils würde die Haftpflicht des Arbeitgebers nur dann gegeben sein, wenn schlüssig vom Arbeitnehmer nachgewiesen werden kann, daß infolge mangelhafter Fürsorge seitens des Arbeitgebers betriebsfremde Personen die betreffenden Sachen entwendet haben. Solange jedoch die Möglichkeit besteht, daß Mitarbeiter die Sachen widerrechtlich an sich genommen haben, haftet der Arbeitgeber nach dieser Entscheidung selbst dann nicht, wenn die Räume offen standen und nicht dauernd bewacht wurden.

Da jedoch andere Gerichte den entgegengesetzten Standpunkt vertreten, sind immerhin die in den übrigen Mitteilungen unter XXVI, angedeuteten Vorsichtsmaßregeln am Platze.

4. Keine Ersatzpflicht des Arbeitgebers für Betriebsdiebstähle nach Erfüllung seiner Sorgfaltspflicht. Gemäß Urteil des Berggewerbegerichtes Dortmund, Kammer Essen II, vom 26. November 1924 müssen Schadenersatzklagen von Arbeitern gegen ihren Arbeitgeber wegen des Abhandenkommens von Kleidern oder sonstigen Gegenständen während der Arbeitszeit abgewiesen werden, wenn der Arbeitnehmer nicht nachweist, daß der Arbeitgeber seine Sorgfaltspflicht verletzt hat, oder wenn der Arbeitgeber den Beweis erbringt, daß er nicht nur ordnungsmäßig verschließbare Aufbewahrungsräume sondern auch noch einen besonderen Wächter gestellt hat.

5. Haftung des Arbeitgebers für abhandengekommene Kleidungsstücke der Arbeitnehmer, wenn verschiedene Spinde mit demselben Schlüssel geöffnet werden können. Der Arbeitgeber genügt seiner Verpflichtung zur Durchführung der notwendigen Sicherungsmaßnahmen nach einer Entscheidung des Landgerichtes I Berlin vom 10. 4. 1924 nicht, sondern muß seinen Arbeitnehmern den durch das Abhandenkommen von Kleidungsstücken entstandenen Schaden ersetzen, wenn er Schränke zur Verfügung gestellt hat, die zwar ordnungmäßig verschlossen, aber doch serienweise mit demselben Schlüssel geöffnet werden können. Der Arbeitgeber hat nach Ansicht des Landgerichtes I Berlin dafür zu sorgen, daß jeder Schrank ein anderes Schloß aufweist, oder er hat mit den Arbeitnehmern zu vereinbaren, daß diese selbst ein Hängeschloß besorgen. Nach der gleichen Entscheidung gilt im Winter ein Pelzkragen nicht als Wert- oder Schmuckstück, sondern als übliches Bekleidungsstück, so daß der Arbeitgeber auch für dessen Abhandenkommen aufzukommen hat, sofern er überhaupt nach den einschlägigen Gesetzesbestimmungen haftet.

6. **Keine Verpflichtung des Arbeitgebers zur Bereitstellung von Kleiderspinden.** Gemäß Urteil des Gewerbegerichtes Wilhelmsburg vom 15. Dezember 1924 ist der Arbeitgeber weder kraft Gesetzes noch auf Grund der Natur des Arbeitsvertrages verpflichtet, den Arbeitnehmern zur Aufbewahrung von Kleidungsstücken verschließbare Schränke zur Verfügung zu stellen. Da dieses Urteil jedoch mit der herrschenden Meinung in Widerspruch steht und eine sichere Aufbewahrung der Straßenkleider zweifellos die Arbeitsfreudigkeit hebt bzw. ein arbeitshemmendes Moment der Beunruhigung der Arbeitnehmer nimmt, empfiehlt es sich, nach Möglichkeit ausreichende und verschließbare Aufbewahrungsmöglichkeiten für die Straßenkleider zu schaffen.

7. **Haftung des Arbeitgebers für Fahrraddiebstähle wegen Nichteinführung eines Kontrollmarkensystems.** Nach einem vereinzelt stehenden Urteile des Gewerbegerichtes Leipzig vom 21. Juli 1924 haftet der Arbeitgeber trotz Gestellung eines ordnungsmäßigen Fahrradschuppens und zuverlässiger Befestigungseinrichtung für das Abhandenkommen eines Fahrrades, wenn er es unterlassen hat, ein Kontrollmarkensystem in der Weise einzuführen, daß jeder Arbeitnehmer, der ein Fahrrad mit in das Fabrikgelände bringt, beim Pförtner eine Kontrollmarke erhält und das Rad nur gegen Abgabe dieser Kontrollmarke wieder aus dem Gelände herausschaffen darf. Obwohl die Einführung eines solchen Kontrollmarkensystems mancherlei praktische Vorteile bietet, steht dieses Urteil mit der geltenden Rechtslage im Widerspruch. Jedenfalls genügt der Arbeitgeber nach den Urteilen des Reichsgerichtes, Bd. 12, S. 87, des Landgerichtes Essen vom 11. Oktober 1921, des Landgerichtes Berlin vom 24. Januar 1923, des Oberlandesgerichtes Hamm, Nr. 2, U 205/19, seiner Fürsorge- und Überwachungspflicht vollkommen, wenn er zur Unterbringung der Fahrräder einen Raum zur Verfügung stellt und in diesem Raum besondere Einrichtungen schafft, welche das Anketten der Fahrräder ermöglichen.

d) Wie weit sind die Arbeitnehmer verpflichtet, sich der Torkontrolle und Leibesvisitation zu unterwerfen?

1. **Die körperliche Durchsuchung beim Verlassen der Arbeitsstätte müssen Arbeitnehmer gestatten,** wenn die Arbeitsordnung besagt, daß jeder Arbeitnehmer beim Verlassen der Arbeitstätte angehalten werden kann, um sich über mitgeführte Sachen auszuweisen. Die beharrliche Weigerung eines Arbeitnehmers, sich trotz

dieser Klausel der Arbeitsordnung der Leibesvisitation zu unterwerfen, berechtigt zur fristlosen Entlassung. (Urteil des Landgerichts Köln, Nr. 13, S. 30/23, Neue Zeitschrift für Arbeitsrecht 1925, Spalte 54/55.)

2. Nur bedingtes Recht zur fristlosen Entlassung wegen Weigerung zur Leibesvisitation. Arbeitnehmer sind nach einem Urteile des Gewerbegerichtes Bremen vom 22. 1. 1925 nur dann zur Verhütung ihrer fristlosen Entlassung verpflichtet, sich beim Verlassen des Werkes der Leibesvisitation zu unterwerfen, wenn die Arbeitsordnung, der Einzeldienstvertrag oder der Tarifvertrag dies ausdrücklich vorsieht.

3. Weigerung, sich der Torkontrolle zu unterwerfen, berechtigt zur fristlosen Entlassung. Nach einem Urteile des Gewerbegerichtes Leipzig vom 7. November 1924, Nr. G G 3200/24, macht der Arbeitnehmer sich einer beharrlichen Weigerung, den ihm obliegenden Verpflichtungen nachzukommen, schuldig und gibt dem Arbeitgeber einen Grund zur fristlosen Entlassung, wenn er sich bei der Torkontrolle trotz Festlegung einer solchen Verpflichtung in der Arbeitsordnung weigert, sich einer Leibesvisitation zu unterwerfen.

4. Fristlose Entlassung wegen Weigerung, sich der körperlichen Durchsuchung zu unterwerfen, ist nach einem Urteile des Gewerbegerichtes Fulda vom 10. März 1925 (Gewerbe- und Kaufmannsgericht 1925, Nr. 8, S. 389) auch dann möglich, wenn ein Arbeiter oder eine Arbeiterin zwar die Abtastung ihrer Oberkleider, nicht jedoch die Durchsuchung ihrer Unterkleidung gestattet. Voraussetzung ist jedoch, daß der Arbeitgeber sich in der Arbeitsordnung ausdrücklich ein Recht zur fristlosen Entlassung derjenigen Arbeitnehmer vorbehalten hat, die sich einer körperlichen Untersuchung widersetzen. Voraussetzung ist weiter, daß der Arbeitgeber bei der körperlichen Durchsuchung genügende Rücksicht nehmen läßt auf die Gebote der Sittlichkeit. Hierzu gehört insbesondere, daß er weibliche Arbeitnehmer nur durch weibliche Angestellte durchsuchen läßt.

XXVII. Arbeitsgemeinschaften.

A. Einschlägige Bestimmungen.

1. Reichsverfassung vom 11. August 1919 (RGBl. S. 1383 ff.).
2. Vereinbarung zwischen den Arbeitgeber- und Arbeitnehmerverbänden vom 15. November 1918 (siehe Deutscher Reichsanzeiger vom 18. November 1918).

XXVIII. Sozialisierung.

A. Einschlägige Gesetzesbestimmungen.

1. Reichsverfassung vom 11. August 1919 (RGBl. S. 1383 ff.) insbesondere deren Artikel 153, 155 und 156.
2. Sozialisierungsgesetz vom 13. Mai 1919 (RGBl. S. 341).
3. Gesetz betr. Regelung der Kohlenwirtschaft vom 23. März 1919 (RGBl. S. 342).
4. Gesetz betr. Regelung der Kaliwirtschaft vom 24. April 1919 (RGBl. S. 413).
5. Gesetz betr. die Sozialisierung der Elektrizitätswirtschaft vom 31. Dezember 1919 (RGBl. S. 19 ff).

B. Die wichtigsten Einzelfragen.

a) Welche Fortschritte machten die Sozialisierungsbestrebungen?

1. siehe Band I, S. 216.

XXIX. Gewerbeaufsicht.

A. Einschlägige Gesetzesbestimmungen.

1.—6. Siehe die unter Nr. VIII 1—6 angeführten Gesetzesbestimmungen.

7.—10. Siehe die unter Nr. IV 1—4 angeführten Verordnungen.

11.—12. Siehe die unter Nr. XI 1—2 angeführten Gesetzesbestimmungen.

XXX. Internationales Arbeitsrecht.

A. Einschlägige Bestimmungen.

1. Friedensvertrag vom 28. Juni 1919 (RGBl. S. 687).
2. Entwurf eines Übereinkommens betr. die Beschränkung der Arbeitszeit in gewerblichen Betrieben auf 8 Stunden täglich und 48 Stunden wöchentlich (Washingtoner Konferenz vom 29. Oktober bis 29. November 1919).
3. Entwurf eines Übereinkommens betr. die Arbeitslosigkeit (Washingtoner Konferenz vom 29. Oktober bis 29. November 1919).
4. Vorschlag betr. Maßnahmen gegen die Arbeitslosigkeit (wie vor).
5. Entwurf eines Übereinkommens betr. Beschäftigung der Frauen vor und nach der Niederkunft (wie vor).
6. Vorschlag betr. gegenseitige Gleichbehandlung der ausländischen und inländischen Arbeiter (wie vor).
7. Entwurf eines Übereinkommens betr. die Nachtarbeit der Frauen (wie vor).
8. Vorschlag betr. den Schutz der Frauen und Kinder gegen Bleivergiftung (wie vor).
9. Entwurf eines Übereinkommens über die Festsetzung der Altersgrenze für die Zulassung von Kindern zur gewerblichen Arbeit (wie vor).
10. Entwurf eines Übereinkommens betr. die Nachtarbeit der Kinder in der Industrie (wie vor).
11. Gesetz über den Verwaltungsrat des Internationalen Arbeitsamtes vom 25. 5. 1925 (RGBl. II S. 161).
12. Gesetz betreffend das Washingtoner Übereinkommen über die Arbeitslosigkeit vom 25. 5. 1925 (RGBl. II S. 162).

13. Gesetz betreffend das Genueser Übereinkommen über die Stellenvermittlung für Seeleute vom 25. 5. 1925 (RGBl. II S. 166).
14. Gesetz betreffend das Genfer Übereinkommen über das Vereins- und Koalitionsrecht der landwirtschaftlichen Arbeiter vom 25. 5. 1925 (RGBl. II S. 171).
15. Gesetz betreffend das Genfer Übereinkommen über die Entschädigung der Landarbeiter bei Arbeitsunfällen vom 25. 5. 1925 (RGBl. II S. 174).

C. Zusammenstellung der am 30. Juni 1925 geltenden arbeitsrechtlichen Gesetze und Verordnungen.

Lfd. Nr.	Tag des Gesetzes	Titel des Gesetzes	RGBl. Seite	Abgeändert durch	RGBl. Seite
1	21. 6. 69	Gesetz betr. die Beschlagnahme des Arbeits- oder Dienstlohnes	242	RG. v. 29. 3. 97	159
				RG. v. 17. 5. 98	332
				Bek. v. 17. 5. 15	285
				RG. v. 13. 12. 17	1102
				V. v. 2. 5. 18	382
				V. v. 22. 6. 19	587
				RG. v. 10. 8. 20	1572
				RG. v. 23. 12. 21	1657
				RG. v. 26. 10. 22	806
				V. v. 23. 2. 23	153
				V. v. 5. 7. 23	554
				V. v. 13. 8. 23	783
				V. v. 22. 11. 23	1110
				RG. v. 13. 12. 23	1186
				V. v. 7. 1. 24	25
2	17. 5. 74	Strandungsordnung	73	RG. v. 30. 12. 01	1
3	30. 1. 77	Zivilprozeßordnung (insbesondere der § 850 Nr. 1 über die Pfändung des Arbeits- und Dienstlohnes und die §§ 887—888 über die Zwangsvollstreckung bei Verurteilung zur Leistung von Diensten	410	RG. v. 20. 5. 98	369
				RG. v. 5. 6. 05	536
				RG. v. 1. 6. 09	475
				RG. v. 22. 5. 10	767
				RG. v. 24. 6. 14	233
				RG. v. 13. 9. 19	1448
				RG. v. 18. 12. 19	2113
				RG. v. 17. 8. 20	1579
				RG. v. 11. 3. 21	229
				RG. v. 23. 3. 21	329
				RG. v. 23. 12. 21	1658
				RG. v. 8. 3. 22	269
				RG. v. 8. 7. 22	569
				RG. v. 11. 7. 22	573
				RG. v. 26. 10. 22	805
				RG. v. 21. 12. 22	1
				RG. v. 27. 3. 23	217
				RG. v. 13. 5. 24	552
				Neufassung vom 13. 5. 24	437
4	10. 2. 77	Konkursordnung, insbesondere deren §§ 17, 22, 23, 27 und 61	612	Neufassung 20. 5. 98	612
5	15. 6. 95	Gesetz betr. die privatrechtlichen Verhältnisse der Binnenschiffahrt	301	RG. v. 20. 5. 98	868

Lfd. Nr.	Tag des Gesetzes	Titel des Gesetzes	RGBl. Seite	Abgeändert durch	RGBl. Seite
6	15. 6. 95	Gesetz betr. die privatrechtlichen Verhältnisse der Flößerei vom 15. 6. 1895	341		
7	18. 6. 96	Bürgerliches Gesetzbuch, insbesondere dessen §§ 610—630 betr. den Dienstvertrag	195		
8	10. 5. 97	Handelsgesetzbuch, insbesondere dessen §§ 59 ff., 83, 511 ff. betr. Handlungsgehilfen, Lehrlinge u. Schiffer	219	RG. v. 2. 6. 92	218
				RG. v. 12. 5. 04	168
				RG. v. 30. 5. 08	307
				RG. v. 7. 1. 13	90
				RG. v. 10. 6. 14	209
				RG. v. 12. 7. 21	927
				RG. v. 21. 7. 22	652
				RG. v. 22. 12. 22	967
				V. v. 6. 7. 23	618
				V. v. 30. 8. 23	845
				V. v. 23. 10. 23	990
9	26. 7. 00	Gewerbeordnung für das Deutsche Reich	871	RG. v. 30. 5. 08	356
				RG. v. 28. 12. 08	667
				RG. v. 27. 12. 11	139
				RG. v. 22. 5. 18	423
				RG. v. 23. 11. 18	1329
				RG. v. 23. 11. 18	1334
				RG. v. 17. 12. 18	1436
				RG. v. 5. 2. 19	176
				RG. v. 18. 3. 19	315
				RG. v. 3. 2. 21	142
				RG. v. 27. 3. 23	247
10	29. 9. 01	Gewerbegerichtsgesetz	353	V. v. 12. 5. 20	958
				V. v. 29. 10. 20	1843
				V. v. 19. 3. 21	234
				V. v. 14. 1. 22	155
				V. v. 27. 11. 22	887
				V. v. 15. 3. 23	193
				V. v. 16. 6. 23	384
				V. v. 12. 7. 23	614
				V. v. 9. 8. 23	765
				V. v. 30. 8. 23	845
				V. v. 6. 6. 24	645
11	2. 6. 02	Seemannsordnung, insbesondere die §§ 27 ff. betr. den Heuervertrag	175	RG. v. 23. 3. 03	57
				RG. v. 12. 5. 04	167
12	30. 3. 03	Gesetz betr. die Kinderarbeit	113		
13	6. 7. 04	Gesetz betr. die Kaufmannsgerichte	266	Abänderungen wie beim Gewerbegerichtsgesetz	

Lfd. Nr.	Tag des Gesetzes	Titel des Gesetzes	RGBl. Seite	Abgeändert durch	RGBl. Seite
14	7. 6. 09	Gesetz betr. den unlauteren Wettbewerb	499		
15	2. 6. 10	Stellenvermittlungsgesetz	860	RG. v. 22. 7. 22 Bek. v. 28. 4. 23 V. v. 13. 1. 19 V. v. 29. 12. 19	657 284* 85 2
16	20. 12. 11	Hausarbeitsgesetz	976	V. v. 28. 11. 24 Neufassung vom 30. 6. 23	757 472
17	19. 7. 11	Reichsversicherungsordnung	509	Neufassung: 15. 12. 24	779
18	20. 12. 11	Versicherungsgesetz für Angestellte	989	Neue Fassung vom 28. 5. 24	563
19	21. 6. 13	Verordnung über Geschäftsgang und Verfahren der Schiedsgerichte f. Angestellte	329	V. v. 13. 1. 19	42
20	14. 6. 16	Bek. betr. die Anordnung der Geschäftsaufsicht zur Abwendung des Konkurses	1363	RG. v. 12. 6. 24 V. v. 14. 6. 24	641 641
21	4. 10. 18	Erlaß über die Errichtung eines Reichsarbeitsamtes	1231	Erl. v. 21. 3. 19	327
22	12. 11. 18	Verordnung über Arbeiterschutz	1309		
23	12. 11. 18	Aufruf des Rates der Volksbeauftragten	1303		
24	23. 11. 18	Verordnung über die Arbeitzeit in den Bäckereien u. Konditoreien	1329		
25	23. 11. 18	Anordnung über die Regelung gewerblicher Arbeitszeit	1334	V. v. 17. 12. 18 V. v. 21. 12. 23 V. v. 17. 4. 24	1436 1249 416
26	2. 12. 18	Verordnung über die Entlohnung und die Errichtung von Fachausschüssen im Bäckerei- u. Konditoreigewerbe	1397		
27	7. 12. 18	Verordnung betr. die vorläufige Regelung des Luftfahrtrechtes	1407	V. v. 30. 4. 20	857
28	9. 12. 18	Verordnung über die Gewährung v. Sterbegeld u. Hinterbl.-Rente bei Gesundheitsschädigung durch Gaskampfstoffe und Nikro-Nithan	1439		

* Reichsarbeitsblatt.

Lfd. Nr.	Tag des Gesetzes	Titel des Gesetzes	RGBl. Seite	Abgeändert durch	RGBl. Seite
29	23. 12. 18	Verordnung zur Sich. d. ärztlichen Versorgung bei d. Krankenkassen	1454	V. v. 13. 1. 19 V. v. 14. 11. 24	41 743
30	23. 12. 18	Verordnung über Tarifverträge, Arbeiter- u. Angest.-Aussch. und Schlichtung von Arbeitsstreitigkeiten	1456	V. v. 7. 5. 19 V. v. 21. 9. 19 RG. v. 4. 2. 20 V. v. 31. 5. 20 RG. v. 23. 1. 23 V. v. 30. 10. 23	446 1707 147 1128 67 1043
31	15. 1. 19	Verordnung zur Behebung der dringendsten Wohnungsnot	69	V. v. 9. 12. 19	1968
32	15. 1. 19	Verordnung über das Erbbaurecht	72		
33	18. 1. 19	Verordnung betr. den Bergbau	64	RG. v. 4. 2. 20	147
34	24. 1. 19	Verordnung betr. eine vorläufige Landarbeitsordnung	111	Berichtigung § 12	184
35	26. 1. 19	Verordnung zur Beschaffung v. landwirtschaftlichem Siedelungsland	115		
36	4. 2. 19	Verordnung betr. Auskunftspflicht gegenüber der Sozialisierungskommission	198		
37	5. 2. 19	Verordnung über Sonntagsruhe im Handelsgewerbe und in Apotheken	174		
38	5. 2. 19	Verordnung über die Wahl des Vorst. u. Vorsitzenden bei d. Ortskrankenkassen u. über die Kassenangestellten	181		
39	8. 2. 19	Verordnung über die Errichtung von Arbeitskammern im Bergbau	202		
40	17. 2. 19	Verordnung üb. d. Pflicht der Arbeitgeber z. Anmeldung eines Bedarfs an Arbeitskräften	201		
41	18. 3. 19	Verordnung üb. d. Regelung der Arbeitszeit der Angestellten während der Zeit der wirtschaftlichen Demobilmachung	315	V. v. 21. 12. 23 V. v. 17. 4. 24	1249 416
42	23. 3. 19	Sozialisierungsgesetz	341		

Lfd. Nr.	Tag des Gesetzes	Titel des Gesetzes	RGBl. Seite	Abgeändert durch	RGBl. Seite
43	23. 3. 19	Gesetz betr. Regelung d. Kohlenwirtschaft	342	Ges. v. 20. 8. 19	1447
				Ausführ.-Bestimm. v. 21. 8. 19	1449
				Bek. v. 21. 8. 19	1472
				V. v. 31. 5. 20	1107
44	14. 4. 19	Gesetz betr. Regelung d. Kaliwirtschaft	413	Bek. v. 9. 7. 19	642
				V. v. 18. 7. 19	663
				Ges. v. 19. 7. 19	661
				V. v. 29. 9. 19	1774
				V. v. 2. 7. 20	1437
				V. v. 22. 10. 21	1321
45	7. 5. 19	Bestimmungen über die Führung des Tarifregisters	446		
46	21. 6. 19	Verordnung über die Errichtung e. Ausschusses zur Prüfung der Frage der Arbeitszeit im Bergbau des Ruhrgebietes	579		
47	25. 6. 19	Bekanntmachung d. Wortlautes der Verordnung über Lohnpfändung	589	RG. v. 10. 8. 20	1572
48	28. 6. 19	Gesetz über Landkrankenkassen, Kassenangestellte und Ersatzkassen	615		
49	16. 7. 19	Gesetz über den Friedensschluß zwischen Deutschland und den alliierten und assoziierten Mächten	687	V. v. 14. 2. 20	235
				V. v. 14. 2. 20	237
				RG. v. 25. 8. 21	1317
				Bek. v. 17. 11. 21	1369
50	31. 7. 19	Kleingarten- und Kleinpachtlandordnung	1371		
51	11. 8. 19	Verfass. des Deutschen Reiches, insbes. Abschnitt 5 üb. d. Wirtschaftsleben, Art. 151 bis 165	1383		
52	11. 8. 19	Reichssiedelungsgesetz	1429		
53	26. 9. 19	Gesetz üb. Wochenhilfe und Wochenfürsorge	1757	Bek. v. 30. 9. 19	1813
				Ges. v. 30. 4. 20	853
				Neue Fassung v. 22. 5. 20	1069
54	31. 12. 19	Gesetz betr. Sozialisierung der Elektrizitätswirtschaft	19	Bek. v. 18. 6. 20	1456
				Bek. v. 1. 7. 20	1468
55	15. 1. 20	Gesetz über weibl. Angestellte in Gast- und Schankwirtschaften	69		

Lfd. Nr.	Tag des Gesetzes	Titel des Gesetzes	RGBl. Seite	Abgeändert durch	RGBl. Seite
56	28. 1. 20	Verordnung über den Betrieb der Anlagen der Großeisenindustrie	75		
57	23. 1. 20	Verordnung über die Beschäftigung v. Arbeiterinnen und jugendlichen Arbeitern in Glashütten usw.	75		
58	27. 1. 20	Verordnung über die Einrichtung und den Betrieb von Anlagen zur Herstellung von Bleifarben und anderen Bleiverbindungen	109		
59	27. 1. 20	Bekanntmachung üb. das Bleimerkblatt	118		
60	27. 1. 20	Bekanntmachung üb. die Dienstanweisung f. die ärztliche Untersuchung von Bleiarbeitern	120		
61	4. 2. 20	Betriebsrätegesetz	147	V. v. 24. 2. 20	259
				V. v. 14. 4. 20	522
				V. v. 21. 4. 20	563
				V. v. 27. 4. 20	682
				V. v. 30. 4. 20	902
				V. v. 12. 5. 20	961
				V. v. 5. 6. 20	1139
				V. v. 28. 9. 20	1689
				V. v. 31. 12. 20	81
				V. v. 8. 1. 21	82
				V. v. 5. 2. 21	159
				V. v. 12. 8. 21	1199
				RG. v. 15. 2. 22	209
				RG. v. 23. 3. 22	307
				RG. v. 29. 4. 23	258
62	4. 2. 20	Wahlordnung zum Betriebsrätegesetz	175		
63	1. 4. 20	Verordnung zur Regelung der Eisenwirtschaft	433	V. v. 15. 6. 20	1205
64	6. 4. 20	Gesetz über die Beschäftigung Schwerbeschädigter	457	Ausführungsbestimmungen	
				V. v. 21. 4. 20	521
				V. v. 17. 5. 20	978
65	21. 4. 20	Verordnung betr. das Verbot des Trennens, Schneidens u. Sortierens von Kleidern und Lumpen usw.	563		

Lfd. Nr.	Tag des Gesetzes	Titel des Gesetzes	RGBl. Seite	Abgeändert durch	RGBl. Seite
66	4. 5. 20	Verordnung üb. den vorläufigen Reichswirtschaftsrat	858	V. v. 20. 6. 20 V. v. 28. 6. 20	1527 1335
67	21. 4. 20	Verordnung z. Ausführung der §§ 5 und 10 des Gesetzes über die Beschäftigung Schwerbeschädigter	521		
68	27. 4. 20	Verordnung z. Ausführung des Betriebsrätegesetzes	682		
69	10. 5. 20	Reichsheimstättengesetz	962		
70	11. 5. 20	Gesetz über Maßnahmen geg. Wohnungsmangel	949		
71	12. 5. 20	Reichsversorg.-Gesetz, insbes. § 89 ff.	989		
72	15. 5. 20	Erlaß betr. die Einberufung und die Befugnisse d. Sozialisierungskommission	981		
73	21. 5. 20	Verordnung über das Inkrafttreten der Vorschriften der §§ 45 bis 52 des Einkommensteuergesetzes (Steuerabzug)	1093	V. v. 19. 12. 23 V. v. 10. 11. 24 R.G. v. 29. 5. 25	1205 737 75
74	21. 5. 20	Verordnung über das Reichswirtsch.-Gericht	1167		
75	31. 5. 20	Verordnung üb. die Aufbringung der Mittel f. die Kohlenwirtschaftsstellen	1107		
76	31. 5. 20	Verordnung über die Regelung d. Schwefelsäurewirtschaft	1113		
77	31. 5. 20	Gesetz üb. weitere Ausdehnung d. Versicherungspflicht in der Angestelltenversicherung	1144		
78	7. 6. 20	Verordnung üb. die Regelung d. Teerwirtschaft	1156		
79	9. 6. 20	Pachtschutzordnung	1156		
80	12. 6. 20	Gesetz betr. Übernahme einer Haftung des Reiches für Lasten des Saarbrücker Knappschaftsvereins	1433		
81	28. 6. 20	Verordnung zum Schutze der Preßluftarbeiter	1357		

Lfd. Nr.	Tag des Gesetzes	Titel des Gesetzes	RGBl. Seite	Abgeändert durch	RGBl. Seite
82	21. 7. 20	Gesetz zur ergänzenden Regelung des Steuerabzugs vom Arbeitslohn	1463		
83	8. 11. 20	Verordnung betr. Maßnahmen gegenüber Betriebsabbrüchen und Betriebsstillegungen	1901	V. v. 8. 11. 20 V. v. 15. 10. 23	267 983
84	10. 12. 20	Verordnung betr. die Stilllegung von Betrieben, die die Bevölkerung mit Gas, Wasser und Elektrizität versorgen	1865		
85	5. 2. 21	Gesetz über die Betriebsbilanz und die Betriebsgewinn- und -verlustrechnung	159		
86	30. 3. 21	Verordnung über d. Rückgewährung von Beiträgen bei privaten Pensionseinrichtungen	369		
87	15. 2. 22	Gesetz über die Entsendung von Betriebsratsmitgliedern in den Aufsichtsrat	209		
88	23. 3. 22	Wahlordnung zum Gesetz über die Entsendung v. Betriebsratsmitgliedern in den Aufsichtsrat	307		
89	24. 3. 22	Reichsmietengesetz	273		
90	22. 7. 22	Arbeitsnachweisgesetz	673	V. v. 30. 10. 23 V. v. 16. 3. 25	1065 25
91	19. 10. 22	Verordnung über die Anwerbung und Vermittlung ausländ. Landarbeiter	590*	V. v. 2. 1. 23	45*
92	2. 1. 23	Verordnung über die Einstellung und Beschäftigung ausländischer Arbeiter	43*	V. v. 16. 3. 25	25
93	10. 1. 23	Vorschriften über die statistische Berichterstattung bei Streiks und Aussperrungen	46*		
94	12. 1. 23	Gesetz über die Beschäftigung Schwerbeschädigter	57	V. v. 13. 2. 24	73

* Reichsarbeitsblatt.

Lfd. Nr.	Tag des Gesetzes	Titel des Gesetzes	RGBl. Seite	Abgeändert durch	RGBl. Seite
95	27. 3. 23	Gesetz über Gebühren für Arbeitsbücher	247		
96	12. 5. 23	Allgemeine Bestimmungen für die Berufsberatung und Lehrstellenvermittlung bei den Arbeitsnachweisämtern	309*		
97	1. 6. 23	Mieterschutzgesetz	353	V. v. 24. 12. 23	1247
98	30. 6. 23	Hausarbeitsgesetz	472	V. v. 28. 11. 24 V. v. 28. 3. 25	757 33
99	26. 7. 23	Reichswohnungsmangelgesetz	751	V. v. 24. 12. 23	1247
100	4. 10. 23	Verordnung über Anwerbung und Vermittlung von Arbeitnehmern n. dem Ausland	960	V. v. 23. 7. 24	675
101	15. 10. 23	Verordnung üb. Betriebsstillegung und Arbeitsstreckung	989		
102	15. 10. 23	Verordnung über die Aufbringung der Mittel für die Erwerbslosenfürsorge	984	V. v. 24. 10. 23	995
103	30. 10. 23	Verordnung über das Schlichtungswesen	1040	V. v. 10. 12. 23 V. v. 29. 12. 23	1191 9
104	21. 12. 23	Verordnung über die Arbeitszeit	1249	V. v. 17. 4. 24 V. v. 20. 1. 25	416 5
105	13. 2. 24	Verordnung über die Arbeitszeit in Krankenpflegeanstalten	66		
106	14. 2. 24	Verordnung über Mißstände im Auswanderungswesen	107		
107	16. 2. 24	Verordnung üb. Erwerbslosenfürsorge	127	V. v. 18 1. 24 V. v. 13. 3. 24 V. v. 25. 3. 24 V. v. 4. 4. 24 V. v. 24. 5. 24 V. v. 11. 8. 24 V. v. 14. 11. 24 V. v. 27. 3. 25 V. v. 30. 4. 25 V. v. 2. 5. 25 V. v. 2. 5. 25	3435 279 376 91 562 681 741 33 53 61 67
108	29. 3. 24	Verordnung üb. d. Reichsstelle f. d. Auswanderungswesen	395	V. v. 23. 7. 24	675

* Reichsarbeitsblatt.

Lfd. Nr.	Tag des Gesetzes	Titel des Gesetzes	RGBl. Seite	Abgeändert durch	RGBl. Seite
109	28. 5. 24	Angestelltenversicherungsgesetz	563	V. v. 21. 11. 24 V. v. 7. 2. 25 RG. v. 23. 3. 25 V. v. 1. 4. 25 V. v. 23. 4. 25	757 10 28 41 51
110	31. 7. 24	Verordnung üb. Wochenhilfe	673		
111	7. 9. 24	Gesetz über die Ermächtigung der Reichsregierung zur Einführung einer Fürsorge für erwerbslose Seeleute	701	V. v. 30. 10. 24 V. v. 25. 11 24	722 756
112	24. 10. 24	Grundsätze über Voraussetzung, Art und Maß der öffentl. Fürsorge	720	V. v. 4. 12. 24	765
113	30. 10. 24	Verordnung über die Fürsorge für erwerbslose Seeleute	722	RG. v. 27. 3. 25	31
114	15. 12. 24	Reichsversicherungsordnung	779	V. v. 10. 1. 25 RG. v. 22. 1. 25 V. v. 7. 2. 25 V. v. 7. 2. 25 V. v. 10. 2. 25 V. v. 14. 3. 25 RG. v. 23. 3. 25 V. v. 1. 4. 25 V. v. 12. 5. 25 V. v. 8. 5. 25	2 3 10 11 13 25 27 40 69 70
115	29. 5. 25	Steuerüberleitungsgesetz, insbesondere dessen 3. Abschnitt betr. den Steuerabzug vom Arbeitslohne	75		
116	28. 5. 25	Verordnung über die Beschäftigung von Arbeiterinnen und jugendlichen Arbeitern in Walz- und Hammerwerken	82		
117	25. 5. 25	Gesetz über den Verwaltungsrat des Internationalen Arbeitsamtes	II 161		
118	25. 5. 25	Gesetz betreffend das Washingtoner Übereinkommen über die Arbeitslosigkeit	II 162		
119	25. 5. 25	Gesetz betreffend das Genueser Übereinkommen über die Stellenvermittlung für Seeleute	II 166		

Lfd. Nr.	Tag des Gesetzes	Titel des Gesetzes	RGBl. Seite	Abgeändert durch	RGBl Seite
120	25. 5. 25	**Gesetz betreffend das Genfer Übereinkommen über das Vereins- und Koalitionsrecht der landwirtschaftlichen Arbeiter**	II 171		
121	25. 5. 25	**Gesetz betreffend das Genfer Übereinkommen über die Entschädigung der Landarbeiter bei Arbeitsunfällen**	II 174		

D. Sachverzeichnis.

(I. bedeutet Band I, II. bezieht sich auf den vorliegenden Band II.)

www.ingramcontent.com/pod-product-compliance
Lightning Source LLC
LaVergne TN
LVHW042240300926
849161LV00003B/417